人力资源管理实战型系列教材

人员测评与选拔

桂 萍 彭华涛 编著

科学出版社
北 京

内 容 简 介

本书是作者结合自身多年的教学实践和管理咨询经验以及当今社会对人才评价机制的新要求编写而成的，是一本理论联系实际的论述人员测评与选拔的教材。除了相关案例和实验的引进，本书还增添了互动环节，包括课堂游戏、拓展训练等。全书共有九章，从理论、方法、技术和组织实施四个方面系统地介绍人员测评与选拔，主要包括人员测评与选拔的基本理论，人员测评与选拔标准体系设计技术，人格、智力与能力的具体测评技术，人员测评与选拔的各种方法，人员测评与选拔结果的组织与实施，等等。

本书适合高等院校经济管理、工商管理、人力资源管理专业的学生作为教材使用，也可作为人力资源部门工作人员和咨询机构工作人员的参考书。

图书在版编目（CIP）数据

人员测评与选拔/桂萍，彭华涛编著. —北京：科学出版社，2019.3
人力资源管理实战型系列教材
ISBN 978-7-03-060836-9

Ⅰ. ①人… Ⅱ. ①桂… ②彭… Ⅲ. ①企业管理-人员测评工程-教材 ②企业管理-人事管理-教材 Ⅳ. ①F272.92

中国版本图书馆 CIP 数据核字（2019）第 047728 号

责任编辑：方小丽 / 责任校对：郑金红
责任印制：霍 兵 / 封面设计：蓝正设计

科学出版社 出版
北京东黄城根北街 16 号
邮政编码：100717
http://www.sciencep.com

北京市密东印刷有限公司 印刷
科学出版社发行 各地新华书店经销
*

2019年3月第 一 版　开本：787×1092　1/16
2019年3月第一次印刷　印张：12 3/4
字数：302 000

定价：52.00 元
（如有印装质量问题，我社负责调换）

前　言

现代社会是人才的社会，人才是决定一个组织生存与发展的关键。但怎样才能选拔出真正的人才，做到人岗的最佳匹配呢？人才测评为此提供了有效途径。人才测评与选拔是通过综合利用心理学、管理学和人才学等多方面的学科知识，对人的能力、个人特点和行为进行系统客观的测量和评估的科学手段，是为招聘、选拔、配置和评价人才提供科学依据，为提高个体和企业的效率、效益而出现的一种服务。

人员测评与选拔是人力资源开发的基础，是人力资源开发的重要手段，是人力资源开发效果检验的"尺度"，建立促成性素质测评模式，提高人力资源开发的效果，找到适合企业的优秀人才，做到人岗匹配，减少人员的流动性。

本书一方面力图全方位展现现代人才测评与选拔的理论与方法，另一方面介绍现代人才测评与选拔的相关实例。

全书共由9章构成。第1章导论，介绍人员测评与选拔的概念与特性、原则与目的、功用与流程，并指出实际运用中人员测评与选拔的重点和难点。第2章人员测评与选拔的标准化体系，论述人员测评与选拔的内容与目标、人员测评与选拔的指标与权重、人员测评与选拔的标识与标度、人员测评与选拔的标准化流程等，并分享人员测评与选拔的标准化体系设计实例。第3章人员测评与选拔的统计方法，叙述人员测评与选拔的信度（reliability）与效度的含义、特性和影响因素以及两者间的关系；此外，还介绍了人员测评与选拔的误差、人员测评与选拔的项目等。第四章人员测评与选拔的智力测试与能力倾向测试，论述中西方智力测试的发展历程、智力测试的定义及计算、智力测试的常见方法及能力倾向测试的方法。第5章人员测评与选拔的人格测试，介绍人员测评与选拔的人格理论、人格测试的定义与原理、人格测试的种类与选择、人格测试的常见方法。第6章人员测评与选拔的面试方法，叙述面试的定义与分类、面试的方法及程序、面试的技巧和误区，并分享人员测评与选拔的面试实例。第7章人员测评与选拔的评价中心方法，介绍评价中心方法的定义与特点、评价中心方法的流程与要点、常见的评价中心方法、人员测评与选拔的评价中心方法实例。第8章人员测评与选拔的其他方法，介绍背景调查法、推荐信、试用法、笔迹分析法、工作样本法，并分享人员测评与选拔的其他方法实例。第9章人员测评与选拔的组织与实施，论述人员测评与选拔的准备、人员测评与选拔的实施过程、人员测评与选拔的报告撰写，并介绍人员测评与选拔的组织与实施实例。

参与本书写作的人员有：武汉理工大学桂萍教授（第1、5、8章），武汉理工大学彭华涛教授（第3、7章），武汉理工大学刘亚娟（第2章）、王婷（第4章）、卓培培（第6章）、许艳（第9章）。

由于作者学术水平和实践经验有限，书中难免存在不足之处，欢迎各位读者与我们进行交流与讨论，虚心接受您的批评与指正。

目 录

第 1 章 导论 ·· 1
1.1 人员测评与选拔的概念与特性 ·· 2
1.2 人员测评与选拔的原则与目的 ·· 5
1.3 人员测评与选拔的功用与流程 ·· 8
1.4 人员测评与选拔的重点和难点 ·· 10

第 2 章 人员测评与选拔的标准化体系 ·· 17
2.1 人员测评与选拔的内容与目标 ·· 18
2.2 人员测评与选拔的指标与权重 ·· 21
2.3 人员测评与选拔的标识与标度 ·· 24
2.4 人员测评与选拔的标准化流程 ·· 26
2.5 人员测评与选拔的标准化体系设计实例 ································ 28

第 3 章 人员测评与选拔的统计方法 ··· 35
3.1 人员测评与选拔的信度 ·· 36
3.2 人员测评与选拔的效度 ·· 40
3.3 人员测评与选拔的误差 ·· 44
3.4 人员测评与选拔的项目分析 ·· 48

第 4 章 人员测评与选拔的智力测试与能力倾向测试 ···················· 55
4.1 智力测试的发展历程 ··· 56
4.2 智力测试的定义及计算 ·· 61
4.3 智力测试的常见方法 ··· 65
4.4 能力倾向测试的方法 ··· 68

第 5 章 人员测评与选拔的人格测试 ··· 81
5.1 人员测评与选拔的人格理论 ·· 82
5.2 人格测试的定义与原理 ·· 87
5.3 人格测试的种类与选择 ·· 89

5.4 人格测试的常见方法 ······ 94

第 6 章 人员测评与选拔的面试方法 ······ 105
6.1 面试的定义与分类 ······ 107
6.2 面试的方法及程序 ······ 112
6.3 面试的技巧和误区 ······ 121
6.4 人员测评与选拔的面试实例 ······ 127

第 7 章 人员测评与选拔的评价中心方法 ······ 134
7.1 评价中心方法的定义与特点 ······ 135
7.2 评价中心方法的流程与要点 ······ 137
7.3 常见的评价中心方法 ······ 139
7.4 人员测评与选拔的评价中心方法实例 ······ 148

第 8 章 人员测评与选拔的其他方法 ······ 158
8.1 背景调查法 ······ 159
8.2 推荐信 ······ 163
8.3 试用法 ······ 164
8.4 笔迹分析法 ······ 166
8.5 工作样本法 ······ 170
8.6 人员测评与选拔的其他方法实例 ······ 172

第 9 章 人员测评与选拔的组织与实施 ······ 179
9.1 人员测评与选拔的准备 ······ 180
9.2 人员测评与选拔的实施过程 ······ 183
9.3 人员测评与选拔的报告撰写 ······ 189
9.4 人员测评与选拔的组织与实施实例 ······ 192

参考文献 ······ 196

后记 ······ 198

第1章

导 论

引例

克拉克的烦恼

克拉克是一家大型高新技术制造企业的人力资源部总监。最近几年，由于公司业务扩展，需要人力资源部门面向社会招聘大量的各类人才，尤其是高级技术型人才，因此，公司近期在人才招聘方面投资不菲，不仅在当地人才市场组织了几次宣讲会，在知名的招聘网站上登了广告，还在当地发行量最多的《××晚报》《××都市报》上刊登了招聘启事。公司每天会接到很多应聘者的咨询电话，人力资源部门的邮箱也能收到百余份的求职简历。每次招聘会，公司展台前都挤满了当场投递简历的求职者，现场服务的工作人员应接不暇。

如此看来，该公司的人员招聘活动开展得如火如荼，但是一段时间之后却发现，收到的简历虽多，真正符合要求的却不尽如人意。80%的求职者应聘的是财会、销售和行政管理岗，而公司最急需的研发和高级技术人员的简历则很少有选择的余地。"我们每天这么辛苦，笔试、面试了这么多应聘者，怎么就招不到理想的人呢？"克拉克烦恼地说，"上周我们刚刚招聘了一个高级机械工程师，此人是国内知名大学机械自动化专业毕业的研究生，以前也在国内某知名机械企业做过几年的机械工程师，有一定的工作经验，但是从入职几个月的工作表现来看，他缺乏团队合作精神，与上下级关系处理得也不好，并不适合我们企业的发展，这些为什么当时测评选拔的时候就没看出来呢？"

讨论题：克拉克为什么会有这样的烦恼？你认为该怎样解决这些烦恼？

1.1　人员测评与选拔的概念与特性

人员测评与选拔是现代人力资源招聘与管理中的基本技术，是关系企业生存和发展的重要问题。引例中，克拉克之所以未能为公司招到理想的人才，就是因为人员测评与选拔环节出现了问题。那么，人力资源管理人员应该如何进行人员测评与选拔？怎样才是有效的测评与选拔呢？解决这个疑问的第一步，是清楚地理解人员测评与选拔的相关概念。

1.1.1　素质的概念

1. 素质

素质，是人们耳熟能详、使用频率很高的一个词语。但是究竟何谓素质？大多数人对它的概念界定还是比较模糊的。从古至今，人们对于素质的描述也多种多样。

《管子·势》有云："正静不争，动作不贰，素质不留，与地同极。"其中的素质指的是事物本来的性质。

晋代葛洪的《抱朴子·畅玄》中说道："冶容媚姿，铅华素质，伐命者也。"这里说的素质是指一种白皙的容色。

心理学上所说的素质，是指人的某些自然属性的特点，主要是感觉器官、神经系统方面的特点。

而在《辞海》中，对素质的解释为"完成某种活动所必需的基本条件"。

总结以上各种观点，本书认为，素质为人员测评与选拔时的考查对象，所谓素质，是指以人的自然属性为基础，在文化、教育、经历等后天环境影响下形成并发展起来的，在身体和人格上表现为内在的、相对稳定的性质特点，是自然属性与社会属性的统一，是个体形成绩效、达成目标、持续发展的基本前提。

一个人的成功离不开良好的素质基础。伟大的领袖一定具有博大的胸怀、远大的理想、强大的号召力等素质；成功的推销员一定具备良好的沟通能力、对工作热情负责等素质。但是，需要说明的是，个体的素质条件只是为其生存发展、实现目标提供了可能性，如果要将这种可能性转化为现实，还需要个体通过后天的努力，使自身内在的素质充分外化，转化为实际的绩效，这样才能达到既定的目标。

2. 素质的构成

由素质的定义可知，素质包括两个部分：身体素质和心理素质。身体素质是个体体质、体力、精力的总和，是一个人身心发展的自然生理基础，为人的基本生存与身心发展提供极大的支撑性和可能性。心理素质是以人的身体素质为基础，通过主体与客体在实践活动中的相互作用，逐步发展而形成的心理潜能、能量、品质与行为的综合，具体包括心理健康素质、思想道德素质、文化教育素质、智能素质等个性素质。良好的心理素质是个体发展和事业成功的关键。美国著名的心理学家马斯洛认为，良好的心理素质可体现在以下几个方面：①有清醒的自我认识，能对自己的能力做出适度评价；②不脱离现实环境、生活的目标，切合实际，具有充分的适应能力；③能保持完整与和谐的人格特征；④受挫和抗压能力强；⑤能保持良好的人际关系；⑥善于向他人学习或从经验中学习；⑦能把握自己的情绪，如适度地发泄和控制情绪；⑧在不损害集体利益的前提下，能有效发挥自己的个性；⑨在遵守社会规范的基础上，能适度地满足个人基本需求。

3. 素质的特性

1）素质的基础作用性

不管是先天禀赋还是后天发展的素质，都是决定个体生存发展和事业成功的必要条件。但不是说只要具备素质，个体就一定能取得成功。只有个体发挥主观能动性，充分发挥素质的基础作用，才能将素质转化为实际的生产力，创造业绩。

2）素质的相对稳定性

每个人都有自己独特的素质特性，这种独特性是个体相对稳定的特点，而不是暂时、偶然表现出的特点。个体出生后，会在先天素质的基础上，经过长期的社会生活，逐渐发展成自己独特的个人风格和行为态度，这种特点一经形成，就不会轻易发生变化。正是素质的这种相对稳定的特性，为人才测评提供了可能性。

3）素质的可塑性

个体素质是在先天遗传、生理、环境（尤指外部环境）与个体的主观能动性等因素相互作用和影响下形成与发展起来的。外部环境因素的变化能影响个体先天素质的变化和发展，决定了素质的可塑性。尤其是在有目的、有计划的教育和培养条件下，个体的素质在质和量上都可以得到改变或提高。素质的稳定性和可塑性具有对立统一的关系，一般说来，稳定性是相对的，可塑性是绝对的。绝大部分素质都不可能是一成不变的，只要存在外部环境的改变，个人都有可能会受到或多或少的影响，从而使素质发生变化。

4）素质的个体差异性

人与人之间是存在差异的，这种差异不仅表现在生理、性别、外貌体征等方面的不同，而且更多表现在心理上的不同。这种心理差异主要归纳为以下两个方面：一是个性心理特征差异，包括性格、气质和能力的差异；二是个性品质倾向差异，包括兴趣、爱好、需求、动机、信念、世界观等方面的差异。个体由于成长和生活环境不同，接受文化教育的程度也存在差异，因此形成的素质也会有所不同。这种个体素质差异性的存在，使得人员素质测评更加有现实意义。

5）素质的隐蔽性

每个个体都具备一定的素质，而且这些素质是"看不见""摸不着"的存在。所以我们说，素质具有隐蔽性、内在性和抽象性。只有通过灵活可变的测评技术和方法才能将这种隐性的存在测量出来。

6）素质的表出性

相对于素质的隐蔽性，素质的表出性会通过一定的形式表现出来，主要表现为行为方式、工作绩效、行为结果等。内在的、抽象的素质通过个体付诸行动、创造业绩、实现目标等方式呈现出来。个别的素质未必与个别的行为一一对应，但是特定的素质会以特定的形式表现出来，而这种特定的表现形式也反映着个体特定的素质。

7）素质的非全面性

常言道"金无足赤，人无完人"，这就说明个体所具备的素质是有限的，即使是天才也未必是全才。并且，个体素质的发挥需要一定的条件，只有当条件具备时，个体的素质才能得到充分发挥。因此，与其追求全才，不如通过人员测评，发掘个体的潜在素质加以培养。

1.1.2　人员测评与选拔的概念

1. 人员素质测评的定义

1918年，美国著名的心理学家桑代克提出，凡是客观存在的事物都有其数量。1939年，美国心理学家麦柯尔进一步指出："凡是有数量的东西都可以测量。"根据以上观点，个体的气质、性格、能力等素质特征，也可以通过一定的手段测量出来，这个测量的过程就是人员素质测评。所谓人员素质测评，是指测试者在一定时间内，采取科学的方法，收集被试包括身体素质和心理素质在内的表征信息，并根据特定的评价标准体系将收集的信息数量化或做出价值判断的过程。

例如，人力资源部门在招聘员工时，就是通过筛选履历、面试、笔试、情景模拟、心理测验、操作技术等方法，收集应聘者在这一系列过程中所反映出的知识技能、工作能力、人格特质等素质特征，并根据收集数据的分析结果做出价值判断。

2. 人员素质测评的特性

1）客观性

对于任何测评来说，客观性是测评结果具有参考价值的前提。科学的素质测评以标准化为基本前提，包括测试题目标准化、测试流程标准化、分数评价标准化、测试环境标准化、测试时间标准化及测试人言语态度标准化等。只有真正做到标准化的测评，尽量减少人的主观因素的影响，才能得到客观可靠的结果。因此，素质测评本身具有一定的客观性。

2）抽样性

人的素质是多种多样的，有身体素质和心理素质，有显性素质和潜在素质。因此从理论上来说，在实施人员素质测评时，涉猎范围越广，收集相关的信息越充分、越全面，测评结果就越具体、越有效。但从实际操作层面来看，上述理想状态不可能存在也很难达到，一个测评者不可能在一定的测评时间内完全了解被试所具备的素质，只能通过抽样的方法，将部分核心和关键的素质作为重点来测评被试，通过个体关键素质的测评结果，推断整体的素质特征。只要保证足够多的样本数量且样本具有代表性，则得出的测评结果就能接近被试真实的素质特征。

3）间接性

因为心理素质具有隐蔽性的特点，它不像人的物理特征看得见、摸得着，所以不能直接进行测量。例如，对一个人的领导能力进行测评时，不可能直接拿出某种工具测量，必须要从反映领导能力的几个侧面来间接衡量。这一做法参照了一个心理学假设：素质特征是在遗传与环境的双重影响下，个体所特有的、可辨别的、稳定的一种内在倾向，表现为一系列内在联系或相关的行为。例如，领导能力强的人往往表现出组织能力强、沟通能力强、协调能力强、善于调动气氛等行为特点。因此，素质测评可从个体的外在行为表现模式推知其内在素质特征，具有间接性。

4）稳定性

俗话说"江山易改本性难移"，这说明素质具有稳定性。而这种稳定性的实质是指在外部环境因素相对不变的情况下，人员素质在质和量上于一个较长的时期内基本维持稳定。但是这种稳定性是总体上的一致性，而不是绝对意义下的一成不变。人员素质测评的信度，就是用来反映这种稳定性的一个指标。

5）互动性

相对于一般测评，素质测评还具有互动性的特点。尤其是在面试、角色扮演、情景模拟或者是与面试官的讨论等过程中，不是测试者对被试的单向刺激，而是两者之间的双向沟通。如果在测试过程中不注意测试者、不注意互动，不能积极与被试沟通的话，那么可能就达不到预期的测试效果，被试就会在素质测评中表现得处于被动地位，自身素质不能得到充分的展现。因此在素质测评的过程中，应发挥好互动性，将被试由被动逐渐转化为主动，使其在测评中充分地展现自己。

1.2 人员测评与选拔的原则与目的

1.2.1 人员测评与选拔的原则

1. 主、客观相结合

素质测评本身具有客观性，这也是保证测评结果真实的基础。虽然主观因素可能导致测评结果的失真，但并不是说在素质测评的过程中就不需要主观因素的存在。只有将主观与客观因素相结合，优势互补，才能最大限度地发挥素质测评在人员选拔中的作用。

目前在素质测评技术和方法的研究中，正在不断追求标准化和客观化，这样能够避免主观因素，如个人偏好、文化水平、感情因素等所造成的测评结果不能真实反映被试的素质特征的情况。这些都无可厚非，但是在素质测评的某些环节，的确不能缺少测试者的主观能动性。因为素质测评是一个过程，有一定的流程，被试需要在测试者的引导下才能按照正确的方法通过测试流程的考查。并且，无论多么先进的测评技术和测评工具，都需要人来操作，面试等环节更是少不了测试者和被试的互动配合，由测试者通过问问题调动被试的积极性，从而发掘被试的潜在素质。

2. 动静结合的原则

静态测评是对被试已形成素质的一种分析和判断，即通过一种相对稳定的方式，在一定的时间和空间内，对被试进行测评，不考虑素质前后的变化情况，侧重结果。动态测评则是在素质形成与发展的过程中进行测评，其重视素质的前后变化情况，而不是当前所处的稳定水平。这两种方法各有优缺点：静态测评的优点是便于横向比较，可以看清被试的素质情况以及他们之间的素质差异，但是忽视了被试原有的基础素质以及其今后的素质发展趋向；动态测评的优点是有利于了解被试前后素质的变化情况，便于激发被试的潜能和进取精神，缺点是测评的结果不能用于比较被试之间的素质发展情况。

素质测评的目的是既要看到当前的素质状况，又要了解过去的素质基础和将来的素质发展趋势，因此必须采取静态测评与动态测评相结合的方法。心理测验一般是静态测评，而面试、情景模拟、评价中心等方法具有动态性，必须将静态与动态相结合，使测试者认识到真正的被试，同时使被试在测评活动中充分展示自己。

3. 定性与定量相结合

定性测评与定量测评之间的关系是"质"与"量"的关系。定性测评就是对测评对象进行"质"的测评，即采取观察分析和经验判断的方法，对测评对象进行行为性质方面的测评。而定量的测评，是采用数字化的方法，把被试抽象化的行为特征用具体的数字表现出来的测评方式。

在人员测评与选拔过程中，要采取定性测评与定量测评相结合的原则。若只进行定性的测评，就只能获得被试性质方面的信息，这些信息是概括、模糊和抽象的，不能直观地看出不同被试素质的差异。但是，如果只采用定量的测评，则会忽略被试素质性质方面的特征，只是一种表面的、形式上的测评。

4. 精确与模糊相结合

精确测评是指每一项测评指标的结果都要有"理"有"据"，不随意下结论，不用无凭无据的信息，力求测评结果的准确可靠。而所谓模糊测评，是指对被试的素质进行模糊大概的印象化的判断，不要求信息收集和素质评定过程那么精确。但是值得注意的是，精确测评不一定就是定量的测评，也可以是定性的测评，而模糊测评也不一定是模糊数字测评，也可以对被试的素质进行大致的印象判断。

在人员测评中应该坚持精确测评与模糊测评相结合的原则。例如，对测评的素质要素进行分解，然后逐项精确测评，这有助于提高测验的准确性，而素质被分解为一个个要素之后，人员素质的整体特征就可以通过采用模糊评价的方法评估出来。

5. 要素与行为相结合

要素，是指人员素质结构的组成要素。例如，个体品德素质结构中的要素有诚信、正直、忠实等，智能素质结构中的要素有智力、能力等，心理素质结构中的要素有乐观、积极等。这些要素相对于具体的行为来说，往往具有抽象性的特点，不易直接测量。但是这些要素可以通过大量、具体、实际、可观测的行为表现出来，通过对这些外显行为的测量对抽象的素质要素进行评定。

在人员素质测评过程中，需要将要素测评与行为测评统一起来，结合使用。行为测评把人员素质测评中的要素测评落到实处，同时要素测评使得行为测评具有综合性的现实意义。

6. 专项和综合相结合的原则

专项测评是指把个体的素质分解为单个专项的要素，再将分解后的专项要素分别进行测评，在此基础上加以总和的测评。而综合测评是指综合考虑个体各方面表现，给予系统全面的评定的测评。在人员测评过程中，其各有利弊。专项测评先对素质进行分解，再单独测评有利于对单项素质的准确把握，但是不利于整体素质特征的观察；而综合测评则侧重于对总体素质的把握，忽视了各项素质的具体情况，缺乏针对性。因此，在进行测评与选拔时，应该将二者相结合，处理好部分与整体之间的关系。

1.2.2　人员测评与选拔的目的

目前，国内越来越多的企业开始重视人员测评与选拔技术在企业人力资源管理中的应用。企业通过人员测评与选拔实现以下人力资源管理目的。

（1）对被试素质水平与结构进行鉴定。企业进行人员测评的基本目的，是对被试素质水平与素质结构进行鉴别和确定，着重于被试现有素质的价值与功用，为人员胜任岗位要求提供结果和证明。

（2）为人员选拔提供科学的依据。企业进行人员测评的直接目的之一是进行人才的选拔。在现实的企业招聘过程中，那些待遇优厚、工作舒适的职位往往炙手可热，应聘或竞聘者甚众，如何才能"优中选优"，将胜任者从通过初试的合格者中选拔出来，是人员测评与选拔所要解决的问题。

（3）做到"人岗匹配"。有些企业进行人员测评与选拔是为了实现企业人力资源的合理配置。通过测评，人力资源部门就能掌握每个员工的优点与特长，发掘员工潜能，再根据不同岗位的职位要求安排合适的员工，使得人适其事、人尽其才、才尽其用。

（4）了解人力资源素质现状，诊断存在的问题。当企业想要了解其人力资源现状或者在企业人员管理过程中出现问题危及企业发展时，最有效的途径就是先采取人员测评，掌握问题所在，再对症下药。企业通过一系列精细或全面的测评内容，从测评结果的表面出发，深究问题的本质，为人力资源开发和解决问题提供依据。

（5）实现人力资源开发的目的。人的素质具有潜在性和可塑性，个体的某些潜在素质在现阶段可能不具有外显性，但是通过测评，可以在一段时间后将这些潜在的素质挖掘出来。例如，在对企事业单位的员工开展培训之前，可以将通过人员测评所发掘的员工潜在素质作为员工培训的重点，促进员工个体素质提高，达到企业人力资源开发的目的。

1.3 人员测评与选拔的功用与流程

1.3.1 人员测评与选拔的功用

随着市场经济的发展，我国的人力资源管理在借鉴国外先进的管理理论和方法的基础上，立足中国国情，获得了迅猛发展。作为现代人力资源管理的一项专门技术手段，越来越多的企业管理者认识到人员测评与选拔的重要价值。人员测评的作用日益突出，其不仅应用在人力资源的招聘与选拔环节，还突出地表现在人力资源管理的其他环节。

1. 有助于人员甄选与拔擢晋升

当企业根据人力资源规划中的人员需要，从外部招聘所需的人才时，通过素质测评，可以掌握被试的素质状况，并根据企业的岗位任职资格，从应聘者中选拔出企业最需要的人。值得注意的是，企业根据测评结果选拔人才时，不一定是分数最高者入选，但一定是素质测评中最具备企业要求的素质的人入选。当企业面临人员调整（升迁、调职等）时，可以把人员测评的结果作为重要的参考依据，将员工安排到最合适的岗位上。不同于新进职员的测评，对企业已有员工的素质测评，有助于了解员工素质现状及素质的变化情况。

2. 有助于组织的诊断反馈，为人员培训提供信息

企业在不同的发展时期，存在不同的问题，定期进行人员测评，针对企业组织存在的人力资源管理问题进行诊断和分析，是对组织发展成果最好的诊断与反馈。例如，对"企业人员素质现状的调查""企业中具有发展潜力的潜在人才的识别""企业人力资源素质的改善及发展建议""员工企业文化的适应"及"员工绩效提高"等问题的分析，根据素质测评的分析结果，了解员工在哪些方面能力强、哪些方面能力弱、哪些方面有待提高与改善等，根据这些培训需求，进而制订出与之对应的切实有效的培训方案，使员工培训达到事半功倍的效果。

3. 有助于员工的考评与绩效提高

人力资源部门对员工的考核，除了对工作产出这种显性因素的考核外，还要考核员工在工作过程中的行为、态度、职能的运用等隐性、抽象的项目。这些评估内容，无法用数量化的评估方法进行测量，因而不易考核。但是，通过人才测评的技术和方法，应用人员素质测评的工具软件，可以全面地了解员工的动机、需求、职业兴趣等（如气质测验、职业能力倾向测验、加利福尼亚个性调查等）。这些测验可以为组织中的员工制订出一套"个性"的激励方案，使得员工的外在与潜在素质得到最大的发挥，从而有效地提高员工个人及组织团队的工作绩效。人员测评只有做到既肯定良好的素质，又摒弃恶劣的素质，有褒扬有批判，才能使员工的素质不断提高，绩效不断改善。

4. 有助于帮助员工做好职业生涯规划

人的素质具有可塑性和潜在性，因此企业可以在通过人员测评分析出员工的素质现状后，找到员工知识、技能、心理素质等方面的优缺点，扬长避短，将每个员工都分配到最适合其发展的岗位，使员工的素质价值得到体现。并且，企业可根据企业现状和未来发展方向，为不同类型的员工"量身"制定培训内容与计划，提高员工现有素质，挖掘员工潜在素质，在让员工为实现企业绩效目标努力的同时，帮助员工规划好其自身的职业生涯，实现员工与企业的共同发展，互利双赢。

1.3.2 人员测评与选拔的流程

人员测评与选拔的流程，可以看作一个循环的过程，这个循环分为确定测评目的、构建测评指标体系、设计测评方案、方案实施管理控制、测评结果反馈与应用五步，如图 1-1 所示。

图 1-1 人员测评与选拔流程图

1. 确定测评目的

明确测评目的是人员测评与选拔流程的第一个环节，也是人员测评的关键和基础所在。人员测评的目标明确与否，直接关系着人员测评与选拔的整体实施效果。企业在进行人员测评之前，要根据不同的目的，采取不同的测评类型。例如，以"招聘、竞聘、晋升"为目的的选拔性测评，以"人岗匹配"为目的的配置性测评，以"组织人力资源开发"为目的的开发性测评，以"了解企业现状及问题"为目的的诊断性测评和以"考核素质具备状况"为目的的考核性测评。企业应针对不同的测评类型，设计与之相应的测评内容，构建人员测评与选拔指标体系。

2. 构建测评指标体系

人员测评的指标体系包括人员测评的指标和与之相对应的标准。人员测评指标是指企业对员工素质结构和内容进行测量和评估的各个方面,而测评标准是指被试在各项指标上分别应该达到的程度水平。换言之,测评的指标是指被试应该具备哪些素质才能胜任岗位的要求,而测评的标准就是指被试需要掌握的各个素质的"生熟"或者"深浅"程度。如何构建测评指标体系?具体而言,就是测评者参考工作分析的结果、企业文化等因素,确定具体的测评指标,同时对每一个测评指标给出明确的定义、划分等级标准和进行详细行为描述,最后确定各项指标的权重。

3. 设计测评方案

人员测评方案设计要遵循"成本低、时间短、用人少"的原则,具体的人员测评方案应涉及如下内容:测评时间计划、测评场地布置、考官人员培训与安排、被试分组设计、测评方法与测评材料准备等。方案设计要尽可能详细,考虑到各种可能发生的情况,最好是设计一套备用测评方案,以应对突发事件。

4. 方案实施管理控制

当完成指标体系构建和测评方案设计之后,测评者就按照计划方案对被试进行各项测评。人员测评不仅应关注结果的测评,还应该关注过程管理控制的测评,甚至有些测评方法的过程比结果更加重要。例如,面试的过程就直接影响了面试的结果,面试官与被面试者在面试过程中进行双向沟通,由面试官来控制整个面试的时间、节奏和问题等,使被面试者在面试过程中充分地展现和表达自己,同时,面试官也可以通过面试过程的控制,及时发现问题、修正问题,确保测评的顺利进行。因此,在素质测评过程中,测评者对测试过程的指导与监督,能在发现问题时及时予以解决,并根据实际情况局部调整测试计划,协助被试完成测试过程具有重要意义,同时使得测评的结果能够更加真实地反映被试的素质水平。

5. 测评结果反馈与应用

人员测评结束之后,人力资源部门人员应对各项测评的结果进行统计,撰写测评报告,并存入档案。但是测评过程的结束,并不意味着人员测评的结束。人力资源部门还需要根据测评的结果,对被试进行反馈。通过沟通,员工可以了解到测评的结果和自身素质现状;通过培训,员工可以弥补自身不足,提高工作绩效。同时,企业要把每次人员测评的结果应用到今后的管理工作中去,如人员招聘与选拔、员工培训与开发、绩效管理、员工职业发展规划、员工关系处理等,使得人员测评的结果发挥其现实意义和价值。

1.4 人员测评与选拔的重点和难点

1.4.1 人员测评与选拔的重点

通过上述人员测评与选拔的相关概念界定,我们将人员测评与选拔工作的重点总结如下。

（1）重视测评的目的性。人员测评所要做的首要工作就是明确测评的目的。测评目的是决定测评方式、方法、问题等的重要前提。如果没有明确的方向，使得测评计划没有紧密围绕测评目标展开，那么整个测评过程就会徒劳无功，测评结果也失去其现实的意义。

（2）保证测评的真实性。人员测评应建立在真实可靠的信息的基础上，真实的信息能够保证测评结果尽可能完整地还原被试的真实素质。如果测评失真，那么测评结果就毫无意义，整个测评过程所耗费的人力、物力、财力都会成为企业管理的无谓损失，这样的测评不仅不会为企业带来利益，反而会成为企业发展的负担。

（3）坚持测评的科学性。现代的人员测评与选拔十分重视科学技术的应用，主张运用数学统计、系统分析、计算机技术等量化技术，将很多抽象的素质概念具体化、可视化，方便测评者对被试的素质做出直观的判断。有了科学理论的支撑，人员测评的过程与结果才能经得起推敲，经得起实践的检验。

（4）保持测评的客观化。测评的首要任务之一就是控制误差，而对于人员测评来说最大的误差莫过于主观误差。因此要想提高测评的有效性，就要保持测评的客观化，把传统的审查、鉴定改革为分项明确的指标考核；把单独的人力资源部门考核改革为多方的民主评议；把人工的考核改革为计算机等机器考评。客观化的测评保证了更接近真相的结果，所以测评的客观化成为现代化测评的必然要求。

（5）认识到量化的必要性。与传统的人员评价不同，现代人员测评与选拔技术更加强调采取量化的手段，增强测评的效率和效果在人员选拔中发挥的作用。量化的技术与方法，不仅能把隐蔽的、抽象的素质概念显性化、直观化，还能减少主观因素对测评的影响。因此，把量化作为提高素质测评现代化与科学性水平的手段，是现代人力资源管理的必由之路。

1.4.2 人员测评与选拔的难点

目前，国外成熟的企业在其管理实务中都有自己特有的一整套人员测评技术与方案。随着我国的改革开放和市场经济的发展，国内的一些企业也开始借鉴西方的管理经验，引进先进的管理软件和技术，管理水平有所提高。但是，就现状而言，国内大多数企业在人员测评与选拔过程中，仍缺乏科学的技术和方法，更多的是采取经验性的笔试、面试等手段，存在专业的测评人才缺乏、测评结果应用得不充分、单纯模仿西方经验而不创新等问题。

难点一：人员测评与选拔的技术方法和方式。

现阶段，国内大多数企业的人员测评与选拔，仍是采取传统的比较单一的测评方式（笔试+面试），而无法做到笔试、面试、评价中心技术在整个测评不同阶段的综合运用。而且，从测评方法来说，大多数企业的人员测评还停留在简单的量化分析和定性的描述上，没有充分挖掘测评分数的意义，也难以将一系列统计学、数学、计算机等基础知识应用于测评的实际操作，导致测评的结果很难在横向和纵向上进行比较。所以说，目前我国的人员测评与选拔的方式和方法仍处于不成熟的阶段,如何解决这种方式和技术上的问题是我国人员测评与选拔发展走向成熟的重要议题。

难点二:专业测评人才的缺乏。

专业测评人才的缺乏也是导致测评效果不佳或者不尽如人意的重要原因。人员测评是一门涉及心理学、管理学、数学、计算机和统计学等学科知识的综合学科,所以,它对测评人员的专业素养、知识结构提出了较高要求,因为测评者的专业水平直接影响测评结果的信度和效度。在发达国家,专业的人才测评人员需要通过严格的考试才能获得资格认证。然而在国内,极少数企业会在人员测评中邀请专业的测评公司来设计有针对性的方案,企业测评人员的水平良莠不齐,直接危害到企业人员测评与选拔的结果。因此,培养专业的测评人才是解决因人才缺失而危及测评效果这一难题的关键。

难点三:人员测评的结果应用。

怎样将人员测评的结果充分应用到企业管理中去是目前许多企业在人员测评方面的一个难题。虽然很多大型企业都建立了自己独有的一套测评体系,但是对测评结果的应用却只是流于形式,并不充分。企业仅从测评的分数去评判员工的去留与升降等表面问题,而不是挖掘员工存在的、可能会影响企业今后发展的深层问题。只有将测评中暴露的企业问题、员工问题都进行反馈解决,人员测评的结果才能被充分应用。而要真正做到这一点,测评者与企业管理者依然任重而道远。

难点四:测评的本土化。

西方先进的管理理论和实践是值得我们借鉴的宝贵经验。目前,国内人员测评所使用的量表大多数来自于西方,在应用过程中,大都采用"拿来主义"的方式,将英文量表翻译成中文,直接摘取相关内容在测评中使用,忽视了中西方文化及价值观的差异,在一定程度上对测评工作产生误导。学习应该是先模仿而后创新的过程,一味地照搬照抄,永远不可能进步。因此,我们在使用西方这些量表或者其他先进的工具时,如何能够巧妙地加入中国元素,使得测评更加的本土化,是亟待解决的一个难题。

【综合案例】

N公司的人才测评与选拔

N公司是一家专业生产和加工各类汽车零部件的跨国企业,1995年进入中国,并制定了长期立足中国市场的发展规划。到目前为止,N公司在华投资企业已超过5亿美元,设有12家合资和独资企业,其中包括一家贸易公司、一家控股公司、一家技术服务中心、一家全球研发中心和八家制造型企业,在华员工总数超过6 000人。近几年来,随着N公司不断扩张,它对各类人才的需求也逐渐增加,那么N公司是采取何种人员甄别、选拔办法,吸引到自身所需的人才以保持其市场竞争力的呢?

N公司的招聘

在人才选拔方面,N公司有自己独特的人才招聘解决方案和专业的管理流程,这样可以确保公司能够吸收到优秀的人才。这些人才从专业技能和职业道德上都要符合公司的要求,且能够在企业文化的熏陶下为公司做出贡献。

人力资源部招聘人员认为,一个主动要求上进的求职者应该以一种积极主动的心态去寻找工作机会。

目前 N 公司主要在网上发布需求信息，求职者可以从企业官方网站上了解企业的需求动态并通过在线投递简历等方式应征需求岗位。N 公司的人力资源规划通常是由业务部门和人力资源部门在每年末一起制定的。人力资源部提出招聘渠道建议，测试项目的题目选择和制定都必须紧紧围绕公司价值观，对应聘者的个人素质、品质、能力和性格倾向加以考查。人力资源部测评专家对应聘者面试、问卷、项目合作等方面进行综合评估，做出最终选择。起决定作用的因素有时并不是应聘者的专业水准，而是其是否持有与 N 公司相同或接近的价值观。因为价值观往往比掌握的知识技能更难以改变。

N 公司选拔招聘员工的流程一般分为以下三个步骤：

（1）初选。人力资源部的工作人员对个人履历进行初步筛选。

（2）面试。具体用人部门的经理和 HR（人力资源）部门人员对初试合格的候选人进行面谈。

（3）测评。由 N 公司综合评估中心的工作人员对面试合格的候选人进行全面测评。N 公司认为，每一位应聘者无成功与失败之分，只有其是否适合某一具体工作岗位的差别。

N 公司的人才标准

N 公司希望进入本公司的人才能够符合企业的文化。公司关注的人才标准有以下两点：一是硬件方面，主要是看应聘者的专业水平、业务水平和技术背景，这由招聘部门的直线经理来考查和面试；二是软件方面，即应聘者的非技术性素质，如应聘者持有的价值观是否与本企业的文化相符，是否具有一定的沟通能力、创新能力及灵活性等，这由人力资源部门来考查和面试，最后再由部门直线经理来做录用与否的决定。

1. 专业技能

对于 N 公司来说，专业技能要求是公司人才选拔的基本要求。专业能力表现为一个人的岗位技能以及与之相关的"技术"知识，具体表现为在自己所从事的专业领域的研究、实践经验以及技能知识学习的广度和深度等。以销售人员为例，他们的专业技能包括销售技巧、演示设计、谈判技巧、项目管理，以及根据客户需要进行产品设计、体验营销、成本控制的意识等。N 公司认为每一个岗位，都需要制订详细的技能评估方案，通过详细的评估方法和指标对应聘者的专业能力进行科学考量。同时，N 公司注重的是人的潜能。只要应聘者所学的专业与其工作岗位不是差别很大，公司在挑选人才时，不会过分看重其所学的专业。

2. 团队精神

N 公司在招聘之初，除了考核应聘者的专业技能，也非常注重个人在团队中的表现。N 公司将团队精神作为考核指标中的主要项目之一，通常公司会用一整天时间来测试一个人在团队活动中的组织协调能力、调动气氛能力与参与程度，并考虑候选人是否能在有序的团队中进行资源配置，发挥团队协作精神和应有的潜能。这可以最大限度地保证 N 公司在一开始就能招聘到公司所要求的人才。

3. 自我认知

N 公司鼓励求职者学会认识自己，清楚自己的优劣势及有待提高的领域，再决定去应聘什么样的工作。首先，应聘者应该说服自己为什么要应聘该职务，然后再决定去应聘。有些应聘者不知道自己的优劣势究竟在哪里，有些人只是为了找工作而找工作，并不是为了在工作中去发挥自己的优势，还有些人是被 N 公司的品牌所吸引，并不是对工作本身感兴趣。但是对于 N 公司来说，对工作本身感兴趣才是最重要的。公司更喜欢对公司忠诚、乐于为公司做贡献的人。

4. 坦诚公开

N 公司的文化理念是坦诚和公开。在 N 公司，每个人都有分享知识的职责。公司欣赏不同的意见，鼓励员工公开坦率地与经理沟通。在 N 公司，向经理提出挑战是可行的，公司认为员工应当是有创造力以及能承担风险的。N 公司喜欢具有独立性、工作热情及能在自己工作领域发展的员工。公司能为每个人提供适当的发展机会，且很重视培养本公司的管理人才，大多数高级管理人员从内部提升。可以说，员工有多大的潜质就能在公司发挥多大的才能。

长时间的测评

在选拔过程中，求职者必须接受 N 公司 2~3 天的严格测评，且测评内容保密。通过 2~3 天的测评，N 公司要了解以下方面：求职者以什么样的方式来工作，想实现什么价值，有没有继续学习的潜质，如何与别人进行沟通与合作等，各种测试也是以此为核心展开的。与一次性短时间的测试相比，这种 2~3 天的测评更能反映员工的真实素质和潜力水平。

在 2~3 天的时间里，N 公司通过评价中心技术，对经过履历筛选的应聘者进行选拔。将被试分成若干个小组，由一组测试人员对其进行包括面试、心理测验、多项情景模拟测试等在内的一系列测评，在对多个测试者系统观察的基础上，综合得到测评结果。其中情景测试是设置逼真的模拟管理系统和工作场景，将被试纳入该环境系统中，使其完成在该系统环境下对应的各种工作的测试，也是 N 公司人才测评中最重要的部分之一。在情景测试过程中，主试人通过观察记录等方法，对被试在各种模拟情景压力下的表现行为、心理状态及工作绩效进行观察和分析，从而测量和评价被试的管理能力和潜能等素质。最后，根据这 2~3 天时间内各类测试的综合结果，决定被试的去留并且为通过测试的员工找到合适的岗位。

讨论题：
1. 结合本案例，谈谈你对人员测评与选拔的作用的认识。
2. 你认为怎样才是有效的人员测评与选拔？

【实验项目】

请你为 A 公司的招聘写一份总结报告，对应聘者在整个招聘过程中的表现做出客观分析，并写明你对应聘者的选择和选择他的原因。

A 公司的抉择

A 公司是全球领先的化学品供应商，在全球拥有约 15 000 名员工，这些员工分布在 20 个国家的 45 个生产基地。公司的核心业务包括开发、生产并销售塑料、橡胶、化学中间体产品和特殊化学品。2005 年 6 月，A 公司在北京成立了中国总部。公司推崇"求实求稳，团结协作，持续创新"的企业精神，要求公司员工信奉"公司至上、团队至上"的文化理念。公司受到竞争对手在技术开发和市场开发两方面的有力挑战，所以需要高层次的人才。因此，此时的 A 公司中国总部办公室内，人力资源总监克拉克正考虑着下午招聘高级研究员的一些事项。

克拉克办公桌上放着三名应聘者的材料，包括个人履历、相关获奖证书以及一些素质测评的结论。这三名应聘者是从两百多名应聘者中选拔出来的，这三个人都有其独特之处。

张强，男，29 岁，某 985 大学应届博士毕业生。其毕业论文中关于"氟化玻璃的硬度与纯度"的研究与公司即将进行的技术开发方向十分吻合。去年张强曾到 A 公司在中国的竞争对手 B 公司的实验室里实习过两个月。克拉克派人了解过张强的情况，B 公司实验室的人高度评价了他在专业方面的悟性和工作能力，但他有些骄傲自大，很多同事颇为不满。"有才华的人总免不了有些骄傲自负。"克拉克心想。

　　李红，女，34岁，硕士。目前是一家省级科学院的副研究员，她在新型材料的市场调研和应用研究中是专家。来A公司应聘主要为解决夫妻两地分居的问题。

　　赵高，男，32岁，硕士，自由职业者，有两项关于氟化玻璃的研究专利。

　　从简历来看，克拉克对这三名应聘者的简历都很满意；从一些素质测评的结论来看，这三名应聘者的仪容仪表、智力、语言和文字表达能力、反应能力及解决问题的能力等几个测评项目也得出了不错的结论。接下来，克拉克准备着重对他们在团队协作、组织责任感、敬业精神及克服困难等方面作一番探究，希望他们能符合本公司的企业文化和精神。下午三点，克拉克和其他四位专家一起开始对这三名应聘者进行面试交谈。谈话中，除私人问题外，其他几项重要的提问对三个人都是相同的，但回答却大相径庭。面试结束后，克拉克对着几项相同问题的不同回答记录，陷入了沉思。

　　面试交谈主要内容记录如下：

　　问题1：为何要做氟化玻璃这个项目？

　　张强：导师给定的，定了我就做。其实换了其他题目我一样能做好，我有这个信心。

　　李红：这是当前和未来几年内市场上的热点项目，技术上处在领先地位，盈利空间将很大。

　　赵高：因为这是我喜欢做的研究方向。目前我国的技术与国外相比还是不行，您注意了吗？国产氟化玻璃总是有杂质，肉眼一看上去就很明显。

　　问题2：请比较一下本公司与你以前工作过的单位。

　　张强：没法比，我实习的那家B公司糟透了，人员素质和技术水平都太落后，我的才能只有在像A这样的大公司里才能发挥出来。

　　李红：差不多，贵公司的技术条件与我们研究所相差不大，但贵公司的资金实力相对要雄厚一些。

　　赵高：没办法比较，因为我没有属于过哪家公司。但贵公司可以为我提供继续工作的资金和仪器场所，所以我们可以就待遇的问题再进行进一步交谈。

　　问题3：你愿意和什么样的人进行相处？

　　张强：什么样的都行，反过来说，什么样的都不行。老实说，我认为与什么人相处都不能对我的工作有所帮助，我的工作主要靠我自己的努力，因为别人不可能帮得了我。

　　李红：我愿意与不太自私的人共事，只有这样大家才能协作得好，才有利于组织目标的实现。相信贵公司肯定会注意到这一点。不必担心，就我自己来说，一般情况下都能与大家协作好的。

　　赵高：我…说实话，我可能不太会与别人进行相处。但我希望与我共事的人能够以工作为重，否则我会很担心，可能会影响工作。

　　问题4：请评价一下你现在（或前任）的领导，你与领导的关系怎样？

　　张强：我的领导就是我的导师，是个糟老头，刚愎自用，只顾自己的利益，对学生不够关心。但他对我还不错，不过我对他所做的那些事看不上。

　　李红：我的领导就是我们研究所的主任，我们相处得很好。我们性格虽然相差很大，但他是个原则性极强、严谨负责、一丝不苟的人，有时也显得迂腐。

　　赵高：当年，因为我与我们主任闹翻才辞职单干的。不过现在看来，原因不在那位领导，而是体制的桎梏。在那种体制下，我只有单干才能自由地搞我的研究。但今天我发现，单靠我一个人的力量也很难继续研究下去。所以我可能会注意有意识地去搞好人际关系的。

　　问题5：假设你的研究项目失败，你会怎样？

张强：再换一个不就行了。我说过，不管做什么我都很有自信，我会成功的。

李红：先找一找原因，如材料、仪器、技术、市场销售等方面，还需要研究有无做下去的必要。如果研究项目还有前景、有市场，当然应该继续做下去。

赵高：我研究过了，这个项目的市场前景非常好。我不怕困难、不怕失败，我会不遗余力地做下去。

【课堂游戏】

根据下面材料，模拟面试：

场景一：王萌是一名刚刚毕业的大学生，本科主修人力资源管理专业，还辅修了心理学的双学位。在校期间，学习成绩优异，并获得了许多荣誉和资格证书，对于找工作面试，她非常有自信。近期，她收到了 PG 公司的面试通知，PG 公司是世界 500 强企业之一，实力雄厚，尤其以优厚的员工待遇和优秀的企业文化闻名。请模拟一下王萌参加 PG 公司现场面试的场景。

场景二：孙东是一个经验丰富的高级电力工程师，由于之前的工作单位待遇一般、工作压力大等因素，选择了另谋高就。目前，他在网上向 DW 公司投递了简历，DW 公司看到孙东的简历后，对他也十分感兴趣。但是由于公司所在地区与孙东相隔较远，因此公司决定采取电话面试的方式，先对孙东做一些初步的了解。请模拟一下孙东电话面试的场景。

【拓展训练】

同 心 协 力

准备工作：挑选 10 个人，将其平均分为两个小组，每组发一根 10 米的粗绳子；选出 2 名裁判和 1 名督察员，监督比赛过程。

比赛规则：两组队员在均被蒙上眼睛的情况下，根据裁判的指示，用 10 米长的绳子摆出裁判要求的图形（如圆形、五角星、五边形等），相同条件下，由裁判和监督员根据哪组用时最短、图形最接近真实情况，判定哪组获胜，并对队员或者小组的表现予以评价。

训练目的：测评被试在困难条件下的应变能力、团队精神、心理承受能力、思维方式等。

第 2 章

人员测评与选拔的标准化体系

引例

随着人员测评与选拔技术在我国的推广,这一体系被越来越多地运用到公务员干部选拔机制之中。近日,在某市执法中队中队长职位竞争上岗考试中,首次引入人才测评手段,采用"领导能力测评""NEW16PF 人格测评"等技术,对入围面试人员的领导能力和个性特征进行全方位测试,进一步提高了干部选拔的科学水平。

目前,人才测评被广泛应用于现代企业的人才选拔和招聘中。它是指运用管理学、心理学、考试学、测量学、计算机技术和系统论等多种学科的原理、方法和技术,通过心理测试、情景模拟等客观化方法,对特定行业所需人才的个性特点、思想品格、知识水平、职业倾向、能力结构和发展潜能等多种素质进行测量和评价,主要适用于中高级管理人员的招聘和竞聘。随着经济社会的发展,各级党政领导干部的选拔也逐步引入了人才测评手段。某市在科级干部选拔中引入人才测评方法,是完善干部选拔机制,提高选拔水平的有益尝试。

2.1 人员测评与选拔的内容与目标

在人员测评与选拔的标准化体系中，测评内容一般根据其测评目的来确定，而测评目标的设置必须以测评内容为依托主体，并在测评目标下设定测评指标。

2.1.1 人员测评与选拔的内容

无论何种测评均有其确定的目的，而其测评目标的实现，均离不开具体的测评内容。正确的人员测评与选拔内容是实现人员测评与选拔目标的基本保障。

人员测评与选拔的内容具有相对性，即其测评与选拔的指向是有具体对象与范围的。例如，在公务员选拔考试中所包括的"行测""申论"，在后备干部素质测评中的"思想品德""发展潜力"，企业面试中的"形象气质""应变能力"，高等院校及科研院所在人员测评与选拔中所涉及的"科研能力与水平"，包括"承担的重大科研项目""发表的科研成果"等。

人员测评与选拔内容的确定步骤如下：首先，分析被测对象的结构，寻找影响测评结果的主要因素。其次，依据人员测评与选拔的目标和岗位要求具体进行筛选。一般来说，内容分析借助内容分析表实行。表格的设计，在纵向上可以列出被测评客体的结构因素，如岗位测评涉及的"基础知识、专业知识和相关知识"等；横向则罗列每个结构因素的不同层次或不同方面，在表格内侧的主体部分则是测评的内容点，其具体形式如表 2-1 所示。

表 2-1　岗位测评与选拔内容分析表

结构因素	熟练程度	理解程度	运用程度	评价及相关
基础知识				
专业知识				
相关知识				

企业的人性化管理是现代企业管理中的"高、精、尖"技术。一位真正卓越出色的领导人，往往都是注重使用人性化管理的大师。企业中层管理人员对基层进行管理，其工作对象主要是普通员工。因此，在对中层管理人员进行评价时，必须以其属下为基本考核对象。中层管理人员都应该知道，对知识性员工来说，人性化管理是最富有成效的管理。俗话讲："成事在人，得士者昌。"越关心帮助员工，他们越会努力工作，部门的业绩也就越好。此外，还要评价中层管理人员是否能充分调动基层人才的劳动积极性，能否合理安排他们的工作，使其能最大限度地发挥聪明才智。现代企业人才济济，管理人员能摒除头脑中的桎梏，聘用比自己能力强的人，适度地向他们放权，用人所

长、避其所短，褒奖正直，惩罚分明，不妒忌，尊重人才，是十分重要的。"一个篱笆三个桩，一个好汉三个帮"，如果中层管理人员没有人才辅佐，则也只能是业绩平平。因此，在很大程度上员工团队的成绩也反映出中层管理人员的成绩，评价时要加以考虑。

总之，测评内容应随测评目的不同、岗位不同而不同。现代企业招聘中层管理人员时，主要包括品德测试、智力测试、能力测试、体能测试等；考虑晋升和培训时，除以上测试外，还要进行业绩评估，考量其是否具有发展潜能；提薪、奖惩主要进行业绩考核。

2.1.2 人员测评与选拔的目标

人员测评与选拔的目标是根据测评内容筛选综合后的结果制定的。有的测评目标直接体现测评内容，而有的则是多个测评内容点的综合反映。测评体系是一种选拔性测评，其目的是选拔优秀的中层后备领导人员，基本原则是要保证公平性、公开性、公正性、可比性、差异性和准确性，整个测评特别强调测评标准的不可变性和客观性、测评的区分功能以及最终的结果可以采用量化的数字分数，以确保可直观地看出被测评对象的水平高低。同时也必须兼顾素质的潜在性与可塑性，开发测评对象具有发展潜力的方面，并给出个性化的未来培训方案。此外，所开发的测评体系要特别注重反馈环节，在测评结束之后，主持人把相关的数量信息整理并形成完整的书面反馈材料，在所要求的时间范围内把材料转达给人事部门、候选人的领导及候选人本人，从而形成个性化的培训平台，在未来不断地跟踪和实施，以达到持续开发候选人潜能的目的。这是一种有的放矢的培训措施，从长远来看，能充分降低人力成本，从而获得最大的收益。

总之，人员测评与选拔的目标是测评内容的代表。这种代表要通过定性与定量的方法来选择，不能随意指定。一般采用德尔菲法、多元分析法、问卷调查与层次分析相结合的方法来进行选择。

2.1.3 人员测评与选拔内容的确定原则

1. 正对性原则

不同的岗位对人员素质的要求是不同的，测评指标体系中各项指标所对应的重点也有所不同。因此，在对不同类别的被测人员进行测评时，应根据岗位需求和各类人员的具体特点来进行指标设计。设计选拔和测评标准前，应先对各职位进行岗位工作分析，以确定待选岗位人员素质的基本特征，然后进行调查研究，进一步归纳和提炼评价标准。不同岗位的人员测评指标是不同的，即使存在相同的指标，但其指代的含义或其设置的权重也是不同的。

2. 先进性原则

社会的进步将赋予相同岗位以不同的内涵，在确定人员测评和选拔的内容时，要充分考虑知识经济和市场经济对人员素质的新期望和新要求。因此，在设计选拔和测评指标时要借鉴和参考国内外人员测评的先进经验，但不能一味套用。要结合自身实际进行改进，开发具有自我特色的人员测评与选拔体系。

3. 完备性原则

人员测评与选拔的完备性要求统一测评体系中的各标准能够相互配合、相辅相成，能够实际而完整地反映工作岗位所需求的基本素质及功能，从总体上体现其主要特征，使测评体系能够很好地包含考评主体。

4. 独立性原则

所设立的测评内容在同一层面上具有独立性，即企业经营管理的测评和选拔体系应由多个层次组成，但在层次上所设立的指标不能存在相互重叠或因果关系。

5. 可操作性原则

人员测评与选拔的内容应具有可操作性，即指标设立是可辨别、可比较和可测评的，换言之，测评标准所展示的内容要具有直观性、可计算性。另外，在进行测评内容的设计时，注意用词应准确和通俗易懂；同时，指标的设计应简明扼要、具体量化。例如，"熟练掌握英语"，这就是一个难以衡量的测评指标，但将它定义为"国家英语考试等级"时，则成为一个可直接测量的指标。

6. 定性与定量相结合的原则

在确定人员测评与选拔的内容时，应尽量采用定性的评价指标加以描述，以提高测评的精确度，但在实际操作中，有些素质难以用定量方式进行确定，则需要辅之定性的评价标准。

2.1.4 人员测评与选拔内容的确定依据

（1）人员测评与选拔的内容应以岗位需求和测评目的特点为依据。一般来说，考核性的测评范围应比较宽泛，涉及范围越广越能体现考核的全面性；诊断性的测评要求精细和具有针对性；区分性的测评则应具有明显的区分度。

每个岗位具有其内定的岗位适用标准，包括其对应工作所必需的知识、技能和能力。在确定岗位信息后，企业据此设定测评和选拔方式，如卡特尔人格测试、墨迹测试等，以获取被试人员的信息，以供评审和筛选；另外，被试可根据提供的岗位信息选择合适岗位，以增加成功率、降低企业人员流动率。

（2）科学的人员测评和选拔内容与标准是对人员素质评估、人员选拔的直接依据。个体成长的不同阶段，其心理成长和能力成长的重点是不同的。对应不同岗位，工作职责的要求与岗位描述有着直接的联系，如管理人员测评的重点在于沟通能力、思想素质、组织能力和社会要求等，而生产岗位则侧重于技能熟练度、身体素质和学习能力等。在对人员进行测评时，除了对上述人员的素质进行分类外，还应对不同年龄的人员进行心理素质的划分。

掌握了这些特点，有利于在测评和选拔中避免特定的心理模式，从而尽可能减少以偏概全的衡量模式发生。

（3）人员测评与选拔的内容应以职位差异为依据。不同岗位的工作性质是不同的，对人员素质的要求亦是不同的，因此在测评中所涉及的测评要素也是不同的。这就要求在设计测评指标时，根据工作的性质，应对测评的重点和指标所占的权重加以区分。

（4）测评的内容以客观性标准为依据，人员的选拔以公正性为依据。进行人员测评时，应设立相应的评价等级，并对每一等级赋以相应的分值，给予确切、不含糊的评语，避免歧义。测评指标应根据岗位要求和工作性质来设定，不因人设岗，设定确切性的标准。测评和选拔内容应具有科学性，能够客观、翔实地描述工作要求，不脱离实际、不低于标准，防止人才流失。最后，测评内容应具有层次性，应根据不同的适用范围不断对测评指标进行调整。

2.2　人员测评与选拔的指标与权重

人员测评与选拔是现代企业管理中的重要环节。人才是企业生存的关键。如何选拔企业合适的人才？从哪些方面选拔人才？怎样确定此人才是企业所需要的人才？这些问题是人员测评与选拔研究的核心课题。而如何确定测评体系结构中各个项目和测评因素的权重，关系到整个测评体系的精确程度。

2.2.1　人员测评与选拔的指标

针对不同的人员，岗位需求的侧重点亦是不同的，在人员测评与选拔时，要考虑各指标在指标体系中的作用和重要程度。一般来说，可以将测评指标大致分为两大类：高层次指标与低层次指标，这两种指标应根据不同的职位来设置。高层次指标也被称为决策因素，对人员业绩影响很大，通常作为人事决策的重要依据，它反映了该职位应具备某种特殊的和重要的要素；低层次指标是指各类人员所需具备的最基本的能力，对人员业绩无决定性的影响作用。例如，企业中层管理人员的主要职能是管理和决策，因此，对中层管理人员进行测评应当突出其管理和决策能力，尽可能多设计一些与管理、决策有关的高层次指标，尽量减少一般性指标的数量。坚持"少而精"的原则，从总量上减少测评指标的数量，这样既可以达到测评中层管理人员管理、决策的能力以及业绩的目的，又可以缩短测量与评定的过程，同时使信息的采集、处理、转化、传递和费用最少，提高测评的经济效益。此外，由于坚持"少而精"的测评原则，有利于测评人员掌握评价方法与技术，减少失误，从而提高测评的信度与效度，特别是以一些非专业人员作为测评者时，测评指标应具体化，多设计一些"高层次的指标"更为有效。

在设定测评指标时，测评人员应注意以下要点：①要体现不同阶层人员的一般特点。在企业中，不同层次的岗位对人员素质的需求是不同的，因此在设计指标时，应加以区分，突出其特点。②符合现代企业对人才需求的特殊要求。社会的进步与市场的变化带动了企业的发展，在不同时期，企业对人才的需求亦是不同的，因此，指标的设定必须根据企业的发展战略及定位进行参考，以符合企业发展趋势。③定义明确，最好能量化。明确的指标定义是为了避免歧义的产生，同时，定量的指标有助于测评工作的开展。④要素之间尽可能没有包容和交叉现象。

2.2.2 人员测评与选拔指标体系的设计步骤

人员测评与选拔的内容设计与构建是一个系统工程，必须对它进行一个完整的了解。人员测评与选拔指标体系的制定，首先必须以一定的测评客体为对象，以一定的测评目的为依据。测评客体的特点不同，测评标准体系就不相同，即使采用同一测评客体，如果测评目的不同，那么所制定的标准体系也不会相同。其次是测评指标体系的设计。根据人员测评与选拔的客体特征与测评目的确定测评内容后，需要将测评内容具体化、标准化，将其变成可操作的测评项目。

（1）工作分析。工作分析是对各岗位或职务的性质、特点、职责、工作环境及任职资格等进行系统的分析，主要包括人和事物两方面的内容。人员方面包括素质与职业道德、智力与知识水平、资历与工作经验等。事物方面包括工作性质、工作关系、工作环境和程序等。通过工作分析可以确定岗位对人员的素质要求，从而为测评指标的设计提供依据。因此说，工作分析是人员测评与选拔的基础性工作，亦是首要工作。在此基础上，可以确定各类人员的素质与功能定位。

（2）理论验证。在工作分析基础上产生的人员素质模型仅是测评指标体系设计的雏形，还应依据测评的基本理论与原则，对设计的指标进行论证，使之具有准确性、严密性、原则性和简明性。

（3）指标分析。根据工作分析所初步确定的指标，运用测评指标体系设计的方法，进行指标分析，最终确定测评指标体系。每一个测评指标，都必须进行认真的分析和研究，界定其内涵与外延，给予清晰、准确的表述，使测评者、被测评者及第三方都能明确测评指标的含义。所以，在构建测评指标体系的雏形后，应对其进行调查与反馈或请专家学者进行评判，使测评指标体系的结构更加完善，更具有实用性和操作性。指标的表述要特别注意清晰和避免歧义，防止测评者产生不同的理解以至于对指标掌握不一而产生误差。此外，还应对测评指标的整个内涵进行分析，删除在内容上有重复的指标，修改在表述上不一致的指标。根据测评指标的可测性要求，对指标进行反复斟酌，使其尽可能量化及简明。

（4）预测试与修订。为了使确定好的指标更趋合理，还应对其进行修改。初步设计的测评指标应在小范围内进行试验，确定测评标准体系与计量体系的匹配性，对量表进行预测试。预测试后应对指标要素进行分析、论证、检验和修订，增减或合并，不断充实与完善，以期形成一个客观、可行、准确、实用的测评指标体系，以保证大规模测评的可靠性与有效性。

2.2.3 人员测评与选拔指标权重的确定与计量

对于不同的测评对象来说，各个测评指标会有不同的地位和作用。因此，需要根据测评对象对各测评指标反映的不同程度，恰当地确定与分配不同的权重。但是，如果仅有一个权数却没有对各个指标规定一个统一的计量办法，那么测评者的测评结果就会有很大的差异。

权重，即测评指标在总分中所应占的比重，或者说测评指标在测评体系中的重要性。一般的加权是根据不同的测评主体、测评对象、测评目的、测评时期及测评角度而赋予不同的数值。

在人事测评中，权重至关重要，它反映了各个要素在测评中所占的地位或所起的作用，直接影响最后的结果。当前，很多企业的人事部门一般根据经验给出权重，但凭经验给出的权重通常带有主观性，往往不能客观地反映被测者的实际情况，评判结果可能"失真"。下面介绍几种比较简便的求权重的方法。

（1）专家评估法。即多位专家对指标权重进行评估，再将其进行平均，获得各指标所占权重。例如，现有 N 位专家对指标的权重进行评估，其值为 $a_n = \{a_1, a_2, a_3, \cdots\}$，可取其平均值 a_i 为该指标的权重：$a_i = \sum a_n / n (n = 1, 2, 3, \cdots)$。

（2）频数统计法。设因素集 $U = \{u_1, u_2, \cdots, u_n\}$，请有关专家或熟悉此项工作、具有丰富经验的人（设 $k \geqslant 30$ 人）根据权重分配调研表（表2-2）对因素集 U 中的各元素各自独立地提出自己认为最合适的权重。

表 2-2 权重分配调研表

因素	u_i	u_1	u_2	……	u_n	Σ
权重	a_{ij}					1

根据收回的权重分配调研表，对每一个因素 $u_i (i = 1, 2, \cdots, n)$ 进行单因素的权重统计，其步骤如下：①对于因素 $u_i (i = 1, 2, \cdots, n)$，在它的权重 $a_{ij} (j = 1, 2, \cdots, k)$ 中找出最大值 M_i 和最小值 m_i，即 $M_i = \max\{a_{ij}\}, m_i = \min\{a_{ij}\} (1 \leqslant j \leqslant k)$。②适当选取正整数 p，利用公式 $(M_i - m_i)/p$ 计算出组距，并将权重从小到大分成 p 组。③计算落在每组内权重的频数与频率。④根据频数与频率的分布情况，一般取频率最高的组的中值或众数为因素 u_i 的权重 $a_i (i = 1, 2, \cdots, n)$，从而得到权重向量 $A = (a_1, a_2, \cdots, a_n)$。

（3）加权统计法。当专家人数 $k < 30$ 人时，可用加权统计法来计算权重。

求权重的方法还有很多，如层次分析法、模糊关系方程法、权值因子判断表法、模糊协议决策法等。

2.3 人员测评与选拔的标识与标度

人类所具有的心理属性能够在解决客观问题的行动中得以体现，换言之，若让选拔或测评人员进行问题的思考、解决或回答，则可以通过这些行为表现对其人格特质进行推断。人员测评与选拔的目的就在于设计这样的活动或问题，从而有效而准确地对待测人员的特点和品质进行推断。

随着人员测评与选拔技术的推广和完善，这种技术被广泛地应用于现代企业的用人和岗位选拔体系之中。受就业形式和人们追求高回报岗位的共通心理因素影响，这些岗位出现了激烈的竞争并有向恶性竞争演变的趋势。为获取在该岗位上的竞争优势，被测人员会参加各种选拔培训活动，了解并预测测评与选拔项目的答案选择规律和问题潜在含义，这降低了测评项目的本来价值和可靠性。另外，受测评人员的专业素质限制，加之测评规范化程度不高，许多测评项目尚未经过科学检验佐证，评价标准十分随意，加大了测评结果的不可靠性。不同人员的成长、生活及学习经历不同，其心理特质必定不同，世界上不可能存在两个完全相同的事物，因此，同一事物经过不同人员的大脑加工处理后，得出的结论必然不同，有时这种差异还会非常显著。如何尽可能地减少个体主观经验所导致的系统偏差，亦是测评与选拔中需要注意的。

中国古代就有相关的人员测评技术——看手相或面相，以及当下流行的星座理论，然而这些方法均不可能成为具有科学依据的人员测评标识。总之，用于人员选拔和测评的项目必须经过科学的检验，评价标准必须具有可靠而又稳定的标识与标度；同时，执行人员测评与选拔的相关人员亦必须经过专业化的培训，具有必备测评素质，以增加人员测评与选拔的可靠性。

2.3.1 人员测评与选拔的标识

人员素质测评与选拔的标识主要是构建人员素质测评标准体系，即素质测评内容标准化。自古以来，我国历代都有人员测评与选拔的标识。夏商西周是我国奴隶制国家由诞生、发展直至鼎盛的时期。该时期的人才选拔制度，有世卿世禄制、官学选才制、贡士制、乡兴贤能制等，其中主要采取世卿世禄制。在这种制度下，可保证王公贵族子弟世代为官。春秋战国和秦汉时期主要实行察举征辟制。察举制是通过地方官的考查、推举，将符合朝廷要求的人才推举出来，供朝廷直接任用或经过其他形式的考核再加以任用。征辟制，是皇帝直接下诏"征召"人才为官和政府行政长官自行"辟除"（聘任）属员的制度。被征辟者无须考核即被授予高官。"察举征辟制"比夏商西周时期的世卿世禄制有进步，选拔出了一大批德才兼备、善于治国的人才，但是由于缺乏客观的人才选拔标准，以及有荐举权的官吏滥用职权、营私舞弊等，以至出现了"权贵子弟多以人事得举，而贫约守志者常以穷退见遗"的现象，甚至出现"举秀才，不知书；察孝廉，父别居；寒素清白浊如泥，高第良将怯如鸡"的反常现象。这首古谣谚深刻揭露和嘲讽了察举制的弊端。这种现象到魏晋南北朝实行"九品中正制"时发展到了极端。

人员测评与选拔是管理科学化的重要方面，其测评项目的质量直接关系到测评结果的应用价值，因此必须对测评项目的质量进行检验分析。在现代人员选拔与测评的标准体系中，通常在素质测评目的下规定测评内容，在测评内容下设定测评目标，在测评目标下设定测评项目，在测评项目下设定测评指标。

人员测评与选拔标准体系对于测评选拔对象的数量与质量都起着"标识"作用，人的特质或潜能的相对水平与内在价值，需通过人员测评标准体系的衡量或投射才得以证明。在人员测评与选拔项目中，往往有相应的标准，即测评标准体系的内在规定，一般表现为人员特质规范化行为表现或特征的描述与规定。合格的人员测评与选拔项目必须满足测量学的客观要求，即其对不同岗位的测评与选拔项目拥有其对应的标识，包括难度、区分度、信度及效度。本节将对人员测评与选拔标识的难度和区分度进行解释，而信度及效度则会在第3章进行详细描述。

根据正态分布的原理，人员的能力可从非常不能干到非常能干进行分布，梯度很多，测评者需要对被测者进行精确定位，选择适合他的难度，以区分不同特质水平的人员。若待测项目超过岗位素质要求，则可能没有几个人是合适的，无法选拔相应岗位的人员，称为天花板效应；若待测项目的难度过低，则测评项目难以实现，所有人的得分均偏高，测评项目就失去了意义，称为地板效应。难度的确定是测评成功与否的关键，若要避免难度过高或过低的测评项目，就要求编写者具有丰富的个人经验，即对测评项目的难度要持有一个大概的把握，并且通过测试来精确地计算测评项目的难度。

对测评项目的编写者来说，测评项目的难度并无固定的标准，而是与岗位选拔比例相互关联，难度与岗位选拔人数相匹配。若挑选比例较低，则其测评项目的难度会增加；若其挑选比例较高，则其测评项目的难度会降低。难度偏大，高分人数比会降低，在统计学中称为正偏态；难度偏低，高分人数比会上升，在统计学中称为负偏态。例如，小学升初中的升学考试中的难度相较于高考的难度就会明显偏低。

对于人员测评与选拔的标识，与项目难度经常一起出现的是项目的区分度。与难度相类似，区分度是指用于评价被试心理特点的区分能力。区分度高的测试项目，能够将不同水平的被试区分开来；区分度低的测试项目，则不能很好地鉴别被试。同时，难度与区分度是相辅相成的，项目难度过高或过低，均不能有效地对人员能力进行区分。此外，亦可以用相关法来计算项目的区分度。具体而言，是将某一测试项目分数与效标分数或分测验总分的相关因素作为该项目的区分度指标。相关度越高，表示区分度越高；反之，则表示区分度越低。

2.3.2 人员测评与选拔的标度

标度是一系列用点或线标出来的间隔，用来计量数量、距离或数额。在人员测评与选拔中，所谓标度，即对标准的外在形式进行划分，通常表现为对素质行为表现或特征的频率、强度和范围的规定。从目前的测评指标分析来看，测评指标的标度大致表现为定义式、数量式、等级式、量词式、综合式等。

（1）定义式标度。即用字词来规定各个标度的范围与级别差异。

（2）数量式标度。即以分数来表示测评标志水平变化的一种刻度。分为连续区间型标式与离散点标式。

（3）等级式标度。即用一些等级顺序明确的数字、字词或字母来表示测评标志的状态及水平变化的一种刻度，如"1""2""3""4"；"优""良""中""差"；"A""B""C""D"。等级与等级之间的级差应该具有顺序和等距关系。等级之间的距离要适当，如果太大，有可能犯"省略过度"的错误，测评结果宽泛，区分度差；如果太小，有可能使操作烦琐，判断过细，不容易把握。研究表明，若等级数在 5 以内，测评效果最佳；若等级数超过 9，则难以把握评判。

（4）量词式标度。即用一些带有程度差异的名词、形容词、副词等修饰的词组来刻画与揭示有关测评标志状态、分布与水平变化的情形，如"较少""少""一般""多""较多"等。

（5）综合式标度。一般是综合以上两种或更多的标度形式来反映测评标志不同状态、分布与水平变化的情况。

2.4 人员测评与选拔的标准化流程

人员测评与选拔是一个综合性的系统工程，从其应用领域来说，人员测评与选拔的衍生可涉及组织人力资源管理的任何相关领域，涵盖外部招聘、内部晋升和培养、人力资源规划、绩效与薪酬等。因此，人员测评与选拔项目的开展和运作必须遵照一个具有相对一致性的流程。

（1）确立人员测评与选拔的目的。目的的确定是人员测评与选拔的起点，同时亦是整个活动的终点，是人员测评与选拔活动开展的风向标。在此基础上，人员测评与选拔的内容、标准及其方式方法均是为其目的而服务的，因此，确定正确的人员测评与选拔的目的是整个活动的基础。作为整个流程的开端，人员测评与选拔目标的确立要求企业与测评小组（内部人员或外部咨询机构）进行有效的互动。企业必须提供其人员测评与选拔的目的和需求以供测评小组参考及提出建议，并且在整个人员测评与选拔的项目过程中，双方必须通过不间断的交流和沟通加深相互的了解，以便于确立共同的测评目的、测评要素、测评方法等内容及进行项目的修正。正确的人员测评与选拔的目的是影响整个项目成效的关键，项目的开展必须经过细致的调查研究，了解测评自身的发展状况及被测对象的环境状态，在科学、客观的基础上做出决策。

（2）制订人员测评与选拔的计划。设计人员测评与选拔的方案的过程，其实质是制订一份详细的项目开展计划的过程。所谓测评计划，即对某一测评活动进行总体设计、部署和安排。规范的测评计划至少包含以下几个方面：①测评的目的与性质。②测评对象。测评所涉及的范围、人数或具体的人员名单。③测评的内容与标准，以及其分解的测评要素。④测评的方式与方法。一般与测评要素相对应，可用表格形式注明。⑤测评的组织管理，包括测评项目名称、负责人、组成人员等，并附注相应的解释和职责。⑥实施步骤，包括测评相关材料的准备、场地的选择和布置、测评关联人员的培训和动员，对测评对象、内容、方式方法的排序，以及测评最终结果的处理。⑦日程安排。⑧注意事项，包括突发事件的处理原则、方式和方法，以及项目进程中可能遇到的相关问题。

（3）测评工具的选择和研发。人员测评与选拔的客观影响因素不同，其内在内容、目的、手段、时间、地域及对象均存在不同，所以，直接可运用或借助的测量工具是有限的或存在相应的局限性。而测评工具又将直接作用于测评对象，影响测评结果的质量，因此选择或研发具有针对性的测评工具对人员测评与选拔项目的开展具有重要的意义。在现有的测评工具中，有些是可以直接利用的，经过了大量科学和实践的检验；而有些测评工具则需要根据企业的测评目的进行适当的改进，或在此基础上进行自行设计。一些流行的心理学量表可以有针对性地进行使用，而有些评定量表（rating scale）、问卷或情境测验，可以加以借鉴并进行修改。一些涉及企业内部指导和岗位技能相关知识的测评，则必须根据企业实际情况和测评要求自行设计。无论是标准化的心理测试，还是专业知识的测评，都是一项技术性很强的工作，需要测评专家、心理测量学专家以及有经验的人才测评与选拔相关人员的共同努力才能实现。

（4）组织实施。即按照测评计划的安排对测评项目进行有序的实施。受不同测评计划的影响，组织实施的具体要求也存在差异。取其精华，去其糟粕，了解测评结果的各个处理阶段。组织实施阶段应完成以下任务和工作：①根据测评计划，制定实施细则。细则包括测评的工作安排、时间进度、任务分工以及可操作化的标准要求等，以便项目的掌握和操作运用。②测评前的准备工作，包括测评材料、工具、场地、人员和费用开支的准备。③人员培训。人员测评与选拔是一项专业性较强的工作，因此，为取得较好的测评结果必须对参评人员进行必要的专业培训，包括测评对象、测评人员和管理人员，目的在于提高其对测评意义的认识，明确其分工、职责和要求。④组织测评人员。现代化的人员测评与选拔具有多样性，为使项目开展具有计划性和有效性，必须对所有涉及人员测评与选拔的人员进行合理的计划、组织与安排，保证项目的有序与衔接。⑤实施测评。即针对项目进行具体的活动，包括心理测试、笔试、情景模拟与评定等。在进行这些测评活动时，必须根据其客观规律和要求进行。⑥管理好测评材料、工具和相关资料等。

（5）测评结果的处理。该阶段主要是对已完成的测评数据资料进行汇总、分析、整理和总结，并对测评对象做出最终的总体性评价，同时也要对整个人员测评与选拔项目的过程质量进行评价。要对测评中所获取的大量的主观信息进行核对并得出可靠的结论，保证信息的覆盖面和科学的客观性。信息的覆盖面要求全面系统地掌握不同方法、不同阶段、不同测评人员所提供的不同性质的资料；科学的客观性则要求测评方法选择和应用的恰当性和正确性。任何测评方法的选择均具有其固有的针对目的，有其特定的测评对象、使用范围和条件。所以，在处理测评结果阶段，必须根据测评目的和待处理资料的性质、类型，特定选用适当的方法进行分析处理。

（6）测评报告的撰写。在人员测评与选拔项目的结束阶段，还需要撰写一份内容详尽、真实可靠的测评报告。测评报告的内容应该涵盖此次测评过程中各个项目的分析结果，并对其做出综合的评价与建议。其基本内容如下：①此次测评的基本信息，包括项目名称、测评机构、测评时间及概述。②被测评者的个人信息，包括姓名、编号、性别、年龄等基本信息和岗位、职务等工作信息。③测评项目列表，包括此次测评中所涉及的测评项目，如若有多个测评项目，则按照顺序排列。④测评结果的展示，可用图标、文字或多种形式的组合方式呈现，用于表示各维度的得分或被测评人员的评价等级等相关测评情况。⑤测评结果的分析，对被测评者在各测评维度中的得分情况进行文字的描述和阐述。⑥对测评对象的总体评价。⑦专家意见。⑧报告撰写人、核审员及完成的日期。

（7）反馈信息的利用。人员测评与选拔项目的最终环节是将测评结果准确无误地、适时地反馈给测评对象本人、公司或委托单位，同时，还需要结合本次测评的目的，协助公司对测评结果进行充分的利用，并依据测评信息展开人力资源的相关工作。此外，在利用所反馈的测评信息时，应遵从客观性、准确性及适当性原则。信息的客观性是其最基本的要求，反馈的信息必须是测评结果真实的写照，不得随意夸大、缩小、篡改和遗漏，不得掺杂个人主观意见，而是对其客观的阐述，否则将引起公司或上级领导人决策的失误，对公司发展以及被试带来不利影响。测评结果的反馈方式需要根据测评目的及反馈对象的特点来进行。在给测评对象反馈结果时，应选取恰当的时机，如在工作比较轻松时或被测评对象情绪较为稳定时较为适合，同时，反馈的信息应该是比较具体的测评结果信息，而不单单只是简单的肯定或否定的答案。

上述步骤为人员测评与选拔项目的一般流程，而对其流程的了解，仅仅只是对工作开展的一般把握，并不代表在实际工作中就能很好地运用。在任何一个应用领域，测评需要和目的的不同，必定对其环节造成影响，各环节中的工作要求亦随之改变。随着人力资源相关理论和工具的发展，人员测评和选拔亦随之进步，与传统的人员评价方式和流程的结合亦更加紧密。作为一个大型人才评价项目或人力资源相关活动的重要环节，人员测评与选拔项目本身亦在积极地探索与人才评价整体流程相切合的最佳演进方式。

2.5　人员测评与选拔的标准化体系设计实例

在以人才为核心竞争力的今天，如何准确地发现和利用人才、最大化地发挥企业人力资源作用成为所有企业共同关注的问题。在传统的人才招聘中，"学历、专业和工作经验"是企业最为常用的标准。但事实证明，传统人力资源招聘手段受其自身条件约束，具有很强的经验性和随意性特点，无法考查和触及员工的核心内在素质，往往导致企业招聘效果不理想。研究表明，造成企业人才招聘成功率低的盲区主要有如下几点：①人才选拔标准模糊。②员工自身定位与企业招聘要求不符。③人员求职动机和职业发展需求与企业存在偏差。④企业文化与员工自身特质存在较大差异。

将现代化的人员测评与选拔技术引入人才招聘工作是时代和企业发展的共同需求，亦是一项重要的理念和决策。世界知名企业均有其严格的人才招聘测评流程和工具，而且大部分都通过专业测评机构进行设计和指导。在我国，随着国际化合作与交流的加强，越来越多的企业采用了现代人员测评与选拔技术对人才招聘进行辅助，政府机关、公务员考试和干部公开选拔中亦采用了现代化的人员测评与选拔工具。在不同层次的岗位招聘中，人员测评与选拔技术的应用方式是不同的。在低层次的岗位选拔中，可运用诸如能力测验、个性测验及为该岗位选拔所设计的、标准化程度较高的测评工具和方式；在较高层次的岗位选拔中，标准化的测评工具则用于对人才的初步筛选，划定其候选人员后进一步采用评价中心、结构化面试等方法。

2.5.1　案例简介

DC集团成立于1993年，是国务院国有资产监督管理委员会（简称国资委）下属的一家集装备制造和冶金于一身的大型国有企业，注册资本45亿元，下辖52家全资及控股子公司，拥有员工15万余人。为深化国有企业体制改革，DC集团在年初的工作会议上要求积极探索适应现代化企业制度的人力资源管理体系，深化人事制度改革，充分体现党管干部原则与市场化招聘相结合的国有企业用人机制，并决定组织部分所属企业面向社会公开招聘20名高级经营管理人员，旨在通过公开招聘，体现公平、公正、公开原则，吸收国内外优秀人才到DC集团任职，为DC集团的发展战略提供充分的人才支持和技术保障。

这是DC集团第二次面向社会公开招聘高级经营管理人才。在上一次招聘中，DC集团采用了传统干部考查与市场化人才选聘相结合的形式并取得了较大成效，目前呈现出各岗位优秀人才脱颖而出的良好局面。在公开招聘中上岗的绝大多数高管人员能够在其岗位上充分发挥其才能和作用，受到了领导及同事的认可和嘉奖。

本次面向市场的公开招聘，集团首次引进了外部专业测评机构进行辅佐，并受到了国资委、下属单位和社会公众的广泛关注，因此，集团领导对此十分重视，对项目本身以及聘请的专业人力资源咨询机构进行了严格的审核。国内外知名人力资源咨询机构对本项目和公司进行了深入而全面的调查，最终，韬睿咨询公司凭借其深厚的技术实力和丰富的咨询经验从众多的竞争对手中脱颖而出，成为DC集团的合作伙伴，与DC集团共同完成此次招聘工作。

韬睿咨询公司接受项目后，再一次对公司和项目进行了细致的调查，经过详细的分析，将项目目标定位为以下五条。

（1）对DC集团下属C企业的总经理、副总经理、财务总监等职位以及下属其他十家公司的市场、运营和人力资源等相关重要岗位进行了深入的访谈和比对，形成了各职位的岗位说明书和胜任力评估模型。

（2）主持设计了本次招聘工作的总体流程和详细的阶段流程，并编写相关材料和工作计划。

（3）根据与集团相关负责小组和领导的讨论结果，确定了测评方案和计划，并依据计划组织测评。测评的主要形式有专业化笔试、标准化心理测试、结构化面试、现场演讲和无领导小组讨论。

（4）测评结束后，根据其结果，撰写测评结果报告，就相关指标做出解释，并对入围的被测评人做出测试结果评价。

（5）向集团领导人和项目负责人做出反馈评价结果。

2.5.2 案例过程解析

与第一次的招聘工作相比，本次招聘工作进行了改革和创新，DC集团根据韬睿咨询公司测评专家的专业建议，对结构化面试材料和评价指标进行了调整和修正，使之更加符合现代人员测评与选拔的理念。在结构化面试的基础上，针对公司业务范围的扩展和发展的需要，加入了英语口试这一重要测评项目，同时，引入了标准化心理测试和无领导小组讨论，对被测人员进行了更加全面的考查。DC集团希望通过多种测评方式相组合的方式，对应聘者进行更加科学、全面的考查和评价，使录用者符合现代企业和集团用人标准，有助于集团整体实力的提升。

根据上述对项目总体目标的分析和集团要求，DC集团招聘项目解决方案如图2-1所示。

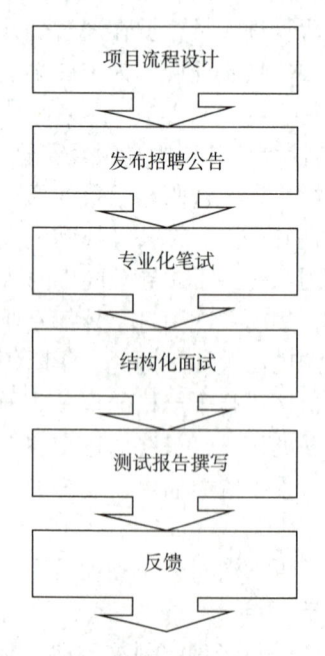

```
项目流程设计
    ↓
发布招聘公告
    ↓
专业化笔试
    ↓
结构化面试
    ↓
测试报告撰写
    ↓
  反馈
```

图 2-1 DC集团招聘项目解决方案

对于上述解决方案，需要把握以下三个要点。

首先，在本次公开招聘中，测评环节需要与 DC 集团内部人力资源流程相结合，依据其招聘流程来设计，同时加入现代人员选拔与测评的理念，保证整个招聘活动不流于形式。因此，从项目一开始的设计，到招聘公告的发布，再到简历的筛选、笔试、面试等各个环节，均是在依托前期测评需求的基础上展开的。

其次，在项目流程的实施中，最大的难点在于外部测评机构与集团项目负责小组的有效沟通，从项目计划的制订开始，一直到最终项目报告的完成，均需要集团内部人员的参与和支持。建立在内外部紧密配合基础之上的人力资源咨询才能行之有效而又符合实际。内部人员需要了解招聘工作流程的基础，熟悉并加入整个测评工作，结合其集团情况和过往实例，对项目提出改进性建议。

最后，本次招聘工作受到了国资委和社会公众的广泛关注，延续了国有大型企业的招聘工作思路，DC 集团主要负责人担任了此次测评项目的主要评委，这使测评材料准备和评分环节设计面临巨大挑战。为此韬睿咨询公司从一开始就进行了专业而又细致的服务，从测评材料的准备、测评标准的制定，到测评指标的设定和评价流程的设计均尽可能地兼顾科学性与操作性、标准化与简便化，让主评委尽可能在较短时间内完成专业化培训，掌握测评指标和测评项目的关键，理解和把握测评的关键要素，以保证项目的科学性和公正性。

针对以往的招聘工作中存在的主要问题，本次项目的解决方案如下。

（1）如何避免岗位职责界定模糊。通过访谈的方式对招聘岗位的设置目的和主要工作内容进行了深入的了解，并听取了多方意见，合理对其进行设置。同时，进一步引入了岗位说明书和胜任力模型的概念，科学设定招聘公告。

（2）如何避免招聘调研不深入。制定了有针对性的提纲，扩大了访谈对象并对专家进行了访谈。

（3）如何把握岗位设置数量及工作内容界定。除了对 C 企业和集团层面进行深入而全面的调研外，结合各方意见以及相关行业岗位设置经验，以及公司战略规划和实际情况，根据访谈内容对岗位数量和工作内容进行了划分。

（4）岗位考查如何体现职位差异。有针对性地设计了考试题目，并增加测评方法进行全面考查。

（5）十家公司的招聘岗位如何体现区别。聘请所属公司领导担任考官，提高其针对性，并在此基础上参考了专业人士的建议，进行共性提炼。

（6）如何避免笔试内容过于重视专业性考查。从岗位职责和胜任力模型出发，科学设计试题结构；与集团负责人进行有效沟通，从实际出发设计命题并详细列出了评分标准。

（7）如何确保科学性和客观性。在胜任力模型的基础上设计了结构化面试题目和评价标准，注重对管理素质的考查，提高其效度；增加了标准化心理测试，对人格特质和核心能力进行补充；综合评价，增加了英语口试和无领导小组讨论，丰富考查手段。

（8）评分标准如何统一。制定了详细的评分标准和评分档次，并对审评小组进行了专业培训。

（9）如何保证公平性。对项目流程进行严格保密，对笔试试卷采用密封评分方式，严格按照笔试成绩划定入选范围，最大化地保证公平性。

（10）测评职位较多，环节复杂，如何避免集团参与人员对项目流程不熟悉。编写精确的工作手册并分发到各小组成员手中；对工作时间进行弹性的安排；对项目小组成员进行专业化培训；与集团进行有效沟通；向集团相关负责部门申请测评所需物品。

2.5.3 案例点评

DC集团本次公开招聘项目是在韬睿咨询公司辅助下第一次引入现代化人员测评与选拔技术面向社会公开招聘的活动，同时，本次招聘的岗位亦是韬睿咨询公司参与并主持实施测评的历史上层级最高的一次。根据本次项目实施和操作的相关经验，可以得出如下结论。

（1）国有大型企业面向社会进行高级管理人员的公开招聘行为将成为一种社会趋势。在国资委的领导下，国有大型企业的经营活动和人才战略均会受到严格的监管，就目前而言，国资委对于国有企业高级管理人员的招聘和管理均越来越多地引入现代人员测评与选拔的理念和评价方法。从2003年开始面向全球公开招聘国有企业高级经营管理人员，经过连续几年的公开招聘，现已取得了明显成效，引起了社会的强烈反响。通过公开招聘的情况来看，招录人员整体上比较年轻且拥有比较丰富的履职经验，具有较高的知识层次和较强的市场意识，工作表现很好，许多副职人员均被列为企业的正职人员储备。今后，成功的人员选拔经验必将大幅度复制到国资委监管的下属企业之中。在总结了公开招聘的成功经验之后，国资委进一步提出，采用科学的考试测评方法择优录取是选好人才的关键环节，重点在于看准人、出好题。面对更多的市场机遇，人力资源咨询结构则需要在招聘前进入企业进行更加深入的岗位调查，了解企业的用人所需，根据企业的相关标准和发展的实际需要，紧扣行业和市场两大关键点进行出题，这就将很大一部分没有企业经营管理实践经验的人员排除在外。在人才选拔上，企业改变了过去仅仅根据内部人事部门进行考查的传统封闭式人员选拔结构，聘请企业家、专业咨询人士和著名学者担任考官，选拔人才的眼光将更加全面和准确。为了全面考查人员的整体素质，国资委还将评价中心技术引入干部人才任免之中，并取得了良好的效果。随着标准化心理素质测评技术的推广，人员与企业、岗位的适配性亦有了进一步的加强。可以说，随着技术的不断引进和经验的成熟，公开招聘将一年比一年更科学、更先进、更完善，测评质量和效果亦将达到一个新的高度。

（2）国有企业高级管理人员招聘有其自身的特点。首先是人才测评与选拔的流程设计要求严格。受人力资源工作规范和干部管理机制的限制，国有企业公开招聘通常采用内部主持或与相关政府咨询机构合作而内部主持的方式进行，这与私营企业、合资企业或外资企业由第三方机构独立主持的方式有很大差别，加之国有企业对公开选拔的公平性和各关节的严密性有严格要求，所以这对人员测评与选拔项目流程的设计提出了较大的挑战。其次是评委组成的多元化。受上述原因影响，国有企业公开招聘的评委通常由咨询专业人士、企业决策者和行业专家组成，对应聘者进行全方位把关和评价。最后是测评技术材料要求很高。一般情况下，国有企业公开招聘的职位级别较高，对测评技术材料就有了较高的要求,加之评委结构的多元化,测评项目不能照搬既有的测评评价标准,对评价标准的简洁性和实用性有很高要求。

基于上述国有企业公开招聘的特点,在本次案例中,韬睿咨询公司在此次项目设计中做到了以下几点。

(1)对招聘流程设计的整体把握。在总体流程设计和各阶段环节的设计中,注重细节,强调标准化、结构化、程序化和规范化,保证各环节的参与者和操作者均能按照规范严格执行。

(2)测评材料的适用性。在大量调研的基础上,根据小组讨论的结果,对测评材料中相关情境的考查点进行设计,结合企业实际制定了测评标准和评价等级,最大化地保证测评材料的间接性和适用性,使评审者的评分标准能够统一。

(3)新方法的引用。在遵照国有企业原有招聘原则的同时,对现代化测评技术进行了改良,在与对方有效沟通的基础上确定了此次公开招聘的测评材料和测评标准,使传统的面试更加符合人员测评与选拔技术中的结构化面试。另外,加入了标准化心理测试和无领导小组讨论,并邀请相关负责人进行现场观摩,在加深其对现代人员测评与选拔理念的理解基础上,使得现代测评技术得到更加深入的推广和广泛的接受,打破了国有企业人员选拔的传统模式。

【综合案例】

A公司是全球著名零售巨头在中国的分公司。随着中国经济的飞速发展,国内消费需求增长旺盛,市场前景广阔,集团决定将未来发展重点放在中国。但在其发展过程中,管理人员本土化问题成为公司发展的最大瓶颈。一方面,外派人员成本过高成为影响低成本战略的主要压力之一;另一方面,随着国内市场规模的增长,从集团派遣管理人员已不能跟上公司不断扩张的步伐。因此,实施人才本土化战略成为公司的不二选择。

作为一家成熟的大型跨国集团,为了谋求在中国市场快速和稳定的发展,集团高层在进入中国市场初期就考虑了管理人才本土化的人力资源战略。在兼并了数家国内零售公司后,集团一方面从兼并企业的管理层中选拔了部分精干管理人员继续留用,另一方面,大量地从现有员工中选拔有潜力的人员补充到新的管理岗位。同时,公司还建立了第三方独立评价机构。公司聘请了国内一家知名的人力资源咨询机构作为在中国的合作伙伴,负责为公司人力资源体系的建设和工作的开展提供服务。在引进了国外先进的全套测评工具与方法后,公司与该机构合作,共同完成了两次人员测评工作。但就这两次测评结果来看,人力资源部门和公司管理层均认为测评结果不太理想,未能达到实际效用,咨询机构为公司提供的测评结果与实际情况存在较大差异。

经过深入分析和探讨,合作双方均认为测评误差与跨文化差异密切相关,一方面是国外的测评工具和方法与国内传统文化之间存在的差异,另一方面则源于集团文化与中国传统文化之间可能存在的冲突。在认真总结过去两次测评的不足之后,合作双方开展了第三次测评活动,是针对公司内部人才选拔的测评项目。与外部招聘流程不同,内部晋升往往与组织内部已有的人员晋升制度、绩效考核制度等人力资源管理制度有着密切的关系,因此,在第三方咨询机构介入的条件下开展测评活动,除了要与原有的晋升制度紧密相连外,还需要与公司人力资源部门对其他环节的处理进行有效的沟通。初步调研后,本次测评活动的流程初步分为以下几个环节。

(1)候选人名单确定。合作双方首先根据沟通确定了岗位胜任力模型,采取了候选人推荐制度。

同时，在推荐人资格上设置了一些硬性条件，如工作经验、学历、近一年来的工作绩效等。此外，候选人推荐还必须经过直接领导的审批。

（2）预约谈话。基于本次测评的目的，候选人的直接上级将与其进行一对一的谈话，阐述公司的发展期望并听取候选人的意见和愿望。

（3）实施测评。根据岗位胜任力模型要求，本次测评将采用标准化测试、评价中心技术两大方式进行，所有测评材料均经过了本土化测试，以更加符合传统文化的要求。同时，本次测评将更加注重企业文化的融合度问题，整个测评尽可能在平和的状态下进行，力求保持气氛的和谐。在面试过程中，评审专家将听取候选人关于个人职业发展规划的想法和对公司未来发展的意见。

（4）结果应用。公司将根据最终的测评结果进行内部晋升的决策。同时，亦会将测评结果反馈给候选人，并对其进行个人职业发展的指导，帮助其科学、全面地认识自我。

（5）测评后续工作。通过测评认可的人员将尽快被安排到相应岗位进行工作和锻炼。对其他落选人员则进行辅导，认真分析原因，帮助其在未来的工作中进行调整。此外，还将对整个测评过程进行评价，总结其得失，剖析主客观干扰因素，为未来工作的开展铺垫基础。

讨论题：
1. 你认为案例中的人员测评流程设计是否合理？有无需要改进的地方？
2. 谈谈人员测评与选拔在人力资源管理中的作用。

【实验项目】

了解人力资源测评系统的使用。

实验一　16PF 测验
实验二　性格测验
实验三　智维测验
实验四　能力测验
实验五　动机测验
实验六　职业兴趣测验
实验七　职业锚测验
实验八　领导力测验
实验九　团队角色测验

【课堂游戏】

在每个班级中，均会设置班干部，以组织班级活动的正常开展。每个班干部均有其具体的职责，班长负责班级的日常事务处理，是班级里权力最大也是最繁忙的人；体育委员负责组织班级同学的体育活动，以及协助学生会相关活动的开展；其他还有很多，如组织委员、文艺委员、学习委员等。请各位同学利用课堂时间，简单地设计一份班干部人员测评与选拔指标，并设定相应的权重，模拟进行一次班干部选拔活动。

【拓展训练】

SCL-90 心理健康测验（学生自主实验）。

第3章

人员测评与选拔的统计方法

引例

表面上看，应届毕业生差别不大，都是白纸一张。但实质上，每个人都是带着自己独特的遗传特质、家庭环境和二十几年特有的生活学习经历走上工作岗位的，这些因素使其形成了自己独有的性格特点、行为模式、素质能力和价值观，对工作中的表现具有一定的影响作用。因此，每张白纸的背后，都写满了丰富的内容，如果用人单位能够找到合适的办法，剖析白纸背后的大量信息，招聘中的两大难题也就迎刃而解了。

心理测评可以解决上述问题，因此在国内的校园招聘中发挥着越来越大的作用。在国外，心理测评的应用更加广泛，美国人力资源管理协会（Society for Human Resource Management，SHRM）曾做过一次调查，结果显示，有40%的财富500强企业在人才选拔过程中采用了心理测评。心理测评即通过客观、科学、标准的测量手段对人的特定素质进行测量、分析和评价，这些素质包括那些完成特定的工作所需的或与之相关的技能、性格、能力、动机、兴趣等个人特征，这是以一定的速度和质量来完成工作的必要基础。基于"能力二因素理论"开发的能力测验，从表达能力（语言与肢体）、数量关系、资料分析、逻辑推理这四个方面来考查应届毕业生的基本素质能力。这些都是在工作中最基础和最必备的能力。研究表明，这些方面的指标能非常有效地预测应届毕业生未来的工作绩效和发展潜力，所以很多企业都会将能力测验中的表现结果作为是否录用的重要参考指标。

有了心理测验，招聘单位能够了解到应聘者的性格特点、能力水平、胜任力等情况，看到的不再是简历中呈现的平面化的信息，而是一个立体化的应聘者，大大提高了应聘的信度和效度。应聘者的性格特点如何？语言表达能力如何？思维逻辑性如何？善于影响带动周围的人吗？是否具有团队精神？他能把工作处理得井井有条吗？是否具备创新精神？这些都能在测评结果中找到答案。以这些丰富的信息作为参考，鉴别和甄选就会变得更加容易和准确。某大型IT集团的HR部门主管曾说过："单纯通过面试招聘的准确率是40%，而加入心理测评可将招聘的准确率提高到60%。"

3.1 人员测评与选拔的信度

3.1.1 信度的含义

信度又叫可靠性，指的是测评结果的一致性或稳定性的程度。一般来说，使用精确的测量工具，按流程严格操作，其结果就不会随工具的使用时间或使用者等变化而发生很大的变化。例如，用一根标准钢片卷尺测量黑板的长度，无论由一个人多次去量还是几个人去量，所测结果应该是一致的。在测量理论中，信度指的是一组测验分数的真变异数与总变异数的比率，实际应用中，通常以同一样本所得两组资料的相关程度作为测量一致性的指标。

但是，人员素质测评要比物理测量复杂得多，不太可能用同一种量表去反复测量同一个人的同一种素质。即使反复施测，测试的结果肯定也会受到学习效应的影响。事实上，影响测评结果一致性的因素有很多，而这些误差的来源中，随机误差（random error）决定了信度的高低。根据随机误差来源的不同，可以将信度大致分为三类：与时间有关的再测信度（test-retest reliability）、与内容有关的个别信度（individual item reliability）、组成信度（composite reliability，CR）、内部一致性信度（internal consistency reliability）、折半信度（split-half reliability）、复本信度（equivalent-forms or alternate-forms reliability）、与评分者有关的评分者信度（inter-rater reliability）。

3.1.2 信度的计算与应用

信度的概念是在经典测验理论中产生的，它可以解释为在实得分数的变异数中有多大比例是由真分数的变异引起的，我们把表示信度的高低程度称为信度系数。信度系数为0，则表明该测评工具（如试卷）绝对不可靠，信度系数为1的结果在现实中很难找到，因为任何一次测评都在不同程度上受主客观因素的影响；在通常的测评中，一般要求信度在0.7以上。有关信度类型及其计算方法是在这一基础上衍生的。

1. 再测信度

对同一组被测者在相同的条件下用同一测量工具先后实施两次测评，两次测评结果的相关系数即再测信度。它的大小等于同一组被测者在两次测验上所得分数的皮尔逊积差相关系数，由于考查的是测评的稳定性，又称为稳定系数（coefficient of stability）。例如，在招聘中，王某的笔试分数是 85 分，在全体应聘者中名列第一，这是否靠得住呢？我们再重复测评一次，结果王某的测评分数是 90 分，还是排在第一名，且其他应聘者的位置顺序变化很小。由此得出，第一次的笔试结果是可靠的。

再测实验有利有弊，它证明了测评工具的可行性，但很容易受时间间隔的影响。如果两次施测的间隔太长，被测者特征将随时间的增加而发展变化，则计算的稳定系数将失去意义；若施测间隔太短，可能会产生记忆与练习效应，这也将影响稳定系数。通常来说，时间间隔不应固定不变，不同的人时间间隔应有区别，一般为 1 至 3 个月。在进行测评结果报告时，应注明两次施测的时间间隔，以及在此期间内被测者的相关经历。

2. 与测评内容有关的信度

1）单个项目的信度

单个项目的信度指的是单个测评项目对所测潜在变量的反映程度，在验证性因子分析（confirmatory factor analysis，CFA）中，其值为测评项目在潜在因子上负荷量（标准化解）的平方。多数情况下，其判别标准为负荷量大于 0.5 且具有统计显著性。在项目反应理论（item response theory，IRT，又称潜在特质理论）中，单个项目的信度用项目的信息量来衡量。

2）组成信度

组成信度就是由反映同一潜在变量的所有测评项目所组成的信度，目的在于衡量同一个潜在变量的所有测评项目间的一致性。Bagoozzi 和 Yi 建议，组成信度应大于或等于 0.6。组成信度的计算公式如下（所有数据均取自验证性因子分析的完全标准化解）：

$$CR = \frac{\left(\sum \lambda\right)^2}{\left(\sum \lambda\right)^2 + \sum \theta}$$

其中，λ 为测评项目在同一因子上的负荷量；θ 为测评项目的测量误差。

3）内部一致性信度

内部一致性信度指所测素质相同的各测评项目分数间的一致性程度。若被测的第一个项目的分数高于他人，在第二个项目的分数还高于其他人，在第三个项目的分数仍高于他人……且这些测评项目所测评的是同一素质，那么有理由认为测评与选拔结果较可靠。再测信度与复本信度都需要组织两次测评，而内部一致性信度只需要进行一次测评，增加了人员测评的可操作性，同时也为实际工作带来了极大的方便。

如果内部一致性信度不高，则表明测评项目可能反映几个不同的构念，这时可以考虑将此测评内容分解成几个部分，每个部分构成一个新的分测验，再计算各个分测评的内部一致性信度。最常用的内部一致性信度为 Cronbach α 系数，它是由克朗巴赫 1951 年提出的公式。计算公式为

$$\alpha = \left(\frac{n}{n-1}\right)\left(\frac{s_t^2 - \sum v_i^2}{s_t^2}\right)$$

其中，n 为测评项目数；s_t^2 为测评的方差；v_i^2 为第 i 个项目得分的方差。

例如，已知某组被测者在评价中心测评过程中分别接受了数种测评，统计结果如表 3-1 所示。

表 3-1 测评统计结果

统计量	总分	心理测验（一）	心理测验（二）	心理测验（三）	心理测验（四）	面试	观察评定
平均数	91.53	13.82	11.32	23.18	10.14	20.53	12.53
方差	484	9.61	12.96	51.84	8.41	43.56	14.14

上述测评都是测评管理能力的，共有 6 个项目，代入公式为

$$\alpha = \left(\frac{6}{5}\right) \times \left(1 - \frac{9.61 + 12.96 + \cdots + 14.14}{484}\right) = 0.85$$

SPSS 统计软件中 Cronbach α 系数的判别标准为：$0.7 \leqslant$ Cronbach α 系数 < 0.9，属于很可信，次常见的情形；$0.5 \leqslant$ Cronbach α 系数 < 0.7，属于很可信，最常见的情形。

4）折半信度

折半信度指的是将一个测评工具中所包含的全部项目分成对等的两半，所有被测者在这两个只包含一半项目的测评上所得分数的一致性程度。折半信度的计算分两种情况来进行。

（1）当两个只包含一般项目的测评分数的方差（S_a^2 和 S_b^2）相等时，计算公式为

$$r_{xx} = \frac{2r_{kk}}{1 + r_{kk}}$$

其中，r_{kk} 为两个只包含一半项目的测评分数间的相关关系；r_{xx} 为整个测评的信度值。

（2）当两个只包含一半项目的测评分数的方差（S_a^2 和 S_b^2）不等时，计算公式为

$$r_{xx} = 2 \times \left(1 - \frac{S_a^2 + S_b^2}{S_x^2}\right)$$

其中，S_x^2 为全体被测者在整个测评上得分的方差。

5）复本信度

对同一批被测者，实施内容相同、难易相当、相同的操作规程的两种测验版本，所得到的两种测评得分的一致性程度叫作复本信度，其值为两次测评得分的皮尔逊积差相关系数。

当复本是同一时间连续施测时，复本信度又称为等值性系数；当复本是经过一定的时间间隔施测时，复本信度又称为稳定性和等值性系数。在实际施测中，为抵消顺序效应，一般随机地选出一半被测者先做 A 版本测验后，再做 B 版本测验，另一半被测者先做 B 版本测验，再做 A 版本测验。

6）评分者信度

评分者信度是指不同测评者对同一测评对象进行评定时的一致性程度。测评者及其

测评会引起的误差被划分为两个方面：一是恒定的系统误差（systematic error）与随机误差，二是测评者个人的主观误差。上述两种信度形式主要受恒定的系统误差与随机误差的影响，而评分者信度主要受测评结果中个人主观误差的影响。这种信度分析主要用于通过面试与观察评定等主观性的测评方法获得的结果的可靠性分析。

评分者信度分析一般采用肯德尔和谐系数公式计算出信度系数，W越大说明测评结果越可靠。

$$W = \left[\sum R_i^2 - \frac{\left(\sum R_i \right)^2}{m} \right] \div \frac{1}{12n^2 \left(m^2 - m \right)}$$

其中，n为评定者人数；m为测评项目个数；R_i^2为第i个项目上所有被测者等级之和或分数之和（这里分数只限正整数）。

3.1.3 信度的影响因素

1. 被测者的特征

被测者的特征对信度的影响主要体现在被测者在测量属性方面的差异方面。一种测量工具对某种属性的测量得分差别越大，则该测量工具就越能区分被测者，此时我们说测量工具具有较好的信度。例如，给一个小学生测智商，智商测量表和老师主观判断两种工具相比，显然智商测量表比较实用。

2. 测验的长度和难度

通常来说，测量分数分布越广，信度系数相对越高。例如，记忆比赛中经常会让选手背诵圆周率后面的数字，观察这组数字的时间越长，则能够描述数字的准确性和详细程度也越高。一个给定的测验，当增加测验的长度并延长测验时间时，也会出现类似的结果。测验的难度会影响到被测验者的区别度，试题非常简单，被测的分数相应地都很高，被测之间的差异或区分度就会降低，随之信度也会低。

3. 不同信度测验方法的选择

选择不同的信度测量方法就会有不同的处理测量误差的方式，相应会产生不同的估计信度的估计值。如果一项测验测的是多种属性，那么Cronbach α系数会低估真实信度；若测量时间有限制，则会高估。复本信度通常要比其他的方法所提供的估计值低，这是不同测量复本的差异随着时间的推移所发生的变化而导致的。再测信度因为记忆的影响，一般会偏高，但是如果把两次测验的时间间隔拉大，影响就会弱化，信度的估计值就会缩小。这种拉大两次测验时间间隔的方法对复本信度也有类似的影响。

4. 测验过程中的误差

测试现场因空间、温度、照明、通风、背景音乐、噪声、桌椅等方面不符合人体工学等原因，导致被测者身体和精神状况不适，或被测者不熟悉答题的流程与样式、答题经验不足、生病、晕倒等突发状况的发生，都会导致测量的误差，这样信度就会降低。

3.2 人员测评与选拔的效度

3.2.1 效度的含义及特性

在人员测评中，效度涉及"测什么"以及在多大程度上测到所要测的东西，主要反映的是测评分数与特定行为特征之间的关系。例如，我们用米尺来测体重，显然测量工具选择不正确，因此说该测量工具没有效度。

效度是一个相对概念，其相对性包括条件相对性与程度相对性。条件相对性是指效度在一些条件下成立，在另外一些条件下可能不成立；程度相对性是指效度没有全部有效或全部无效之分，只有高低之分。由于个人与群体的能力特征只能通过其行为样本间接推测，而不能直接测得，故推测结果不可能绝对有效。效度具有目的性，一次测评是否有效是指该测评的功能是否符合原先预定的范围，是否达到原先预定的目标，只针对一定目的有效。

3.2.2 效度的表现形式及其检验

鉴于效度的过程特性，在测评的不同阶段效度的表现形式也各不相同，大致可以分为内容、内部结构、与其他变量的关系、测评结果四个方面。

1. 基于内容的效度及其检验

内容效度就是检验测试的内容对所要考核范围的代表性程度。一是内容是否有关；二是内容是否具有代表性；三是内容是否适合特定的对象。内容效度重点强调的是新测量工具的建构，而不是已有测量工具的效度。为确保内容效度的客观性，需做到以下几点。

（1）全面分析所测量的内容，尽可能搜索到最齐全的资料。根据测评目的，明确测评的素质及其权重，确定各部分内容比例。

（2）挑选参与内容效度研究的专家，由专家凭借自己的知识和经验，来评判测评工具中所使用的项目与测评内容之间的关系。并在此基础上，计算内容效度比（content validity ratio，CVR）：$CVR = 2(N_e - N/2)/N$。当所有的评判者都认为某一项目很好地反映了测评内容时，CVR=1；当所有的评判者都认为某一项目不能反映测评内容时，CVR=-1；当一半评判者认为某一些项目很好地反映了测评内容，而另一半评判者认为该项目不能反映时，CVR=0。此外，还可以运用项目反应理论计算其信息函数的极大值来评判测评项目。

（3）评估甄选测量工具与被测量内容的相关性。测评工具的外在表现形式（如测验的材料用语、试题的印刷）对测评考官、被测者以及其他未经专门训练的人来说，是否"看起来有效"直接影响到测评的可接受性。在开发或使用测评工具时，要注意项目的呈现方式，使之与特定的测评情景相匹配。

2. 基于内部结构的效度及其检验

1）建构效度

建构效度，也称结构效度、构思效度、构想效度等。在测评实践中，有些指标我们不能通过直接测评而得到答案，如动机、态度、智力、能力、品德等抽象概念，此时只能借助具体的行为测评来推断。把抽象素质构建成具体行为特征，同时还要看该素质的本质特征能否体现这一行为特征，是结构效度问题的关键。它揭示了在多大程度上，实际的测评结果能被看作所要测评的素质在结构上的替代物。

建构效度分为两种：聚合效度与区别效度。当测量同一构念彼此聚合或相互关联时就表明存在聚合效度；当一个构念的多重指标相聚合时，则这个构念的多重指标也应与与其相对立（或相区别的）构念的测量指标呈负向相关（低相关）。例如，与"外向"相关联的指标应与"外向相关"的多重指标间有负向相关关系。

2）建构效度的检验方法

建构效度的检验方法主要有两种：一是因子分析；二是"多质-多法"矩阵（multitrait-multimethod matrix）。

（1）因子分析法。因子分析包括两种：探索性因子分析（exploration factor analysis，EFA）和验证性因子分析。探索性因子分析是一种用来简化变量、分析变量间群组关系或探究出变量背后共同潜在构念的统计技术。验证性因子分析的主要作用在于评鉴测量工具的因子结构是否恰当，探讨潜在变量之间的关系是否与特定的理论观点相符合。在研制新的测评工具时，常常先做探索性因子分析，再做验证性因子分析，能够体现结构效度的动态过程。

具体到因子分析，聚合效度指的是测评工具中的测评项目在欲测量的潜在变量上的收敛程度；区别效度指的是不同的潜在变量之间相互区别的程度。它们的检验以平均变异抽取量（average variance extracted，AVE）（Fornell and Larcker，1981；Anderson and Gerbing，1982）为基础，所有数值皆取自验证性因子分析的完全标准化解。平均变异抽取量的计算公式为

$$\text{AVE} = \frac{\sum \lambda^2}{\sum \lambda^2 + \sum \theta}$$

其中，λ 为测评项目在同一因子上的负荷量；θ 为测评项目的测量误差。

聚合效度的判定标准：当 AVE 大于 0.5 时，测评项目较好地收敛于欲测量的潜在变量（因子）。区别效度的判定标准：每一个潜在变量的平均变异抽取量大于各潜在变量（因子）互相之间的相关系数的平方值。这些数据都可以运用 SPSS 得到。

（2）"多质-多法"矩阵法。

"多质-多法"矩阵法是坎贝尔和费斯克于 1959 年提出的。它运用多种方法（即内容和形式均不同的测评工具）测评多种特质，再根据测得的分数计算出各种不同的相关系数，由此生成相关系数矩阵。它可以同时检验聚合效度和区别效度。在这种矩阵中，聚合效度是指不同测评方法下测得同一构念或特质的得分之间的相关性程度；区别效度

是指同一种测评方法下测得不同构念或特质的得分之间的相关性程度。

一个优良的测评，其"多质-多法"矩阵应该满足以下条件。

第一，相同方法相同构念（信度）：相关要高。

第二，相同方法不同构念（区别效度）：相关要低。

第三，不同方法相同构念（聚合效度）：相关要高。

第四，不同方法不同构念（区别效度）：相关要低。

3. 基于与其他变量的关系的效度及其检验

1）效标关联效度

人员测评所测的是人员的素质，重点在于实现人-职匹配，进而提升组织绩效。可见，人员素质的测评在于手段，为了检验手段的有效性，就要建立素质测评得分与绩效变量之间的关系。绩效变量作为检验人员素质测评有效性的标准，简称为效标。而基于与其他变量之间的关系的效标又被称为效标关联度。根据测评数据与效标资料搜集的时间差异，效标关联度又分为同时性效度（concurrent validity）和预测性效度（predictive validity）两种。

同时性效度一般用于对现有员工的测评。例如，为了提高培训的针对性，考查抗压能力倾向与一线销售人员的工作绩效之间的关联关系就属于同时性效度。预测性效度的效标资料需要经过一段时间才可能搜集得到，通常用于人员选拔和配置等工作之中。可以对那些被试进行长期观察，对他们被测后一段时间内的工作绩效进行追踪，看测验分数能否正确预测他们的工作绩效。

2）效标关联度的检验方法

效标关联度一般可以通过统计分析计算出一些数量指标。常用的估计方法有相关系数法、分组法、命中率法等。

相关系数法是计算测评分数与效标分数之间的相关系数的方法。根据变量性质不同，分别采用积差相关系数法、等级相关系数法等。

分组法主要包括两步：第一步，根据效标分数将被测者分成若干个小组，分成两组用点二列相关法或二列相关法，分成多个组就用多列相关法；第二步，计算级别与人员素质测评得分之间的相关度。

命中率是根据测验所做的正确决定的比率，主要用作取舍决策，包括总命中率、正命中率和负命中率三个部分。总命中率是指通过测量选出的人当中工作合格的人数，以及根据测量所淘汰的人当中不合格的人数之和与总人数之比。如果命中率高，那么测验的效度就高，因为它可以有效区别合格者与不合格者；如果某测量只关心被选中的人中合格者有多少，不关心被淘汰者中是否有合格者，那么用正命中率来验证其效度。表 3-2 有助于理解命中率的含义。

表 3-2 命中率的含义

效标成绩 \ 测验预测	失败	成功
成功	失误 A	命中 B
失败	命中 C	失误 D

$$总命中率 = \frac{B+C}{A+B+C+D}$$

$$正命中率 = \frac{B}{A+B}$$

$$负命中率 = \frac{C}{C+D}$$

4. 基于测评结果的效度及其检验

测评的结果来自于对构念的操作和统计分析，与测评结果有关的事项包括对测评数据的分析与解释和对测评结果的应用两大方面，因此，它包括统计结论效度、内部效度和外部效度。

统计结论效度是衡量对测评数据进行分析时所用程序与方法的有效性指标，关注的是测评的误差和显著性检验，不涉及系统性偏差的来源问题。决定统计结论效度高低的因素主要是数据本身的质量和统计方法的恰当性。

在效度分析中，将衡量人员的素质预测得分与效标之间因果关系的明确程度的指标，叫作测评的内部效度。在考查测评中的因果时，一定要谨慎从事，认真辨析出与自变量混杂在一起的其他变量，通过控制其他变量来提高测评的内部效度。

外部效度是指测评结果能够普遍适用于样本所在的总体及其他同类总体的程度，可以细分为总体效度和生态效度。总体效度是指测评结果适用于测评对象所在总体的程度，是概化问题，其核心要点是需要概化的侧面，样本必须是从总体中随机选取的；生态效度，是指测评结果在实际中适用于其他情景的程度，也就是跨总体的有效性。就它与内部效度的关系来说，内部效度是外部效度的必要不充分条件。内部效度低就不可能谈及对其他情景的适用性了；而内部效度也不一定能够概化或适用于其他总体。

3.2.3 效度的影响因素

1. 测量工具本身的因素

若测量工具本身存在误差，则得到的测验结果就不可靠。具体表现在测量内容的区分度不高、难易度不当、试题题目太多或题目描述内容范围宽泛、选项设置存在迷惑性问题等。这些测量工具本身的因素都会对效度产生很大的影响。用标准钢片卷尺和跳皮筋测量黑板的长度，明显前者得出的结果更加接近真实值。

2. 样本的因素

人是复杂的，参加测试的人受到各方面因素的影响导致状态不一样，如早上没吃早餐参加应聘很可能会导致测试的人临场发挥不佳。另外，被测者在情绪、动机、态度、兴趣、气质等方面的因素都会影响测试的效度。在其他条件一样的情况下，被测者异质性越高，效度越高。因为效度受到被测团体分数分布的影响。

3. 效标污染

效标污染（criterion contamination）是指效标受到预测变量以外的其他变量的影响，导致效度下降。例如，在面试过程中，如果面试考官带有主观效应、首因效应、晕轮效应等偏见来进行招聘工作，那么效标就被污染。显然，最终录取的应聘者很有可能与工作不匹配，效度准确性不高，其影响程度也无法预知。

研究者可通过以下方法来控制效标污染：一是调整效度研究本身的设计；二是采用与之相关的统计方法。只有尽可能控制效标污染，才能更准确地了解测量工具和效标之间的真实关系。

3.2.4 信度与效度之间的关系

信度与效度是人才测评与选拔质量的重要指标，两者并不是无关的。效度表示的是结果正确性和可靠性，是测评情景真实性的量度，不管最终结果是否射中圆心，只要是一种密集状态就可以。信度则表示的是结果一致性和稳定性，是测评施测准确性的量度，最终结果必须射中圆心，如图3-1所示。

（a）有效度没信度　　　　（b）有信度没效度　　　　（c）有效度也有信度

图 3-1　信度与效度的关系

正确和可靠，必须一致和稳定；一致和稳定，一定表示正确和可靠，即高信度是高效度的必要不充分条件。例如，我们想测量一个人的逻辑分析能力，可测验用的是文言文试卷，而被测者的古文能力太差，结果测量出来为零分，但我们不能说被测者没有逻辑分析能力。该例子说明信度很高，但如果测量方法选择错误，那么效度也不高。

3.3　人员测评与选拔的误差

3.3.1　误差的概念

误差是指在测量过程中某些与目的无关的因素导致测量结果与目的不一致或不准确。任何测量都不可能绝对准确，多少会存在些误差。误差有两种含义：一是由与测量无关的变量引起的；二是这些无关变量会造成测量结果不准确或不一致。误差引起的不准确效应是指测评结果不准确（由于误差的存在）；误差引起的不一致效应是指测评结果的稳定性差。例如，体重秤不能准确测量个体的体重就是误差不准确效应，而每次测评结果都不一样就是误差不一致效应。在实际测评中，误差有两种：一种是随机误差；另一种是系统误差。

1. 随机误差

随机误差也称可变误差，它是由与测量目的无关的偶然因素（如测量本身难度、周围环境等）引起的，不易控制，会使多次测量产生不一致的结果。随机误差是一种不易控制、无法避免的误差。这种误差会影响到测量结果的一致性和准确性，即会同时影响到信度和效度。例如，用天平称同一物品的质量，重复称重多次，其结果会在一定范围内变化。

2. 系统误差

系统误差也称恒定误差，它是由与测量无关的变量引起的一种恒定而有规律的误差，稳定地存在于每次测量中，测量具有一致性，但测量结果不准确。例如，"九两称"就是指一斤缺一两，两斤缺二两……这就是系统误差。可见，系统误差影响测评结果的准确性，但不影响测评结果的一致性。

真分数在误差理论中是一个重要的概念，它是指当测量中不存在测量误差时的纯正值。在实际中，无论一个工具多么精确也不可能消除误差，因此理论定义只是一种假设。实际操作中，所谓真分数是经过无数次测量所得的平均值。操作定义所做的假设是误差遵循正态分布，总是围绕一个值上下波动，并且，个体心理特质是相对稳定的（这里的误差是指随机误差，系统误差包含在真分数中）。

3.3.2 误差的来源

若要测验可靠准确，必须减少误差；若要控制误差，则必须了解误差的来源。常见的误差来源主要体现在三个方面：测验自身、施测过程、被测者。

1. 测验自身引起的误差

测验自身引起的误差主要来源于测验的编制过程，其中影响最大的是项目的取样。它主要包含三个方面：一是测评内容与测评素质不一致，这在很大程度上影响着测评结果的准确性，如在测评职业能力的工具中就不能有测评气质的项目；二是测评内容不具有代表性，如取样的项目很少，其测评结果就很难代表施测对象的真实水平；三是项目设置不恰当，如是非题、单一选择题等，被测者在不确定答案的情况下，可能凭猜测就可以作答，一定程度上降低了测评的可靠性。此外，题目用词模棱两可，或对答题要求叙述不清，题目过难或过易所造成的"天花板效应"和"地板效应"等都会带来误差。

2. 施测过程引起的误差

施测过程中引起的误差主要包括四个方面：一是施测现场的物理环境如温度、光线、通风、噪声、桌面高低不符合人体工学等都会使被测者感觉不舒服，影响正常答题效果；二是测试者主体因素如性别、年龄、教育水平、性格、态度等的误导，以及对测验流程的熟悉程度等都能影响测验的结果；三是客观因素导致意外的发生，如停电、生病等，都会影响测评结果的准确性；四是评分者评分不客观、计分出现错误，加上阅卷者的兴趣偏好、情绪、风格或其他心理因素的干扰，这些都会带来误差，很难保证分数的一致性。

3. 被测者引起的误差

在测量工作中，由被测者引起的误差因素有很多，主要包括应试动机、测验焦虑、练习效应、反映倾向、生理因素等。

（1）应试动机。被测者对测验的动机不同，会影响其关注点、持久性、作答态度及反应速度等，从而影响测验结果。如果被测者在测量能力和成就时动机不强，就会敷衍作答。如果被测者的动机效应在反复测量的过程中总是以一种恒定的方式出现，则会导致系统误差，从而降低测量的有效性；如果引起了偶然性的不稳定反应，则会导致随机误差，从而降低测量的可靠性。

（2）测验焦虑。测验焦虑是指被测者在应试前和应试中出现的一种紧张情绪体验，这源于其对测评结果的担忧。研究表明，适当焦虑会使人保持一定的兴奋度，增强注意力，加快反应速度，从而对测验成绩产生积极的影响；但过度焦虑会降低工作效率，分散注意力，禁锢思维，减慢反应速度，从而对测验成绩产生消极的影响（图 3-2）。国外学者经实践表明，能力与测验成绩成负相关，抱负水平与焦虑程度成正相关。

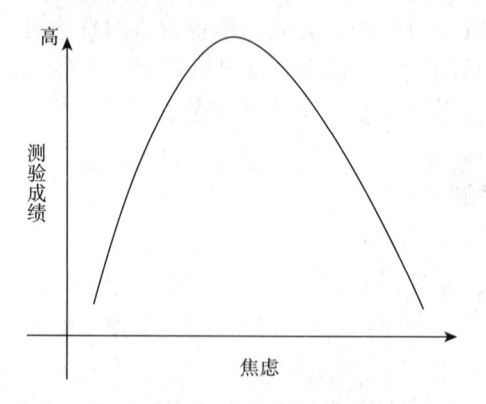

图 3-2　焦虑对测验成绩的影响

（3）练习效应。对于一种新的项目形式，施测对象感觉陌生就可能会影响测验成绩。但如果提供足够的练习和演示，被测者熟悉了测验内容和程序，测验成绩就会提高。例如，经常参加面试的学生，因多次的经历已经将面试原理烂熟于心，可能就会表现更加优秀，获得更好的评价。

（4）反映倾向。对实验内容的反映倾向，也会使原本能力相同的被测者取得不同成绩。例如，速度测验中，题目量大，时间有限，求快和求准两种不同倾向的选择会对测验结果产生影响；又如，是非题中，偏选"是"或"非"的倾向；再如，选择题中，偏选某个位置或长选项的倾向。

（5）生理因素。除了心理因素会影响测验成绩，疲劳、失眠、生病等生理因素，以及体力、智力、情绪等方面的生物节律也会影响正常水平的发挥，从而使测评结果不准确。

3.3.3 人事测评误差的控制

所谓误差控制，就是力求测评客观化的过程，主要包括以下三个方面。

1. 控制测评工具的误差

1）测评形式的选择

测评形式对实现测评目的以及误差具有直接的影响，在人事测评中占有相当重要的地位。因此，在进行人事测评时，必须紧扣测评目的来选择测评形式。例如，投射类测验一般不宜单独使用，由于测验时间长度的不确定性、对主试专业背景和经验的依赖、重测信度低、主观解释的难以统一等原因的限制，对于测验的结果应该审慎地采用。目前的标准化测验中，无论是人格测验、成就测验，还是能力倾向测验都有多种形式，但大多采用选择题，尤其包含4个选项的单项选择题比较多见，至少这对避免猜测的影响是有作用的。

在人事测评中，无论采用心理测量、面试、绩效评估，还是其他测评技术，都要注意测评形式与实际工作相吻合，采用具体测量与心理测量相结合、静态测评与动态测评相结合、物理测量与心理测量相结合的测量方法，这有助于保证测评的客观性，减少误差的产生。

2）综合考虑测评指标

要保证测评指标能反映个体的心理特征，提供足够的有价值的信息，则测评指标必须具备两个条件：一是要有足够数量的行为样本；二是行为样本要具有代表性和典型性。

在心理测量中，测验难度的理想分布是呈钟形曲线的正态分布，即中等难度的项目占比最高，依次向两端递减，随之测验的误差也相应地处于较小的状态。而人事测评常常出于奖励、选拔、晋升的目的，一般属于筛选性测验，且难度相对偏高，只允许少数人过关。因此，需要根据人事测评的目标来选择测验难度，这样才能有效控制误差。另外，选择测验长度时要考虑题目的同质性和难度水平两个条件。

2. 控制测评实施过程的误差

1）测评前的准备

在人事测评前做好充分的准备工作，有助于减少实施过程中误差的产生。在面试前，熟悉整个面试流程，预见可能面临的困难与挑战，准备好各种现场应急措施，熟悉评分标准，有助于控制误差。在测评前，需要熟悉整个评估体系与评价标准，尽可能全面收集客观资料，尽量减少误差的产生。

测评的实施者应该具备良好的专业素质，对测评实施者进行专门的测前培训，这是人事测评最基本且最重要的准备。除此之外，在人事测评前，熟悉测评过程，用充分的时间做好现场准备工作，有助于减少和避免误差的产生。

2）采用标准化指导语

一般指导语有两种：一是对受测者；二是对测评实施者。对测评实施者的指导语是为了保证测评情景的一致性，主要是对整个测评过程的细节作进一步说明，包括测验材料的分发、现场布置、应对意外事件的措施等。测评实施者念完指导语后，要询问受测者有何疑问，寻求反馈信息，以确认被测者的理解程度。

3. 控制人为主观因素的误差

实际应用中的人事测评是人对人的测评，其误差主要是由人为主观因素造成的。严谨的人才测评技术有标准化的记分、评分标准以及实施流程，这在一定程度上能控制评价者本人的主观因素对测评的影响。所以，需要编制修订量表，也就是当前最为人们熟知且使用最广泛的测评。目前大多数企业所使用的测评量表几乎都是从国外引进与修订的，如 EPQ（Eysenck Personality Questionnaire，艾森克人格问卷）、CPI（California Psychology Inventory，加利福尼亚心理调查表）、16PF（Cattell Sixteen Personality Factor Questionnaire，卡特尔 16 种人格因素测试）、MMPI（Minnesota Multiphasic Personality Inventory，明尼苏达多项人格测试）等。但由于文化背景、心理素质、行为态度、价值观等方面的不同，在应用中会出现"水土不服"的情况。因此，开发本土化的测评工具是现代测评的重中之重，鉴于目前国内人才测评队伍的整体素质不高，有专家提出只有解决人才测评专业人员的培养问题，人力测评主观误差的问题才能迎刃而解。

3.4 人员测评与选拔的项目分析

项目分析是指根据测试结果对组成测验的各个题目进行分析，目的在于评价题目好坏，是一种对题目进行筛选和修改的程序和方法。它是编制和修订测验的重要环节，一般来说，项目分析可以分为定性分析和定量分析。定性分析主要考虑内容效度，而定量分析主要考虑题目难度和区分度等是否适当。

3.4.1 项目的难度分析

1. 难度的计算

项目的难度就是指测验项目的难易程度。一个项目的难度，不仅与所测内容本身的难度有关，还与测验的编制技术和被试的知识经验有关。其估计方法有以下两种。

1）通过率估计法

对于是非题、选择题等采用二分法的项目，难度一般用通过率来表示，即用答对或通过该题人数的百分比作为指标：

$$P = \frac{R}{N}$$

其中，P 为试题或项目的难度指标；R 为试题答对或通过该项目的人数；N 为全体考生人数。

例如，一项逻辑能力测验，应试者总人数为 50 人，第一题答对的有 30 人，第二题答对的有 25 人，第一题难度是 $P=30/50=0.6$，第二题的难度为 $P=25/50=0.5$。

这两组数据表明，试题答对的人越多，试题难度值越高；试题难度值越高，试题越容易，可见第一题要比第二题简单。

对于论述题等不用二分法计分的项目，难度的计算公式如下：

$$P = \frac{\overline{X}}{X_{max}}$$

其中，$\overline{X}$ 为全体被试在某一项目上的平均分；X_{max} 为该项目的满分。

2）分组法

当被试人数较多时，首先按照测验总分将被测者从高到低进行排列，然后将总分最高的27%和最低的27%划定为高分组和低分组，分别计算两组在某一项目上的通过率，最后用以下公式计算该项目的难度：

$$P = (P_H + P_L)/2$$

其中，P_H、P_L 分别为高分组与低分组的通过率。

例如，在一项数学能力测验中，有500名参加者，其中分数最高的27%被视为高分组，分数最低的27%被视为低分组。如果第一道题目，高分组有80人答对，低分组有45人答对。那么该题的难度为

$$P_H = 80/135 = 0.59 \quad P_L = 45/135 = 0.33$$
$$P = (0.59 + 0.33)/2 = 0.46$$

2. 多重选择题的难度矫正

如果试题是多项选择，由于猜测因素的影响，答对的人数比率可能增加，加之选择项越少，猜对的机会就越大，被试能力被夸大的可能性也就越大。这样就无法正确反映试题的难度。对此，可以采用下列公式对多项选择题的难易程度进行校正。

$$CP = (KP - 1)/(K - 1)$$

其中，CP 为校正后的试题难度；P 为校正前的试题难度；K 为选择项的数量。

上述逻辑能力测验题中，第一题校正前的难度为0.6，有5个选择项，那么校正后的试题难度为：$CP = (5 \times 0.6 - 1)/(5 - 1) = 0.5$。第二题校正前的难度为0.5，有5个选项，那么校正后的难度是：$CP = (5 \times 0.5 - 1)/(5 - 1) = 0.38$。

可见，校正后的试题难度要低于校正前的难度值。一般认为试题难度值在0.3~0.7比较合适，整份试卷的平均难度值最好把握在0.5左右，高于0.7和低于0.3的试题不能太多。

3. 项目难度对测验的影响

（1）测验难度会影响测验分数的分布形态。如果被试的取样具有代表性，对于中等难度的测验，其分数分布呈正态。分数分布背离正态时有两种情况：一是项目难度较大，被试得分普遍较低，使低分段出现高峰，呈正偏态（图3-3）；二是项目难度普遍较小，被试的得分普遍较高，使高分段出现高峰，呈负偏态（图3-4）。

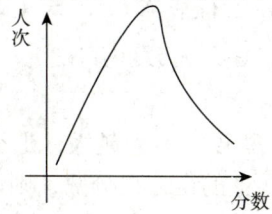

图 3-3　测验分布分数为正偏态 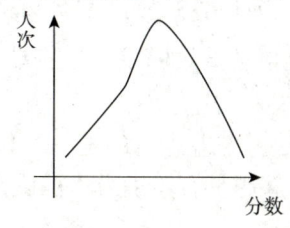　　　图 3-4　测验分布分数为负偏态

（2）测验难度会影响测验分数的离散程度。如果测验过难或过易，那么分数分布的全距自然就会缩小，信度随之降低。通常来说，$P=0.5$ 时最佳。

3.4.2 项目的区分度分析

项目的区分度又称项目的鉴别力，主要是反映测评工具（如试题）区分应试人心理特征水平高低的指标。如果一个项目的区分度高，那么在筛选过程中就能去伪存真，实际能力强的被试得分就会很高，实际能力差的被试得分就会比较低。一般来说，我们从项目的效度和内部一致性来探讨区分度的问题。

1. 计算方法

项目的效度分析是计算每个测题与效标之间的相关性大小，它包括相关系数分析和鉴别指数分析。相关系数分析是用项目的通过率与效标成绩求相关系数。

区分度指数是高分组通过率减去低分组通过率的差值。一般是以得分最高（低）的27%作为高（低）分组，然后分别计算答对某题的高低组的人数比率。在被试人数较少的情况下，可以取50%，这样可以保证较高的效度。

$$D = P_H - P_L$$

其中，D 表示区分度指数；P_H 为高分组通过率；P_L 为低分组通过率。

D 的取值范围是 $-1 \leqslant D \leqslant 1$，美国测量专家 L. Ebel 把 D 值称为鉴别指数，它对项目性能的评价标准如表 3-3 所示。

表 3-3 鉴别指数

鉴别指数 D	项目性能评价
0.40 以上	很好
0.30~0.39	良好，修改后会更好
0.20~0.29	尚可，仍需修改
0.19 以下	很差，必须淘汰

项目的区分度分析所用的计算方法有以下几种。

（1）点二列相关。该方法所需的条件是项目为二值计分，总分为连续变量。计算方法如下：

$$r_{pbi} = \frac{\overline{X_p} - \overline{X_q}}{S_t} \sqrt{pq}$$

其中，r_{pbi} 为点二列相关系数；$\overline{X_p}$ 为通过被试平均效标成绩；$\overline{X_q}$ 为未通过被试平均效标成绩；S_t 为全体被试效标成绩标准差；p 为通过该题人数百分比；q 为未通过该题人数百分比。

（2）方差法。方差表示的是一组数据的离散程度。方差越大，那么数据越分散，离散程度越高，就越具有鉴别力。被试在某一试题上的得分越分散，则该题的区分度就越大。

$$S^2 = \frac{\sum (X_i - \overline{X})^2}{N}$$

其中，X_i 为第 i 个被试在该题的得分；$\overline{X}$ 为所有被试在该题的平均分；N 为被试人数，一般不能少于 30 人。

（3）因素分析。因素分析是一种统计分析过程，能使测题聚在某一因素上，并输出测题在该因素上的负荷大小，负荷越大说明越有区分度，通常来说，因素负荷要在 0.30 以上才是可以接受的，低于 0.30 的一般都删去，可以使用 SPSS 实现计算过程。

2. 项目难度和区分度的关系

难度与区分度关系密切。假设某项目的通过率 P（也即难度）为 0 或 1.0，则说明低分组与高分组在通过率上不存在差异，故鉴别指数 D（也即区分度）为 0。若项目的通过率为 0.50，则可能高分组全部通过，低分组无人通过，则鉴别指数 D 的最大值可达到 1.0。由以上可知，难度越接近 0.50，项目的潜在区分度越大，难度越接近 0 或 1.0，项目的潜在区分度越小，如图 3-5 所示。

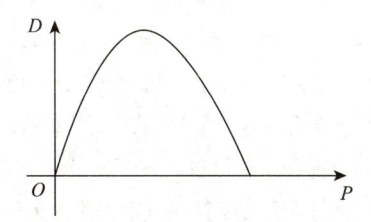

图 3-5　项目难度与区分度的关系

在实际中，如果被测的全部项目呈中等难度，只有当项目的内在相关为零时，整个测验分数才会产生正态分布。但考虑到测验项目之间一般都具有某种关联，难度广一些、梯度多一些是合乎需要的，这样才能将不同水平的人区分开。

难度和区分度是相对的，是针对一定团体而言的。一般来说，较难的项目对高水平的被测者区分度高，中等难度的项目对中等水平的被测者区分度高，这与中等难度的项目区分度最高的说法并不矛盾，因为被试总体是较难或较易的项目，对高水平或低水平的被测者便成了中等难度。由于人的心理特征一般呈正态分布，故当把人作为最大程度区分时，项目难度的分布也以正态为好，即很简单与很难的项目较少，中等项目较多，平均难度维持在 0.50 左右。

【综合案例】

效度是提高人事甄选质量的关键环节

报名公务员考试的人有 50 万~60 万人，公务员考试采用的是评价中心技术。中共中央组织部有一个领导干部考试与测评中心，主要负责国家党政领导干部的选拔、晋升等工作。其中一些非公务员系统，也采用了评价中心技术。国资委管理一百多家大型国有企业，这些国有企业招聘高级管理人才时，大量采用了评价中心技术。评价中心技术最初被研究是在 20 世纪 80 年代末，到现在已有 30 余年的时间。评价中心技术在 30 余年的时间里被人们逐渐接受，且应用越来越广泛。但是，在实践当中还应有所侧重，具体问题具体分析。

人们把比较客观、科学的选拔方法当作推行三公政策的重要途径，强调公平、公开、公正，防止用人、选人过程中出现不正之风。怎样能使评委比较一致地评价一个人的表现？评价中心技术的方法和内容成为他们关注的焦点。在关注人事甄选有效性的研究中，无论科普类的管理杂志还是学术类的管理杂志，都很少涉及此类内容，对人事甄选有效性的判断缺乏资料的支持。假如没有持续的效度研究，这些方法是很难得到提高的。国外的效度研究中，从工作样本法到结构性面试、非结构性面试，研究了19种方法，方法不同效度也不同，效度研究为预测将来人们的工作行为提供更加有效的保证。

为提高选拔技术的有效性，咨询公司A曾做过一些效度研究。例如，调研对象为中国某商业银行，A公司为该银行选拔了一批中层干部，两年以后对这批中层管理者进行效度研究，甄选的方法有两种：一是结构性面试；二是无领导小组讨论。A公司分析了他们的工作记录及每年的考核记录，发现该考核记录过于简化，不足以为效度研究提供资料，因此采用上级领导对这些人的工作绩效进行评价的方法，即用一个较为复杂的量表，对他们三个方面的绩效进行评价：①技术或行政方面的绩效，这些人中有人负责技术工作，有人负责行政工作，需对他们专业性的工作进行绩效评价；②对人际关系和周边绩效进行了评价；③总体评价。用三个方面的绩效对原来测试的分数进行回归，预测技术行政类绩效是347，周边绩效是358。无领导小组讨论的预测绩效，对领导职能绩效的预测不太理想，跟整体的绩效相关性不显著，无预测作用。但在层次回归分析中，对领导职能绩效的预测有递增作用，其中R^2由4.7%提高到11.2%，预测效果有所提高。这些数据让A公司发现，某种测试的方法能够对什么绩效有预测作用，在哪些方面奏效。A公司用相关、回归等分析方法，能够对测试效度做出简单的描述。此外，还可以证明选拔技术是否优异和具有有效性。目前人事选拔有一个错误认识，即把人事选拔的技术当作防止以权谋私的措施和方法，却忘了真正有效性才是选拔机制采用的最终目的。不管是公务员考试还是选拔中层人员考试，都是为了提高组织的行政效益。

有效性是选拔技术采用的最终目的。有效性不能靠经验估计，必须靠效度研究，通过一定规模的统计分析而得到确实的数据。坚持效度研究可以使人事甄选制度逐步走向成熟。例如，某咨询公司李飞一开始对人才选拔技术了解不多，应某些用人单位要求做了一些技术支撑的工作，所以刚开始采用的技术是比较粗糙的，但是他坚持做效度研究，不断提高质量，使技术逐渐成熟。他曾应邀帮助一个航校做飞行员甄选工作，每年都做，坚持了十年，到第十二年的时候，淘汰率从60%左右降到30%~40%，这是一个极大的收益。据以往经验，效度研究不仅是一种证明，证明这种方法的合理性与客观性，同时它是一种提高测评质量的有效方法，也是提高整个人事甄选工作质量的关键环节。

讨论题：

1. 为什么说效度是人事甄选质量提高的关键环节？
2. 如何检测面试的效度？举例说明检测的过程和方法。
3. 人才测评在现实中的运用存在哪些问题？

【实验项目】

人才测评与选拔的统计方法

1. 实验目的

随着科学技术的迅速发展，人力资源等相关专业的学生不仅要掌握人员测评和选拔方面的基础知识，还需要掌握基本的实验技能及一定的科学研究能力。本课程实验的目的，在于训练学生去理解检验人员测评与选拔的相关研究，使学生掌握课程中已经确立起来的最基本、最可靠的测评和选拔方法，学会基本的测评和选拔设计，具备相当的实践技能和科研能力，并对应用人力资源管理、心理学等前沿性的研究课题和方法、技术有所掌握。

在人员测评与选拔的实验教学中，要求学生掌握人员测评与选拔实验方法、实验设计思想以及较高的实验技能，针对不同的教学内容宜采用不同的教学方法。基本概念的教学，宜以讲授为主；实验方法、实验设计的教学，宜以学生设计操作动手能力的培养为主；实验课，宜以讨论和个别指导为主。

学生在人员测评与选拔的学习过程中，应具备主动学习的精神，勤于思考、善于思考、敢于思考，能主动发现问题，主动查阅文献资料。鼓励学生自主提出假设，并依据所学的相关知识，运用人才测评与选拔的统计方法进行实验验证。让学生自主设计实验，以提高实验操作能力、实践应用能力、科研能力及综合能力。

2. 适用专业

人力资源管理、应用心理学、心理学等相关专业。

3. 主要仪器及设备

计算机、服务器、交换机、投影仪、视频课件、人员测评工具（人员测评与选拔系统）、讨论室及相关软件等。

4. 实验方式及要求

（1）本课程以实验为主，为单独设课，所以开课后，任课教师需向学生讲清课程的性质、任务、要求、课程安排和进度，以及平时考核内容、期末考试办法、实验守则及实验安全制度等。

（2）该课程以设计性实验为主，教材只给出设计题目，实验前学生必须进行预习，设计报告经教师批阅后方可进入实验室进行实验。

（3）实验一人一组或几人组合成组（视具体情况而定），在规定的时间内由学生独立完成，出现问题时，教师要引导学生进行分析、解决，不得代替学生解决问题。

（4）每项实验结束后，经教师认可才能进入下一次实验的预习阶段。

（5）任课教师要上好每一堂课，实验前点清学生人数，实验中按要求做好学生实验情况总结及结果记录，实验完成后认真填写实验记录。

5. 考核与报告

本实验课程结合"人员测评与选拔"课程教学统一进行考核，实验课成绩占整个"人员测评与选拔"课程成绩的20%。要求撰写研究报告的实验动手操作占50%，实验报告占50%（按照科研报告的要求撰写）。

实验成绩分为优、良、中、及格、不及格五个等级。

【课堂游戏】

目的及意义：首先，让同学们通过观看人才测评统计方法的相关视频，了解到自身的不足；其次，通过比赛并给予一定的奖励鼓励学生积极主动地学习，加强竞争与合作，以达到双赢的目的；最后，理论联系实践，让学生了解并掌握人才测评统计方法的使用及操作。

第一阶段：以班级为单位组织观看人才测评与选拔的统计方法的相关视频，在观看过程中学生将自己疑惑的问题记录下来，观看结束后同学们自己先进行讨论，然后再动手操作，将仍然解决不了的问题进行汇总，报告给各班老师。

第二阶段：各班老师将所有问题汇总给年级主任，开展一场年级竞赛——人才测评统计方法疑难问题大比拼，鼓励同学们积极参与，赢得比赛前三名的班级可以获得风景区一日游的奖励。

第三阶段：比赛准备。

第四阶段：进行比赛与记录。

第五阶段：比赛结果奖励。

第六阶段：开年级大会并进行总结。（各班代表发言）

【拓展训练】

1. 标准化纸笔测验设计。内容提要：设计针对不同测试对象的标准化纸笔测验的题目及详细的计分系统、解释系统和常模，以及值得信服的信度、效度和项目分析数据。（学生自主实验）

2. 组织学生观看人员测评与选拔的统计方法的视频，并组织进行发言与讨论。（以各班为单位）

第4章

人员测评与选拔的智力测试与能力倾向测试

引例

王先生任职于某家IT企业，是一位人力资源部的招聘主管，负责企业不同岗位人员的甄选。企业招聘高峰时节，应聘者众多，人才的甄选与测评成为王先生面临的重要课题。掌握一定的人才测评方法与技巧，选择适合的测评工具显得尤为重要。为全面了解应聘者，甄选到和岗位设计更匹配的人，企业前不久建立了人才测评与甄选的体制，所有应聘者需完成整套题目进行测评。但是随着这项体制的实施，王先生遇到的问题也接二连三地出现。原以为这个人才测评的实施可以减轻工作量，结果却恰恰相反。除了浏览应聘者的简历，现在王先生还必须分析每个人的测评报告，每份都有十多页，最让他疑虑的是，报告上的那些得分和人员的实际工作能力，是否真的直接相关呢？所以到头来，还是根据原先的甄选原则与方法来进行人员的招聘。公司的领导很看重这项体制实施的成果，吩咐他第一时间向上级汇报。相关岗位的负责人对应聘者的测评报告也是云里雾里，不甚清楚。面对来自各方面的疑问，王先生自己也解释不清楚，他倍感压力，十分烦恼。人员测评体系不仅不能提高招聘工作的效率，反而为王先生增加了负担吗？

4.1 智力测试的发展历程

关于智力的定义，众多观点各说纷纭。在这样的背景下，心理学家认为，智力测试是探究智力本质，从而平息相关争议最好的方法。本节将从国内、国外两个方面阐述智力测试的发展历程，以期对智力及其测试有更好的解释。

4.1.1 中国智力测试发展历程

张耀翔教授曾考证指出，我国的九连环实验早在战国时期就已出现。美国心理学教授鲁格（Ruger）在他的心理学实验中用到了九连环实验，并得到了相关结果，收录在《中国连环的解脱》一书中，一直受到理论界的关注。

我国的七巧板来源于宋代的燕几图，也对世界智力测试做出了贡献。七巧板别名益智图，它的操作能帮助个体智力的开发，表现在如下几点：①操作的非固定模式，能帮助培养发散性思维；②对图的操作，能帮助开发想象力；③对图形的分解与组合，能帮助开发思维能力。

值得一提的是，我国近现代智力测试的发展，几乎与世界智力测试的发展齐步并肩，甚至在有些方面做出了独一无二的贡献。其发展历程包括四个阶段：一是1915~1930年，属于智力测试的初始阶段；二是1931~1948年，属于智力测试的发展阶段；三是1949~1976年，属于智力测试的停滞阶段；四是1977年至今，中国智力测试步入正轨，走向正规化道路。

1. 1915~1930年中国智力测试的发展

民国初期，与其他西方先进的科学技术一样，正在兴起的心理测验理论与技术同时传入中国。1915年，克赖顿（Creighton）运用由英语翻译过来的智力测验量表，在广东对500名儿童进行了测试，测试内容有比喻、记忆等。清华学堂的英籍老师沃尔科特（Walcott）于1918年对高年级学生做了智力测试，运用的是斯坦福团体智力测验量表。1920年，陈鹤琴、廖世承将较为科学的智力测试运用在了南京高等师范学堂新生入学考试中。1921年，二人合著的《智力测验法》一书出版，该书系统地阐释了智力测试的性质、功能、标准与用法，共介绍了15种心理与教育测验（其中3种译自国外智力测试文本，12种是作者根据中国实际编制的）。1921年，董培杰将比纳-西蒙量表（Binet-Simon Scale）完完全全地译为中文，这对当时的人整体了解西方智力测试做出了贡献。1924年，陆志伟带领的团队结束了对斯坦福-比纳量表（Stanford-Binet Scale）的修订事项。到1925年止，我国出版的测验书籍已经超过了10种。麦考尔曾指出："当时中国所编制的各种测验理论与方法，至少都与美国的水平相当，有许多甚至比美国更为先进。"

2. 1931~1948年中国智力测试的发展

1931年，在艾伟、陆志伟、陈鹤琴、萧孝嵘等的倡议与努力下，中国测验学会在南京成立，1932年《测验学报》正式出版。陆志伟和吴天敏于1936年结束了对比纳–西蒙量表的第二次修订工作。直到抗战爆发，中国已出版的关于智力与人格测验书籍大约有20种，包括自编书籍和修订书籍两种。代表作包括陈鹤琴的图形智力测验、廖世承的团体智力测验、黄觉民的幼童智力图形测验、刘湛恩的非文字智力测验等。1947年，程法泌出版了《智慧测验与教育测验实施》一书，全面讲解了关于智力测试编制的原理及怎样将智力测试运用到教育教学实践中。

中国此阶段的智力测试凸显出吸收引进外来理论与结合自身实际开发实践的双重特征，具体表现在以下两个方面。

一方面是智力测试的内容，从注重于学业到达成测试内容的广泛性。内容方面，传统的智力测试只是注重于学业，中国大部分学者对此都持批评态度，指责其视野过于狭窄，与实际接轨处没有得到重视。考虑到传统智力测试在内容上的局限性，部分学者指出应该从更多角度和方面来对待智力和智力测试，从而达成测试范围的广泛性。例如，着重指出智力不但和学业相关，而且和个体工作、事业的成就有关。

对传统智力测试研究领域拓展的另一侧重点在于研究对象拓展为成人，意识到发展成人智力测试的工作迫在眉睫。以往针对儿童的智力测试，测试标准往往和学业成就有关，因此不能推广到成人。而对成人智力的测试，除了关注已有的知识水平，更要强调个体的事业成就、工作表现，以及学习新知识的能力。所以，成人的智力测试标准在内容和范围方面都和儿童大相径庭。所谓智力的持续发展，就是持续消化吸收各方面的新知识和与日俱增的社会信息的专业化范式。一些研究者已指出智力的持续发展恰是成人职业生涯认知发展的重要部分。

另一方面是智力测试的形式，从静态、回顾性的测试到动态、前瞻性的测试。在形式上，中国部分心理学家指出，传统的智力测试是一种静态、回顾性的智力测试，未能全面体现儿童学习的潜在能力，即学习新知识的能力，前瞻和预期能力欠缺，另外，其测试结果往往还会被外部条件所影响，由此导致对一些儿童的智力水平低估。因此，一些研究者提出了动态测验的概念，不仅要测量个体已经发展的能力，还要测量正处于发展中的能力。要兼顾智力测试中的回顾性与前瞻性，注重最近发展区的研究，即个体实际发展水平与潜在发展水平之间的差距，实现静态测试与动态测试的平衡，有利于全面评价被试智力，从而指导被试今后的智力发展。除此之外，关于动态测验，现阶段的理论和实践都在起步阶段，未达到标准化，很大程度上还要依靠传统的智力测试，因而仍有很大的提升空间。

3. 1949~1976年中国智力测试的发展

1949~1976年，我国心理学界总体没有投入智力测试的理论和实践工作当中，导致我国智力测试发展一直处在停滞阶段，因而落后于世界智力测试的发展。

4. 1977年至今中国智力测试的发展

1980年，林传鼎教授发表了《努力开展心理测验研究工作》一文；1993年，中国心理学会分会心理测量专业委员会成立，使中国的心理测试，特别是智力测试工作走上了正规化的道路。

4.1.2 西方智力测试发展历程

西方传统智力理论以鉴别个体的学业差异作为出发点与归宿，在实际操作中侧重于对智力结构、成分的描述和分析。自1921年以来，西方心理学界对智力的本质问题展开过三次深刻的探讨（1921年、1986年、1991年）。经过数次深入探讨，研究者对智力的认识与理解虽依然有所不同，但智力本质属性的内涵越来越多地表现出一致与融合的发展态势。相对于传统智力理论强调智力各组成要素的差异，西方现代智力测试更多地倾向于智力的动态性测试，对被试的个体差异表现出一种发展的整体性态度，更加重视多种因素组合的连贯性以及不同因素之间的相互弥补。

1. 早期智力测试的发展

西方早期智力测试发展的主要任务集中在以下三个方面：智力本质的鉴别、智力测试的方法与智力测试的应用。智力测试的出现当首推比纳与他的同事西蒙所作的贡献。1905年，两人发表了《诊断异常儿童智力的新方法》，即比纳-西蒙量表，标志着智力测试的正式诞生。比纳-西蒙量表以"智龄"（mental age，MA）来表示儿童的智力发展水平，但是智龄的大小并不能确切地证明一个孩子的智力发展水平是否超过了另一个孩子。

1916年，美国斯坦福大学教授推孟（L. M. Ter-man）将比纳-西蒙量表推广到美国并予以修订，完善之后的量表称为斯坦福-比纳量表。随着实践的发展与技术的进步，经过1937年、1960年的两次修整，斯坦福-比纳量表发展为世界上被广泛运用和传承的规范化测验之一。在比纳-西蒙量表的基础上，推孟采用了智商概念来表示智力发展水平的高低，智商概念最初是由德国心理学家斯腾提出的。智商亦称为智力商数（intelligence quotient，IQ），是根据一种智力测试的作业成绩计算得出的分数，其代表了个体的智龄与实际年龄（chronological age，CA）之间的一种比率关系。用智龄和实际年龄的比率来代表智商，叫比率智商。比率智商存在一个很大的不足，即个体实际年龄变大会使比率智商的值变小，个体智商水平会慢慢变低。因此个体的比率智商，不能真实地反映智力发展水平。

2. 现代智力测试的发展

1935年前后，团体智力测试已广泛应用于各种类型、各种级别的学校教育之中，同时也应用于工业、商业、军事等社会领域。为了更真实客观地反映出符合一个人实际现状的智力发展水平，韦克斯勒（Wechsler）先后编制了适用于6~16岁儿童的韦克斯勒儿童智力量表、适用于16~74岁成人的韦克斯勒成人智力量表和适用于4~6.5岁儿童的韦克斯勒学前儿童智力量表。韦克斯勒改进了智商的计算方法，将比率智商修改为离差智商（deviation IQ）。他发现某一年龄段内个体智力表现为常态分布的规律，大部分个体智力均在平均水平上下波动；与平均得分相差越大的分数，其对应的个体数则越少。20世纪40年代至50年代，智力测试中被广泛运用的技术有如下两种：①多因素分析法，即运用数学方法验证智力并非单独存在，会受到相关因素的影响；②智力测试的统计理论的整合与补充，提出了测试的新思路、新方法及新特征。

不同职业的能力测验及后期的个体潜能测验都借鉴引用了多因素分析法。这些测验的内容包括语言、空间关系、数学、推理、机械推理等能力。到目前为止，已经诞生了适合不同年龄（从新生儿到老年人）、不同需要（正常人和智力发展落后者）的智力测试。为尽可能适用于不同文化背景以及个人发展的情形，部分有名的智力测试，如韦克斯勒智力测试、斯坦福-比纳智力测试等，仍应进行后续的整合完善工作。西方智力测试的发展历程得益于经济社会的极大发展与技术的不断进步，这使智力测试的理论成果可以很好地应用到实际操作中，其发展突出表现在以下三个方面。

一是智力测试的依据，从思量项目的辨识性、差异性，到后来的扩展理论容量。在智力测试的依据方面，传统测试可以评估智力的个别差异，但它的不足之处在于不能更清晰地反映智力的实质，这受到了部分学者的批判。考虑到传统智力测试的这个缺陷，新开拓成修整的智力测试下意识扩充了理论含量。例如，考夫曼率先改变了最早的智力测试非理论化的特征，以发展中的智力理论为依据，先后编制了考夫曼儿童能力成套测验（Kaufman Assessment Battery for Children，K-ABC）与考夫曼青少年-成人智力测验（Kaufman Adolescent & Adult Intelligence，KAIT）。另外，最新修订的斯坦福-比纳量表（Stanford-Binet Scale-Ⅳ，SB-Ⅳ）的 15 个子测验项目也是按照智力结构的三层次等级模型组织起来的，相对于传统的智力测试则更为系统化，评估的领域更广泛，更具测验对象的针对性，是对传统智力测试的补充与完善。

二是智力测试的编纂与执行，重点在于消除文化不公平现象。在智力测试的编纂与执行上，大部分学者责备传统的智力测试的目标人群主要是他们所认同的掌握适合主流文化的技能和知识的人，所以不同文化间的重大偏差引起了对其他文化的个体智力低估的不公平现象。在智力测试的实践中也有着一样的不足，因文化背景的差异，施测者与被测者双方在信息交流上有一定障碍，妨碍被测者的正常发挥，会拉低被测者的智商得分。文化不公平现象是智力测试从出现就伴其左右的问题，直到现在依旧是智力测试的一个难点。针对此问题，学者们过去编纂了受文化因素作用影响较小的智力测试，如瑞文图形推理测验、卡特尔文化公平测验等。在解决文化不公平现象上，学者们过去走了冤枉路。如今，怎样将个体成长和生活的社会文化背景与智力测试的编纂和执行这两者联系起来，是我们应该着重解决的难点。

三是智力测试的方法论基础，从看重主观经验的经典测验理论发展为注重统计数理分析的现代测量理论。在智力测试的方法论基础的研究上，传统智力测试以经典测验理论（classical test theory，CTT）为出发点，虽然极大地增强了整个测试过程的客观化程度，但其存在的问题亦不可忽略，真分数以及误差无关的假设与实际情况并不符合；测验的各种指标如信度、效度、难度、区分度等严重依赖于具体的被测试样本，即样本相关；所测量的心理特质依赖于具体使用的测验，即测验相关难以量化。

从 20 世纪 70 年代开始，以项目反应理论为代表的现代智力测试理论日渐发展完善，鉴于其在处理实际问题时表现出更大的潜质，很多学者开始在自己的智力测试的实践中借鉴该理论，以解决传统智力测试在方法论基础上的局限性问题。

项目反应理论以三条基本假设为依据，即能力单维性假设（指组成某个测验的所有项目都是测量同一潜在特质）、局部独立性假设（指对某个被试而言，项目间无相关存在）、项目特征曲线假设（指对被试某项目的正确反映概率与其能力之间的函数关系所做的模型）。在 IRT 和相关假设的基础上，学者们相继建立了双参数、三参数模型，还设计出了项目分析的软件包。此外，其他现代测量理论和技术如元分析、概化理论、项目差异功能分析、协方差结构分析、标准参照测量、计算机化测试等的应用，也使得智力测试的编制、实施与评价焕然一新。

3. 智力测试的未来演变趋势

从比纳与西蒙编制世界上第一个智力测试量表起，智力测试已历经一百多年的发展与演变，从法国传播到了世界上许多国家，从最初的教育行业推广到军事、工商、管理等诸多领域，从单一针对儿童扩大到面向生命全过程的各个年龄阶段，从主要诊断异常儿童拓展到适应正常人与智力落后者的不同需要。目前，研究者已经编制了多种类型适合不同水平的智力测试，这些智力测试在全世界得到了广泛的应用与推广，亦对教育和其他领域的发展产生了不可磨灭的影响。但是，传统智力测试的应用普及让其潜在的问题也渐渐显现出来，从而引起了争议和批判。因此，学者们也在致力于问题的改善与解决方案，力图推进传统智力测试的发展，使其拥有新特点以适应快速发展的现实需要。

随着人们对智力本质的深入认识，智力测试还会得到进一步的持续发展。纵观当前智力及智力测试研究的发展动向，可以预见，今后智力测试的演变将主要表现在以下几个方面。

首先，元认知能力作为智力的关键因素，已经被广大学者所认知。元认知即个体对自己认知活动的主观认知，并对认知活动起到计划、监督与调控的作用，进而会影响其过程和结果。戴斯在他的智力的"计划-注意-同时性加工与继时性加工"模型中指出，负责计划、监督、调控、评估等元认知功能的机制是智力系统的关键因素。另外在 CAS（cognitive assessment system，认知评估系统）测试里，他也有指向性地开发了计划测验去评估被试的元认知能力。还有学者也指明，智力包括三种水平：能力、元认知与目的性。由此不难发现，随着人们对元认知是智力系统的关键因素的认识的逐渐加强，在智力测试中注重对元认知能力的测量将会是一个新的研究方向。

其次，传统智力测试对主体创造力的评价能力与效度测量有待商榷，而解决新问题的创造力作为智力的重要组成部分已经被众多心理学家所认可与接受。斯滕伯格的成功智力理论通过大量实验证实，成功智力是由分析性、实践性与创造性三个因素平衡而得的，而传统的智力测试仅仅是测量了其中的分析性智力，因此他有针对性地设计了成功智力测验（即斯滕伯格三元能力测验，简称 STAT），分别评价了分析性、实践性与创造性三个方面，并通过大量实验证实了 STAT 的信度与效度。而戴斯等经过大容量样本与个案研究亦验证了相对于传统智力测试，其 PASS[①]理论与 CAS 测试在评估测验对象的创造力方面表现更好，可以辨识天才儿童。STAT 与 CAS 测试为未来智力测试的编纂与执行做出了影响深远的铺垫性工作，在此基础上，分析创造力与智力的关系、设计能够更好评估创造力的智力测试，是未来学者的研究重点。

---

① PASS 是 planning-arousal-simultaneous-successive processing 的简写，也就是"计划-注意-同时性加工-继时性加工"。

最后，智力测试最初的目的是识别出有特殊教育需求的孩子，如果只是为了实现这个目的，大部分智力测试大体上均能满足这一要求，除此之外，还有些测试结果能够预测将来智力的发展情况。然而，为儿童的教育与多样化服务更应该成为智力测试的最终目标之一，从这个角度来看，传统智力测试在诊断、预测与干预等方面还存在诸多不足。所以，今后被试的智力测试评估结果要做到详细、精准和有针对性，并给有效的智力测试干预措施提供必需的信息。这对学者们而言，预示着两方面的工作：一是从理论上确定智力的本质属性与组建因素，从而指导智力测试的编纂与执行；二是根据相关智力测试理论去明确有代表性的测验题项，并确定不同测验项目的认知含量和权重。更重要的是应以智力测试的评价和分析为依据，列举对应的干预措施，帮助指引、教育儿童和智力较低的人，以此提升其智力水平。在这方面，基于认知过程的 PASS 理论与 CAS 做出了有益的尝试，在鉴定与准确地解释被试智力迟滞原因等方面均超越了传统的智力测试研究的范围，而且提出了相应的 PASS 补救计划（PASS remediation program，PREP）。这对未来智力测试的研究与编制应该是一个很好的启迪。

4.2 智力测试的定义及计算

4.2.1 智力测试的定义

智力测试是基于科学性、客观性原则以测定人的智力水平而按照标准化的程序所编制的一种测量工具，至今已有一百多年的发展历史。智力测试是指对人的感觉与思维能力的测试，其中包括记忆力、逻辑推理能力、观点表达能力等方面的测试，是针对人的普通心智功能的各种测试的概括，所以又称普通能力测试。编制这类智力测试的出发点是综合评定一个人的智力水平。一般智力测试都是为了给被试的智力划定一个区间、确定一个范围。智力测试按照不同的测试对象可以有很多分类，如个体智力测试、团体智力测试、特殊人口（如婴幼儿、智力落后者、言语障碍者与身体残疾者等）专用的测试以及学习能力测试等。心理学家认为智力是对被测验者处于一定环境下在某些工作中操作水平的描述性标记，因此特别注重智力测试的标准化。智力测试大多以言语推理测试为主要测试内容，此外，还包括一些测量基本常识、数值推理、记忆力以及感知与组织技能的项目。

4.2.2 关于对智力测试的批评

智力测试经过一百多年的发展，在测定普通人的智力水平方面，其公平性、科学性、实用性不断提高，但随着人们想要解决的问题的复杂程度不断提升以及测试工具的持续演化，智力测试所暴露的问题日趋明显，受到越来越多的指责与批评。当前心理学中对智力测试的概念界定模糊,在智力研究中存在诸如对智力测试功能期望过高的情形,社会上更是普遍存在着对智力测试的滥用等现象。

(1)智力测试缺乏相关科学理论的指导,甚至处于一种"无理论"状态。只要不过于纠缠智力测试是否能真实地测量出智力,就可以放心使用这些测试工具。

(2)智力测试在测试对象的公平性方面有所欠缺,容易在经济、社会文化与种族、民族问题上造成歧视或偏见,有人认为智力测试本身就能表现出社会文化与经济上存在的巨大差异。

(3)智力测试造成的不公正结果与实施测验的人以及智力测试本身直接相关。对于从未做过智力测试的人而言,测验情景与测试所需要的技术都是难以驾驭的。

(4)智力测试的成绩受一系列动机与人格因素的制约,与规范的认知能力和成就水平没有直接关系。

(5)智力测试常常被作为最终结果而被滥用,没有发挥应有的作用,造成"无用论"的社会影响,严重阻碍其在人员测评与选拔中的推广与普及。

必须指出的是,智力只是个体心理发展水平的一个方面,而并非人心理活动的全部内容。智力测试遭到批评与指责的一个重要原因在于人们对智力测试的期望值太高。人们往往认为智力测试能够预言被试的学业成绩、职业成就、创造能力甚至人生幸福。这些期望功能对智力测试而言实在过高。智力测试主要是针对人的认知能力,而这种测验结论与学业成绩、创造能力和人生幸福的相关度较低,因此很多人对智力测试的应用领域不满意。

传统的智力测试具有明显的应用局限性,常常纠缠于文化、民族、职业与社会经济地位的差异,这是客观存在的事实。心理学家为克服这些缺陷,已做了大量努力。例如,为保证智力测试的文化公平性,在确定测试的内容、样本、语言,以及过程和模式等诸多内容上都进行了理论和实践探讨。又如,为尽可能减小语言因素对个体的影响,开发图形测试;为消除文化差异对测试的负面作用,对使用的测验方式加以修整和完善。然而,在智力测试的实践中,永远存在这样一种两难的情形:一方面,一个智力测试方式的适用性越大,其测试效度就越大;另一方面,一个智力测试方式的适用性越小,其结果所展示的精度越高、公平性越高。因此,在测验时需权衡效度、适用面、精度、公平性,以做出选择。以上难题不仅局限于智力测试,几乎全部心理测验都存在这样的难题。因此,对于滥用智力测试,不该把所有的错都扣在智力测试自身上。智力测试滥用的两类情形如下:一类为成心的。当权者通过操纵智力测试来达到稳固自身政权的目的,这样的案例在过去时有发生。第二类则为无心的。即测验对象、父母、老师对智力测试抱过大的期望,而且没有积极地避免此类负面影响。所以,从公正的角度来讲,如今的智力测试和其他手段相比,已是比较科学与有效的一个测试手段,但绝不是、也不可能是能够适用于所有情形的万能手段。

因此,不要对智力测试的效用抱过多期望,要树立缜密的科学观念。个体对环境的适应能力与智力有着密切联系,但只是影响因素之一,除此之外的其他因素同样扮演着重要角色。在个体的学业和职业过程中,智力是其成功的根本前提,然而其他方面的影响也是很关键的,如个体的主观因素与环境等客观因素。同样地,个体的创作性行为和事业的开展会受到智力的较大影响，但创作性行为和事业的成功并不是高水平智力的直接结果，它还会受到其他多方面因素的影响，包括主观的和客观的。如果要将某项测试作为预料个体的学业、个性特征和事业发展的依据，可以从学习力、情绪力、成功力等相关测试研究出发，但务必不能一概以智力测试的名义进行。这除了破坏智力测试的"名声"外，还会给智力相关理论和实践研究造成纷扰。

缜密的科学观念也要求做到客观开发和应用智力测试，对智力测试结果，要科学解读，理性把握。开发测试手段应在科学理论的基础上，并借鉴先进研究成果，保证测验结构和流程的层序分明，提高测试手段的信度和效度，做到尽可能减少因文化和经济地位带来的不公平性。当智力测试对象为学生时，除了看测验得分，还需将其平时的生活学习表现考虑在内。此外，测试结果的保密性工作要做到位，防止因结果的外传造成不良后果。更多注重诊断性测试而非评价性测试，不能仅凭测试结果的得分，把人分为"天才""普通人""愚钝者"。

4.2.3 智力测试的计算

智力测试是在已有的智力理论与测量理论的指导下，通过一系列测验体系来衡量被试智力水平高低的一种方法。从广义上来看，只要是对智力定量化论述的方式都被指成智力测试，如测验量表、单一测验及成套测验。从狭义上来看，即有指向性地设计问题或任务，测验对象则以言语、文字或动作做出相应的答复，以完成测试智力方式的定量化，如单一测验和成套测验。经过一百多年的发展，智力测试已形成具有层次性、针对性与科学性的测试体系，测试的人群与精确性亦随着技术的进步与理论的深化有所提升。早期编制的智力测试大多采用个人测试的形式。随着测试人群的需求与测试技术的发展，团体智力测试应运而生，此外，还有特殊智力测试、学习能力测试等。例如，特殊智力测试是为了适应特殊测试人口的需要而编制的，智力落后者和文盲的智力测试亦属此类。

1. 智力测试应具备的基本条件

智力测试是用来鉴别一个人智力水平高低的体系集合，要成为科学准确的测量工具，必须具备精确性、可靠性、便于使用等重要条件。任何智力测试在编制时都必须经过标准化与建立模型的过程。具体说来，应包括以下标准。

1）测验项目样本的选择须具备随机性与代表性

智力测试的项目选项必须是能够代表测量初衷能力特性的样本，随机地抽取代表性样本，同时又必须符合测验使用对象的特点，如年龄、受教育程度等。这样，根据样本施测结果来编制的测验工具才能够推广到总体中去实施。

2）施测过程的标准化操作

标准化施测对象选取后，在执行操作的过程中，应保证每个被试的测试操作均是在既定的时间范围内，遵循既定的规则执行。要特别强调的是，在智力测试执行时，这是控制干扰测试结果的无关因素的重要举措。

3）依据施测结果设计常模

基于标准化样本的结果，被测对象的评估分数在相关统计与整合后，得到一个自高向低分布的系统性分数量表，呈现标准化样本的分数分布或平均数，即常模，这样施测个体所得的分数便可与常模进行比较，进而测试其能力在总体中的位置。

2. 常用测验

智力量表一般是指儿童智力发展水平测试量表或成人环境适应行为诊断量表，以及用于测试老年智力痴呆程度的评定量表，通常可与智力测试通用。考虑到智力的测验受诸多主客观因素的影响，尤其是受制于被试情绪与测试工具、技术等，智力测试在很多情况下存在难以量化和标准化的弊端。国内外众多心理学家根据相关智力理论研究与实际需要编制了一系列智力量表，尽管这些智力量表不可避免地还存在着一些缺陷，但随着测试技术的进步与理论研究的深化，相信能在一定程度上满足测试人群的需求。以下为一些经典的常用智力测试量表。

1）比纳-西蒙量表

1905年法国心理学家比纳与其同事制定了世界上第一个测量智力的量表，即比纳-西蒙量表；1922年该量表开始传入中国，1982年，经学者吴天敏修订，共计51题，以小学生与初中生为主要测试群体。

2）韦克斯勒儿童智力量表

这是由美国心理学家D. 韦克斯勒制定的适用于6~16岁儿童的智力测试工具，是当今国际心理学界公认的已被广泛应用的个别智力测试量表。该智力量表出版于1949年，于1974年进一步修订，同时韦克斯勒量表还可用于诊断一定范围的心智失调。

3）斯坦福-比纳量表

斯坦福-比纳量表是美国斯坦福大学教授推孟于1916年对比纳-西蒙量表改进、完善而成的，此后又进行了三次修订。其测验以个别方式进行，一般情况下幼儿不多于40分钟，成人被试不超过90分钟。测试步骤如下：从略低于被试实际年龄组开始，此组一旦出现任何一个题项没有通过的情况，就调为低一级的年龄组再接着测验，直到一组所有题项均通过，此年龄组则是该被测智龄得分的"基础年龄"；然后再逐步测验较大的各年龄组，直到一组的所有题项均未通过，这一年龄组则是该被试智龄得分的"上限年龄"。

4）瑞文标准智力测验

瑞文标准智力测验是英国心理学家瑞文于1938年编制的非文字智力测验，曾于1947年、1956年进行过小规模的修订与完善，1947年设计出适合小年龄儿童与智力落后者的彩色推理测验，同时编制了适合高智商人群的高级推理测验。1985年，我国学者张厚粲等对该测验进行了改进，建立了中国常模。该测试的目的是评估个体一般智力发展水平，特别是处理问题的能力、观察能力、分析思考能力、发现与利用所需的信息及适应能力等。该测试有如下特点：测试年龄区间广；测试对象多样化，不受文化、种族、语言的局限；有生理缺陷者同样适用。测验既可以个别实施，又可以团体进行，使用方便，省时省力，测试结果解释更加直观简单，具有较高的信度与效度。

5）军队团体智力测试

军队团体智力测试分为甲种与乙种截然不同的类别，两者在测验形式、时限、适用群体、效度等诸多方面存在较大的差异（表4-1）。

表 4-1　军队甲种与乙种团体智力测试的比较

类别	测验形式	测验时限	适用群体	信度	效度
甲种	文字	40 分钟	中学以上文化水平的人	0.95	0.80~0.90
乙种	非文字	50 分钟	文盲和不懂英语的人	0.80	0.73

3. 智力量化的计分方法

智力量化的特点为量化以参照标准作为比较的依据，智力量化的参照为常模。智力测试的常模形式最常用的为智力商数，即 IQ，以及由 Z 分衍化的 T 分、CEFB 分等。

$$比率\ IQ = MA/CA \times 100$$

$$离差\ IQ = 100 + 15(X - x)/SD$$

1）智力按离差 IQ 分级

以受试者在该测验得分（X）与该测验的常模样本均数（x）相差多少标准分 Z 分来计算分级，其中 $Z = (X - x)/SD$。在实际工作时，按 IQ 分析还要考虑智商分的测量误差（表 4-2）。

表 4-2　各级智力划分及其名称

Z 分	−5	−4	−3	−2	−1	0	+1	+2	+3	+4	+5
IQ	25	40	55	70	85	100	115	130	145		
智力水平	极重低	重低	中低	边界	平常	高常	超常	天才			

2）发展与适应能力的分级

考虑到各智力量表所选取样本的年龄、适应能力有较大差异，因此对于智力发展与适应能力的分级尚不统一，以下是大多数智力测试量表所观察的结果。

（1）发展量表：①动作——粗大、精细；②注意-唤醒系统；③社会化行为。

（2）成人：①生活自理能力；②职业能力；③社交能力。

（3）老年：①记忆；②定向（时、空、人事）。

4.3　智力测试的常见方法

4.3.1　我国常见的智力测试方法

我国古代的智力测试思想丰富，其测试方法对西方的智力测试体系产生过一定的补充作用，西方学者亦能做到从我国古代的智力测试思想中汲取精华以丰富自身的测试体系。我国智力测试的起源可追溯到公元前 2200 年，主要用以选拔优秀人才以充当"公务员"，如今我国心理学家在继承与发展古代优秀底蕴的同时，适当借鉴西方测试思想的精华，同时反观已有的智力测试传统，汲取经验与教训，做到了"古为今用""洋为中用"。我国智力测试的常见方法主要有问答鉴别法、察言观行法、准情境测验法、动作测验法、连环测验法与形板测验法。

1. 问答鉴别法

问答鉴别法是指通过施测者提问而被试作答的方式来对被试的智力发展水平进行测量的一种方法。除了最初运用口头问答法外，后来也采用书面问答法来测量一个人的智力水平。

2. 察言观行法

察言观行法是指施测者通过观察被试的言行来对其智力发展水平进行测量的一种方法。该方法指出观察一个人在某些方面的劣势，亦可了解其在某些方面的优势；观察一个人在聪明才智上的表现，可以看出其是否会成为某方面的人才。

3. 准情境测验法

准情境测验法是指通过有目的地设计某种特殊情境，用以观察被试在该种情境下的行为反应，从而对被试的智力水平做出鉴定的考评方法。该方法假设人的心理态势与行为表现之间关系异常复杂，仅通过察言观行与问答鉴别很难精确地测量出一个人的智力水平，但通过创造某种有针对性的非常情境，借此观察被试在此种情境下的反应，反而很容易将被试的真实智力水平测试出来。

4. 动作测验法

动作测验法是指施测者让被试做出一系列动作，然后依照被试所做动作质量的高低来对被试的智力发展水平进行测量的一种方法。

5. 连环测验法

连环测验法是指施测者通过让被试进行九连环的游戏，然后依照被试解开九连环的时间长短来测量被试的智力水平的一种方法。

6. 形板测验法

形板测验法是指施测者通过让被试玩七巧板的游戏，然后依照被试运用七巧板在规定时间内所拼出的图形多少来对被试的智力与能力进行测量的一种方法。

4.3.2　西方常见的智力测试方法

西方对智力本质及其测试方法的研究已有一百多年的发展历程，最早开始于法国，之后传播到欧美一些国家，受到越来越多的重视，尤其在美国获得了长足的发展。随着测验理论的深化与技术的进步，西方逐渐形成多种研究范式，其主要测验方法为情景主义方法、信息加工心理学方法、发生认识论方法与心理测量学方法。

1. 情景主义方法

情景主义方法重视分析、测量在现实情景中的智力活动，注重研究智力与社会文化情景的关系，探讨在不同情景下个体在面对现实情景时是怎样做出反应，以及如何运用不同的心理能力的，提出儿童在与父母等熟悉群体交谈时所测验出的词汇水平与接受言语测验时所表现的词汇水平是截然不同的。

1956 年，费古森提出文化分化定律，又称费古森定律。这项定律相对科学地体现出情景主义模式的关键思想，指明文化要素在小孩什么年龄上学以及该学习什么上起到决定作用，由此得出结论，不同的文化环境导致了不同的智力模式的形成。此外，道森于 1967 年提出的生物社会学的理论模式、贝利于 1976 年提出的生态文化理论模式、鲁利亚于 1976 年提出的文化历史发展论等，均探讨了智力和文化环境、社会情境、历史发展水平的多重联系，虽探讨的角度不尽相同，但都指出了智力和环境、情境的内在本质联系。

2. 信息加工心理学方法

信息加工心理学模式诞生于 20 世纪 50 年代，它重视数据的采集、整理与分析，主要采用外部观察、内部的"自我观察"以及计算机模拟等方法对被试的智力活动过程进行精确的分析与阐述。它通过比较孩子掌握符号信息的有效性来检验孩子智力发展的真实水平，重视智力作用机制和定期智力活动经历。在理论研究和实际操纵方面，其代表性理论为智力 PASS 理论。

1990 年，纳格利尔里和戴斯发明了智力 PASS 理论。通过数据信息处理和分析，最大限度地定量描述智力活动的内部运行过程，并以此过程为基础，对实测对象进行智力测试，所以"过程"是智力和其测试的关键构成部分。PASS 理论认为智力和其测试作为一个完整的循环体系，操作系统由三级认知功能系统和四种认知过程组成。三级认知功能系统是指注意-唤醒系统、同时性加工-继时性加工系统以及计划系统，四种认知过程即"P""A""S""S"。其中，注意-唤醒系统为前提，同时性加工-继时性加工系统处于中层，扮演中介和桥梁的作用，计划系统是最高层，三个系统的协作运行是所有智力活动开展的保障。

3. 发生认识论方法

该测验方法最早是由皮亚杰于 20 世纪 30 年代发起的，其致力于解释处于不同年龄阶段的儿童在认知结构上的差异性，另一个研究重点则是试图说明儿童在智力发展过程中在不同认知结构转换时的动态过程和心理机制。发生认识论方法提出儿童内在的动态发展心理机制对处于不同年龄阶段的儿童智力活动及其行为具有调节作用。智力水平的发展具有普遍的阶段性特征，这种阶段性不仅受信息加工容量系统变化的影响，亦受被试生理成熟程度的调控。

发生认识论方法在研究方法上发明了临床描述技术，同时运用测试法、观察法、访谈法和实验法，是对以上常用方法的综合、改进与完善。它能够做到具体问题具体分析，依照智力测试的问题进行研究，使实验方案做到有针对性。发生认识论方法对测试对象进行一组特殊的小测试并提问，分析测试对象的回答及其反应，进一步探讨其思维逻辑推理过程，从而发现测试对象认知过程及其运行规律。

4. 心理测量学方法

心理测量学方法开始于高尔顿关于个体心理差异的测验，之后比纳与西蒙设计的世界上第一个智力测试量表将该种方法推向一个新的高度。心理测量学看重智力测试分数，整理分析测试的最后得分作为研究测试对象智力发展水平的依据，表明智力是稳定的、有层次的心理结构，且构成成分包含多类要素，将近涵盖智力测试所测量的全部能力。

心理学家在智力理论研究的背景下，探索得出很多有价值的智力测试理论，如 19 世纪末至 20 世纪初桑代克的特殊因素理论、20 世纪三四十年代凯勒与瑟斯顿分别倡导的智力的"多因素说"、1953 年艾森克（H. J. Eysenck）构建的智力三维结构模型、1959 年吉尔福特改进的新智力三维结构模型、1960 年阜南设计的智力层次结构理论、1969 年希来辛格与格德曼阐述的智力二维结构模型、1992 年霍纳扩充的晶体与流体智力理论等，这些模型或理论对智力测试的方法改进做出了杰出的贡献，为智力测试工具与方法的完善奠定了基础，至今仍有重要的借鉴意义。

4.4 能力倾向测试的方法

能力倾向测试，也称能力测试，是对被试目前的不同能力因素水平的评估并结合现状预测被试未来从事何种职业或工种活动能力的测验，旨在判定一个人能力倾向的有无和程度，测试一个人在外部环境影响下，那些不易改变的认知能力方面的心理特质，包括记忆力、理解力等。

在人员甄选测试与人事管理工作中，能力倾向测试发挥着重要作用，这种作用具体体现在以下两个方面：一方面在于其所具有的诊断功能，即判断一个人目前具有哪些能力优势；另一方面在于其所具有的预测功能，即测试其在所从事的职业中成功与适应的可能性大小。

4.4.1 常见的能力倾向测试种类

常见的能力倾向测试包括一般能力倾向测试、特殊能力倾向测试、机械能力倾向测试、创造能力倾向测试与领导能力倾向测试等。

1. 一般能力倾向测试

一般能力倾向测试是对一个人智慧能力的测试，等同于人们通常所说的智力测试，其测试的内容不是一个单独的智力方面，而是一系列基本能力，包括记忆、词汇、数字与语言表达能力等。

2. 特殊能力倾向测试

特殊能力倾向测试是指对那些具有他人不具备的能力的人的测试，这是为了配合现代企业招聘中从外部引进可以从事特殊工种的人员的需要。特殊能力倾向测试需要一些心理测试仪器配合能力倾向进行测试，在实践中较为常见的有文书能力测试与心理运动能力倾向测试等。

3. 机械能力倾向测试

机械能力倾向测试是指针对应聘者的机械操作能力的测试。在测试机械能力的过程中，应当设计各种标准化的机械情境，使被试产生一系列反应，再将其反应与一般受试者进行比较分析，以评定其能力的高低。

4. 创造能力倾向测试

创造能力倾向测试是指针对被试的创造能力这一特殊的高级能力的测试。创造能力是一种发散思维的能力，往往表现为行为与思想上的独特性、流畅性与变通性，该种测试需要在思考与解决问题时或遭遇障碍困境时被试不受常规束缚与限制，能够多角度、宽范围地提出新观点、产生新想法，并善于迂回解决问题。

5. 领导能力倾向测试

领导能力倾向测试是指对具有组织、指挥、控制、协调下属完成预定目标、任务与规划能力的领导人员这一特殊人群的测试。领导能力是一种综合性强、要求性高的素质集成，特别需要指出的是逻辑推理能力、敏感性与沟通能力，因此该种能力测试在人员选拔与测评中的地位与作用特别突出。

4.4.2　能力倾向测试的方法

能力倾向测试的对象是具有预见性的东西，其测试内容是潜在的可能性，因此在实际测验过程中其方法设计应遵循以下原则。

（1）选择能力倾向对象时注重把握体现本质意义的基础特性。

（2）编制测验项目时重视其以上基础特性在行为中发挥的作用。

（3）设计与项目相符合的选拔等级或回答范围。

（4）保证信度与效度（强调充分预测的必要性）。

能力倾向的测试方法是伴随着实验心理学的兴起而发展起来的，目前这类方法在国内外已被广泛应用于招聘外部人才与员工绩效考核等诸多工作领域。

美国两种通用的能力倾向测试方法在现今人员选拔与测评中运用广泛，第一种是通过一套各种特殊能力的测试，来衡量各种能力，效率高，所获得的测试结果提供了一套规范数据，据此可以辨认测试对象的优劣势；另一种是根据特定目的而编写的单一能力的衡量工具，所以有效性的度量很高，但因为没有对交叉情况的综合分析，个体的内部比较会不够精确。

成套的多种特殊能力测验囊括了一系列的小测验（通常为6~20个），每个小测验测量一种范围较宽泛的能力（这些能力的定义，通过因素分析，具备逻辑上的或实证性的根据）。例如，"分异特殊能力测验"（differentiated special ability test，DAT）由 8 个纸笔式小测验构成，分别为文字推理、数学能力、抽象符号推理、空间关系、机械推理、抄写速度、精确度以及拼写和文法等，以此综合测试被试学业与职业的能力，其测试结果可以对中学生升学与就业指导提供有益的帮助。

针对特殊目的而编写的单一能力倾向测验的例子很多，如音乐、美术及英语测验（如托福）等。这一类型的能力测验是勘测作业高度的工具，但作业高度不能全靠此来衡量，其测量结果只是参考之一，用其来制定策略或进行诊断时应综合考虑，因为个体行为会受到来自各方面的影响，并不是单一因素的作用结果。应综合分析各方面的信息和影响因素，尽可能做到周密和客观。只有这样，得出的结论和建议才能更加准确、实践性更强。

下面介绍基于案例的企业经营管理者能力倾向测评的方法，案例本身内容丰富，且大多是市场经济中企业经营管理的真实案例，测试对象能够全面了解该企业的情况，包括其面临的社会经济环境、经营状况、员工情况等。这样，在能力测试过程中，测试对象才能站在公司高管层的角度，结合具体情况采取有效策略。实践证明该系统能够较为科学地测试出管理人员的管理能力。该方法注重测试管理人员的以下九大能力：市场分析、开拓创新、战略规划、应变决策、组织指挥、财务分析、计划控制、激励沟通、协调公关。

$$B = f(A_1, A_2, \cdots, A_9)$$

其中，B 表示测试人员的管理能力得分，A_1 表示市场分析能力；A_2 表示开拓创新能力；A_3 表示战略规划能力；A_4 表示应变决策能力；A_5 表示组织指挥能力；A_6 表示财务分析能力；A_7 表示计划控制能力；A_8 表示激励沟通能力；A_9 表示协调公关能力。

不同的测试案例难易程度不同，对应不同难度系数，这样可以按照施测者的需求开发对应试题类型。因为题项与能力项是一对多的关系，所以试卷的最终分数以答对能力选项个数为依据，而不是以答对试题的个数为依据，从而可以精确得出测试对象的能力分数。得分公式如下：

$$A(0) = \frac{\sum_{j=1}^{X} J_j \times N_j}{\sum_{i=1}^{9} I_i \times M_i}$$

其中，X 为测试案例；N_j 为第 j 个能力答对的个数；M_i 为第 i 个能力总考查个数；J_j 为第 j 个案例答对的个数；I_i 为第 i 个能力类型；$A(0)$ 为能力得分。

【综合案例】

中国银行自 1912 年 2 月正式成立至今，已有一百多年历史。中国银行为国有股份制商业银行，是中国四大银行之一，金融资本强大，并且为国家对外经贸发展和国内经济建设做出了重大贡献。作为第一家在内地及香港上市的商业银行，它的多元化和国际化水平最高，其服务对象不仅局限于中国，还包括国外 29 个国家。在香港和澳门，中国银行还是当地的发钞行之一。截至 2010 年，中国银行在全国共有超过 11 000 间分行及分支机构、580 个自助银行和 11 600 部自助服务设备；国际网络包括 600 多家海外分行、子公司和代表处。权威资料披露，中国银行全行共有员工 23 万人（正式员工 18 万人，临时工 5 万人）。其业务范围集中在公司、个人的金融业务、金融市场业务、投资银行业务、保险业务、基金管理业务、直接投资和投资管理业务及飞机租赁业务方面。自 1989 年至今，中国银行已连续入选《财富》评选的"世界 500 强"企业（2017 年公布排名为 42 位），这体现了国际评级机构对中国银行多年来良好的经营业绩和雄厚实力的充分肯定。

中国银行独特的工作精神、经营理念、宗旨作风，使其成为行业的标杆，并在客户心中留下了良好的品牌形象。面对新的历史机遇和挑战，中国银行既稳扎稳打，又大胆创新，豪迈地提出建设国际一流银行的战略目标。

中国银行强调"人本管理"的理念，在企业共同价值观的指导下，培育员工的经营意识、客户意识、目标意识和协作意识，积极引导及激励员工，统一思想意识，产生凝聚力，实现员工的自我价值

第4章 人员测评与选拔的智力测试与能力倾向测试

和企业的战略目标的统一协调;完善用人的约束和激励机制,实现能者上,庸者下,给员工以信任、荣誉和激励,激发员工的工作积极性和自豪感,提高工作效率和质量。

中国银行搭建了出色的人才培养平台,为每一位员工提供了多样化的职业发展通道、市场化的薪酬管理制度、全方位的培训开发体系,并且为员工提供了丰富多彩的文化生活。与其他竞争对手相比,中国银行在人力资源管理方面拥有四个优势,即优秀的雇主品牌、国际化业务的发展空间、全球化的工作广度以及雄厚的培训力量。2005 年,中国银行获得香港《中国人才》(*China Staff*)杂志评出的"中国大陆最佳人力资源战略奖",这是大中华区人力资源管理领域的最高评奖,是我国国有及国有控股企业第一次获此殊荣。在中华英才网、中国教育电视台等机构联合主办的"中国大学生最佳雇主"评选中,中国银行连续 6 年入榜。2010 年,中国银行列"中国大学生最佳雇主"排行榜第 5 位,是唯一入选 TOP10 的金融企业。自 2006 年以来,始终位列金融行业最佳雇主评选第一位;连续 5 年入选全球知名雇主品牌管理公司宇宙通讯评出的最理想雇主名单。其中,2009 年中国银行在"最理想雇主排行榜"列第 3 位,在商科和法律类学生的评选中排名第一。

中国银行的工资体系:2001 年 7 月开始贯彻等级工资制度,以市场为导向、以岗位为基础的薪酬发放原则,开发多条发展通道,开拓晋升空间。全行除董事会和总行行长等极少数高级管理者外,其余员工的工资体系分为 13 级 39 档(其中 1 级 1 档工资最高,13 级 3 档最低)。在中国银行总行,有近 40 个部级单位,这在行政上等同于全国 32 家省行。如果是省部级别,总行各部门总经理(省行正行长)基本是 1 级,档是根据员工本人所在部门的重要程度、本人的能力、工作年限等确定的(但同一级内 3 个档的差别并不是很大);省行副行长(总行各部门副总)是 2 级,档同样各不相同;一般来说,研究生刚进总行,定的都是 8 级 3 档助理经理(初级经理,相当于科员),本科生进去的一般是 9 级 1 档助理经理,每过一到两年,总部会视其业绩好坏而决定是否可以升一档;其他的操作性的员工都是 10 级以下,总行最低的是 10 级 3 档,分行最低的(代办员)是 13 级。

在中国银行工作,以广州地区为例,首年薪酬低,本科生和研究生的待遇情况如下:本科生实习期为一年,实习期税前工资为 2 500 元上下,研究生实习期为三个月,薪酬比前者多 300~400 元。实习期结束后薪酬会高很多。另外,中国银行在员工住房方面做得很好,对于有长远发展计划的,能够在初入职时分配一套不错的住房。而且,中国银行表示将进一步完善员工福利体制,建立有效的激励机制,真正提高行业竞争力。总之中国银行的待遇优厚,尤其是总行的待遇,因此吸引了众多求职者的青睐。

伴随着中国银行自身业务的稳定增长,再加之其他银行对金融市场的激烈争夺,中国银行需要吸纳更多的合格的专业人员以保障本身的长期健康发展。农村金融市场的日益活跃,对于农村网点稀缺、从业人员水平参差不齐的中国银行造成了不小的压力。中国银行业务向海外的拓展,也需要大量的熟悉国际金融体系、通晓外语的员工。以上原因促使中国银行必须吸纳新的人员。

中国银行所经营的业务范围广泛,需要高度专业的人才,因此它和一般企业不同,不能全靠单一机构来制定全部员工的招聘需求。鉴于此,中国银行在人员招聘时,人力资源总部在人员需求评估时不仅要把握整体目标战略,更重要的是要和有人员需求的部门确认其所需人才类型、个数,并以此为基础分析、审核与决议,最终制定相宜的人员需求。

中国银行的人力资源规划模式包含六大因素:

(1)外部环境分析。

(2)组织内部分析。

(3)人力资源需求与供给需求。

（4）人力资源需求预测。
（5）人力资源行动方案。
（6）评估与检查。

中国银行具体的招聘流程如图 4-1 所示。

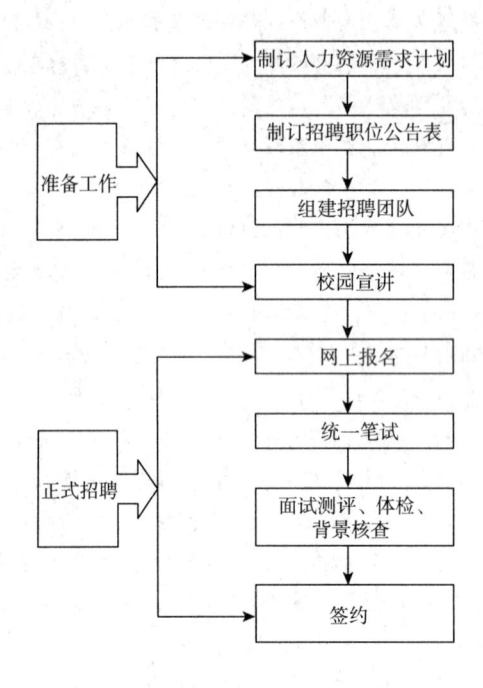

```
准备工作 ┬─→ 制订人力资源需求计划
         ├─→ 制订招聘职位公告表
         ├─→ 组建招聘团队
         └─→ 校园宣讲

正式招聘 ┬─→ 网上报名
         ├─→ 统一笔试
         ├─→ 面试测评、体检、背景核查
         └─→ 签约
```

图 4-1　中国银行具体的招聘流程

人力资源部汇集组织各部门的信息，结合本组织的发展战略，制定出招聘职位公告表。相关招聘信息可在其招聘网站获取。中国银行招聘职位公告表（节选）如表 4-3 所示。

表 4-3　中国银行招聘职位公告表（节选）

单位	业务模块	职位名称	招聘人数	主要职责	基本资格条件
公司金融总部	养老金模块	高级产品经理（养老金业务-受托产品）	150	负责年金方案设计、受托业务咨询；负责年金受托产品研发、管理及培训；负责年金受托系统需求分析和建设；负责年金受托管理人资质申报、年审及延续申报等	1. 全日制大学本科（含）以上学历，经济、金融、营销、管理类专业为佳。 2. 参加工作满 6 年，从事养老金受托工作满4年，具备营销、管理等相关知识，具有一定的养老金业务管理和客户营销经验。 3. 熟练的英语听、说、读、写能力，大学英语四级或相当水平。 4. 具备较好的计算机操作能力，能熟练使用 Office 系统
	国内结算与现金管理模块	高级产品经理（流程管理）	35	根据我行营业网点管理整体策略与规划，配合团队主管开展营业网点公司金融服务流程管理工作，研究制定网点公司金融业务销售服务流程；跟进网点公司金融业务	1. 全日制大学本科（含）以上学历，金融学、会计学等相关专业。 2. 对网点公司金融业务转型有较深入的了解；6 年（含）以上国内

第4章 人员测评与选拔的智力测试与能力倾向测试

续表

单位	业务模块	职位名称	招聘人数	主要职责	基本资格条件
公司金融总部	国内结算与现金管理模块	高级产品经理（流程管理）	35	人员配备和职责落实工作，推进网点公司金融业务KPI考核工作；组织全辖对公共营业网点建立完整的公司金融销售服务体系，做好公司金融业务网点渠道建设，促进全行公司金融业务健康持续发展	结算或相关银行业务工作经验；有较强的业务水平和组织管理能力。 3. 具有较强的责任心和敬业精神，踏实、认真，具有较强的团队合作意识。 4. 熟练使用Office系统。 5. 具有较强的书面表达、口头表达和沟通协调能力
		高级产品经理（产品推广）	45	根据我行境内外、本外币现金管理产品研发整体工作战略重点和目标，制订境内外、本外币产品推广计划，统筹境内外、本外币现金管理产品推广工作；根据客户层级和行业特点，设计行业服务方案；审核客户准入资格，指导与客户签约工作；配合客户关系部门做好总行级重点客户营销、推广工作；指导分行落实总行产品推广销售目标，促进我行现金管理客户持续发展	1. 全日制大学本科（含）以上学历，金融学、会计学等相关专业。 2. 对现金管理业务有较深入的了解；6年（含）以上国内结算或相关银行业务工作经验；有较强的业务水平和组织管理能力。 3. 其他（同前一职位）
		高级业务经理（票据贴现）	28	参与对全行商业汇票贴现、转贴现和再贴现业务的产品管理工作，包括草拟工作计划、管理办法和操作流程，研究市场，制定全行票据融资报价，新产品开发，业务系统建设，业务培训，开展调研和业务检查工作，承担与外部机构的联系协调	1. 全日制大学本科（含）以上学历，金融学、会计学等相关专业。 2. 对商业汇票融资业务具有较深入的理解；6年（含）以上商业银行票据融资业务工作经验，有较强的业务水平和组织管理能力。 3. 其他（同前一职位）
		产品经理（产品研发）	73	根据我行现金管理产品发展计划，研究市场和客户需求，提交相关研究报告，落实现金管理产品升级方案；负责现金管理产品的需求编写，负责编写相关管理办法和操作规程	1. 全日制大学本科（含）以上学历，金融学、会计学等相关专业。 2. 对现金管理业务有较深入的了解；4年（含）以上国内结算或相关银行业务工作经验；有较强的业务水平和组织管理能力。 3. 其他（同前一职位）
		产品经理（产品推广）	51	根据我行现金管理产品发展计划，负责现金管理产品的推广及培训，负责拓展现金管理客户，分析客户需求，提出改进现金管理产品的服务方案	1. 全日制大学本科（含）以上学历，金融学、会计学等相关专业。 2. 对现金管理业务有较深入的了解；4年（含）以上国内结算或相关银行业务工作经验；有较强的业务水平和组织管理能力。 3. 其他（同前一职位）
金融市场总部	代客模块	产品经理（表外理财）	44	1. 根据团队产品发展计划，具体负责股票类理财产品的研发、行业投资研究和产品操作，协助高级经理对产品进行操作。 2. 负责对行业进行跟踪研究，对相关公司进行调研，提交行业研究、公司研究和具体的投资策略报告。 3. 参与股票类理财产品的创新研发、需求调查分析，产品设计和产品培训工作。	1. 金融或相关专业硕士学历（要求本科为全日制大学学历）。 2. 具有证券公司、基金公司或相关专业领域4年（含）以上工作经历。

续表

单位	业务模块	职位名称	招聘人数	主要职责	基本资格条件
金融市场总部	代客模块	产品经理（表外理财）	44	4. 研究股票类产品的投资策略和前台风险管理措施，对相关产品的投资研究质量和执行结果负责	3. 身心健康，工作抗压能力强。 4. 具有较强的英语听、说、读、写能力，大学英语六级及以上水平
		产品经理（公司金融产品推广）	131	1. 根据团队年度产品发展计划，在授权范围内，具体负责金融衍生产品的设计和管理。 2. 参与金融产品的研究和产品创新研发。 3. 协助客户经理进行金融产品的专业化推广。 4. 协助进行全辖业务的培训和管理	1. 金融、数学、计算机专业全日制大学本科（含）以上学历。 2. 具有金融市场业务相关专业领域4年（含）以上工作经历。 3. 其他（同前一职位）

注：KPI：key performance indicator，即关键绩效指标

制定完招聘职位公告表后，中国银行正式开始组建招聘团队。一支高效能的优秀招聘团队的组建离不开"5P"要素：人员（people）、定位（place）、权限（power）、计划（plan）、目标（purpose）。对于中国银行而言，卓越的招聘团队必须是有创造力的、全身心投入的、相互信任的、相互协调的，且严格遵守工作规范以实现招聘计划的群体。在招聘过程中，严格遵守招聘原则，最大限度挖掘所需人才。在选拔时，应聘者的学历、素质、对银行工作的积极性、求知欲、逻辑思维能力，以及其吃苦耐劳与团队精神都是应该着重筛选的指标。在实际操作中，一般会有一位高级别管理者在招聘团队中亲自挂帅。

自招聘团队组建完成后，接下来就是与各高校联合组织校招，相关时间、地点安排可在其招聘网站查询。

正式招聘：

在招聘方式的选择上，中国银行青睐网络招聘。应聘者可以自愿选择中国银行的三家机构进行在线报名。例如，应聘者可以在中华英才网（http://www.chinahr.com）的校园招聘版进行网申。简历一旦被筛选，将无法对申报志愿和个人信息进行修改。应聘者应对个人填报信息的真实性负责。简历主要选项有身高、政治面貌、学习成绩、奖学金、计算机等级证书、外语证书、家庭背景、笔试考场、联系方式等。

在报名期间，中国银行各机构将陆续进行简历筛选。为了保证招聘过程的公平公正，中国银行简历筛选的过程将完全由行内员工进行，不会采取外包的形式。之后，简历筛选的结果将会以邮件的形式告知应聘者是否获得笔试资格。同时，报系统也会更新相关笔试信息。获得笔试资格的应聘者应该及时反馈是否参加。

笔试时间全国统一，这样能够保证公平性。笔试地点主要是省会城市或一线城市。笔试的内容是公共英语和综合知识测试。综合知识主要包括行政能力、经济、金融、管理、法律、计算机网络、时事等方面的内容。笔试采取机考形式，题量较大。

◆ 英语

英语的考试时间为一个半小时，共95道题。

第一部分，同义词替换。（10道题）

第二部分，单选。（20道题）

第三部分，改错。（10道题）

第四部分，完形填空。（20道题）

第五部分，阅读理解。（35道题）

◆ 综合

综合考查两部分内容，一部分是行测，一部分是综合知识（涵盖多个专业）。行测考试时间为一个小时，共70道题，题目类似于国家公务员考试题目。

以下单选题为机考样题：

1. 世界汇率的基准银行是（ ）。

   A. 日本银行　　　　　　　　　　B. 美国纽约银行

   C. 伦敦银行　　　　　　　　　　D. 渣打银行

2. 布雷顿森林体系大约是在20世纪（ ）崩溃的。

   A. 60年代　　　　　　　　　　　B. 70年代

   C. 80年代　　　　　　　　　　　D. 90年代

3. 我国的《商业银行法》引进了巴塞尔协议，规定商业银行资本充足率（ ）。

   A. 低于7%　　　　　　　　　　　B. 不低于8%

   C. 高于7%　　　　　　　　　　　D. 不低于9%

4. 营销的核心环节是（ ）。

   A. 生产　　　　　　　　　　　　B. 消费

   C. 交换　　　　　　　　　　　　D. 促销

5. 国内母公司和海外子公司合并产生（ ）。

   A. 汇率风险　　　　　　　　　　B. 法律风险

   C. 财务风险　　　　　　　　　　D. 交易风险

6. 股票指数期货空投套现是指（ ）。

   A. 买入短期期货，卖出远期期货

   B. 买入远期期货，卖出短期期货

   C. 短期远期全部买入

   D. 短期远期全部卖出

7. 增值税的性质是（ ）。

   A. 国家专项税收　　　　　　　　B. 地方专项税收

   C. 归入国家共享税收收入　　　　D. 归入地方共享税收收入

8. 下列事项中，不影响现金流量的是（ ）。

   A. 核销坏账　　　　　　　　　　B. 收回坏账

   C. 票据贴现　　　　　　　　　　D. 接受现金捐赠

9. 中国外汇交易中心在（ ）。

   A. 北京　　　　　　　　　　　　B. 上海

   C. 深圳　　　　　　　　　　　　D. 郑州

10. 证券投资和对外借贷是（ ）。

    A. 国家投资　　　　　　　　　　B. 私人投资

C. 直接投资　　　　　　　　　　D. 间接投资

11. 泰勒被称为（　）。

A. 管理过程之父　　　　　　　　B. 科学管理之父

C. 组织理论之父　　　　　　　　D. 系统管理之父

12. 需求弹性大于1的是（　）。

A. 奢侈品　　　　　　　　　　　B. 必需品

C. 正常品　　　　　　　　　　　D. 劣等品

13. 人类的最低层次需求是（　）。

A. 生理需求　　　　　　　　　　B. 社会交际

C. 受人尊重　　　　　　　　　　D. 自我实现

14. 休息日安排劳动者工作又不能安排补休的，支付不低于工资（　）的工资报酬。

A. 150%　　　　　　　　　　　　B. 200%

C. 300%　　　　　　　　　　　　D. 100%

15. 通常所说的微型机的主机是指（　）。

A. CPU 和内存　　　　　　　　　B. CPU 和硬盘

C. CPU、内存和硬盘　　　　　　D. CPU、内存与 CD-ROM

16. 泰山：山东：济南（　）。

A. 安徽：黄山：合肥　　　　　　B. 陕西：华山：西安

C. 君山：湖北：武汉　　　　　　D. 衡山：湖南：长沙

17. 我国社会主义民族关系的基本特征是：平等、团结、互助、（　）。

A. 合作　　　　　　　　　　　　B. 繁荣

C. 和谐　　　　　　　　　　　　D. 友爱

笔试完后，中国银行各组织划定笔试分数线。通过的应聘者，在各组织的安排下参与面试、测评、体检、背景核查。面试分两轮。面试官由 3~4 位行长和 1~2 位 HR 组成。面试形式为多对一，面试者一个一个地进入面试房间，每人 10~15 分钟。面试的题目库数量巨大，举例如下：

1. 介绍一下你自己。
2. 我们这边一开始要做柜员的，你没问题吧？
3. 为什么你没有获得奖学金？
4. 你获得过哪些奖？
5. 你是怎样面对困难与挫折的？
6. 介绍一项你过去从事的社会实践活动。
7. 当你和别人发生冲突的时候，怎么办？
8. 针对大学生就业问题，谈谈对千里马常有伯乐常无、千里马常无伯乐常有的看法。
9. 请你简要介绍一下你发表过的一篇论文。
10. 你认为 iPhone 手机的盈利模式是什么？
11. 企业的商业模式和企业的战略规划有什么区别和联系？
12. 中国老太太一辈子存款买房，美国老太太买房后一辈子还贷款。你倾向哪种消费方式？

面试过程中，除了一些常见的问题，面试官还会因人而异地提出有关问题，甚至是刻意为难应聘

第 4 章　人员测评与选拔的智力测试与能力倾向测试

者，此外还不时打断应聘者的发言，攻击其心理防线，以测试面试者的抗压能力和应变能力。整个过程中面试官基本没有流露表情，也是对面试者的心理素质的考验。

中国银行也会采取一些新兴的面试方法，如无领导小组讨论法、情景面试法。中国银行广州分行在进行面试时，出过一道无领导小组讨论题，题目如下：

如果你是一家知名空调厂商广州区的客户服务部经理，客户服务部的工作内容是在收到来自各卖场的订单信息后，负责后续的送货、安装、收取剩余货款、调试、跟踪等工作。

今天，你们部门需要对来自某一卖场的订单信息完成后续的相关工作，包括送货、安装等。你作为部门经理，将怎样制订工作计划？尽可能详细点。

后续工作并没有计划的那么顺利，出现了如下几个意外：

首先，送货车在途中抛锚了，导致到达时间与顾客约定的时间相比晚了半天。

其次，由于该顾客室内布局复杂，空调安装时间也比平常多了几小时，其间安装人员的某些牢骚话语和行为引起了顾客的不满。

最后，安装结束后，顾客打开空调测试，认为空调发出的声音过大，完全是噪声，并因此拒绝支付尾款。

事实上，此空调运作发出的声音是在合格范围内的、可接受的。然而顾客却一再坚持自己买到次品，最后还说要退货。部门人员耐心劝解，顾客仍然不买单，局面趋于白热化。事态发展到该由你出面解决的形势。上级收到消息后，命令你做到以下几点：①不退货。②损失控制在 200 元内。③控制事态继续发酵。

你要如何处理？各组在商量 15 分钟后，制订出解决方案。

讨论结束后，每个小组按照以下的规则发言：

1. 每个小组的第一位成员请回答题目中提出的第一个问题，即在接到专卖店的订单后，如何安排后续的客户服务活动。（以一个客户服务经理的角色提出，时间 5 分钟）

2. 每个小组派出一位成员讲述本小组设计的纠纷调解策略。（时间 5 分钟）

3. 每个小组派出一位成员扮演客户服务经理，另外一个小组出一名成员扮演客户，实地表演一下该客户经理上门处理这起纠纷的过程。（时间各为 10 分钟）

4. 接下来，每个小组可以对自己和对方小组的纠纷调解策略与表演做出现场点评。（自由发言，时间为 15 分钟）

5. 最后，每个小组各派出一位成员作总结陈述。（时间 5 分钟）

在进行无领导小组讨论前，随机进行分组，每组 5~10 人，不规定领导人，小组根据面试要求去开展任务。面试官全程拍摄记录，但是在小组讨论时不发表任何看法。

通过面试考核的，将签订三方协议，正式录用。新录取的员工一般会去基层支行锻炼 1~2 年。

讨论题：

1. 中国银行人力资源需求预测的方法是什么？还有哪些其他的人力资源需求预测的方法？

2. 案例中，中国银行所采用的招聘方法是内部招聘还是外部招聘？所采用的招聘方法有何优缺点？你认为还可以采取什么招聘方法以作补充？

3. 结合本案例，请为中国银行设计一种情景面试方法。

【实验项目】

卡特尔 16 种人格因素测试（16PF）

1. 项目简介

16PF 是美国伊利诺伊州立大学人格及能力测试研究所的雷蒙德·伯纳德·卡特尔（Raymond Bernard Cattell）教授编制的。最新版的 16PF（第五版）共包括 188 道题目，适用于 16 岁以上的青年或成人。对人员的职业、性别均无限制，作者只需要具备五年级的阅读能力即可，完成时间 35~50 分钟。测试结果可为人事安置、调整和合理利用人力资源提供建议。16PF 在人员的选拔和评定上有广泛的应用。

2. 实验目的

随着科技的迅猛发展和社会的快速改变，人力资源管理系的学生不能仅局限于学习人员测评与甄选的相关理论，实验、实践能力的提升不容忽视。此实验旨在训练学生去理解、检验人员测评与选拔的相关理论，使学生掌握基本的测评、选拔方法，学会基本的测评和选拔设计，具备相当的实践技能和科研能力，并对人力资源管理前沿性的研究课题和方法、技术有所了解和掌握。

3. 主要仪器及设备

计算机、服务器、交换机、投影仪、视频课件、16PF 系统、实验室及相关软件等。

4. 实验方式

（1）此验证性实验学时为一学时，一组分配一人。

（2）进行正式实验前，学生的相关设计报告需得到老师的认可同意，否则不允许参加实验。

（3）在实验过程中，学生需在所要求的时间内单独完成实验，老师在学生遇到问题时，应指导学生解决问题而不是一味地代其完成。

（4）在实验前、实验中、实验后，老师都应对学生负责，开始前进行点名，确保每个同学到场，实验过程中认真做好记录工作，结束后仔细整理各学生的实验情况记录。

5. 正式实验（略）

6. 考核与报告

本课程实验结合"人员测评与选拔"课程教学，统一进行考核，实验课成绩要占到整个"人员测评与选拔"课程成绩的合理比例。学生成绩要求实验动手操作占 50%，实验报告占 50%。

实验成绩分优、良、中、及格、不及格五个等级。

【课堂游戏】

冰 洞 脱 险

管理游戏是一种以游戏的形式让被评价者共同完成一项具体的管理事务或企业经营活动的评价方法。根据每个人在游戏中的角色行为对其进行评估。这种游戏可以解决人力资源管理方面的问题，可以有效评价被评价者的性格和能力。管理游戏能突破实际工作情景的时间和空间限制，将许多重要的工作集中到一起进行能力查考和素质测评，使更加全面地测评被评价者的实际能力变得简单易行，而且充满趣味性和挑战性，真实感强，能够引起被测评者的浓厚兴趣，有助于其充分发挥才能，使测评的结果更加真实有效。

1. 游戏宗旨

领略团队协调处理困难的道理。

2. 游戏步骤

（1）观看《垂直极限》里落入冰洞的视频片段。

（2）教师描述事件情景（如下）：

正如录像演示的场景，我们的团队被困在一个冰洞里，冰洞位于珠峰北坳。正处夏季的下午时分，洞内温度-35℃。洞口被雪封住，四处是陡壁峭崖，远处透露寒寒窄窄的光。其中有两名成员身负重伤，无法走动。面对如此情景，毫发无损的成员能够生存36小时，而援救人员出现则要35~40小时。

有5个登山包随队员坠入洞中，包中有以下物品：1个指南针、5个睡袋、1个打火机、200米长的尼龙登山绳、4只蓄电池灯、2把冰镐、半瓶朗姆酒、带镜子的安全剃须刀、1部远程对讲机（已部分损坏，只能发出频率信号）、10支营养注射液（每支营养注射液可使生存时间延长2小时）、2只小型氧气瓶、1瓶染色剂、1台液化气炉、1个闹钟、1本《北方星际》指南，共计15种。

（3）让学生个人设计逃生方案，从对逃生重要度出发，对以上15种物品排序（见评分卡）。

（4）团队商量最佳离开方案，整理成员对15种救生物资的排序观点。

评分卡

救生物资	1 个人评分	2 小组评分	3 专家评分	4 1和3评分差	5 2和3评分差
1个指南针					
5个睡袋					
1个打火机					
200米长的尼龙登山绳					
4只蓄电池灯					
2把冰镐					
半瓶朗姆酒					
带镜子的安全剃须刀					
1部远程对讲机					
10支营养注射液					
2只小型氧气瓶					
1瓶染色剂					
1台液化气炉					
1个闹钟					
1本《北方星际》指南					
总和					

（5）游戏讨论。个人决策的劣势；团队决策的优势；在团队决策时应遵循的原则。

3. 游戏准备

师生应仔细观看《垂直极限》，拟订游戏计划。

【拓展训练】

盲 人 方 阵

拓展训练是一种新的人员测评方法，对推动传统的人员测评与选拔方法改革具有重要意义。拓展训练一词来自英语outward-bound，原指船儿驶离平静的河流，义无反顾地投向未知的旅程，迎接挑战。拓展训练主要是以大自然的各种比较险峻的环境，如高山、大海等为素材，在此基础上策划相关活动，挑战者在完成这些活动时，能够锻炼自己的意志力，培养自己的情操，升华自己的品德，还能加强团队凝聚力。

参训组织在完成训练时，能够促进整体信息的交流和沟通，从而培养协调配合的团队意识，每个成员在自己的工作中各尽职守、互帮互助，建立良好的人际关系，组织中积极进取的氛围得到升华，在外界的众多障碍和挑战面前，成员表现出更强的团队归属感，从而使组织能够做到从容不迫、井井有条。

参训个体在完成训练后，能够改善自己的心态，遇到意想不到的困难和阻力时，变得更为积极向上，在挑战面前善于发现内在潜力，提高自信，提升创造力，从而更有效地处理所面对的挑战与困难。通过训练，还能树立环保意识，学会观察周边事物，增强团队意识和责任心，学会与人相处，促进相互协作。

1. 项目介绍

用指导员发派的绳索圈成一个面积最大的正方形。此游戏看似容易，一旦全部的挑战者眼睛都被遮住时，他们就会意识到此游戏的难度。在游戏的进行中，所有人都会意识到团队的领导能力、交流沟通、相互协作的重要性。

2. 项目目的

（1）明白团队有效沟通的重要性。

（2）学会相互协作、学会倾听，处事更加平稳。

（3）注重沟通技巧，学会运用多种沟通方式。

3. 项目准备

提前和拓展训练公司预约，制订完备的拓展训练方案，准备好饮用水、食物、常备药物、照相机、手持喇叭、运动衣等。

第 5 章

人员测评与选拔的人格测试

引例

有一家非常出众的合资公司，招聘一名总经理助理，年薪 30 万元。一名叫小刘的应聘者在众多人中脱颖而出，他的最后一道考验是外方总经理面试。

在长达两个半小时的面试中，小刘向总经理分别阐述了自己在经营方略、内部管理、新品开发等方面的想法。从总经理认真的表情里，不时赞许的点头中，看得出来他对小刘很满意。

"好了"，总经理说，"讲了这么长时间，你一定有些口渴了，我也口渴了，请你去买两瓶矿泉水来。"说着把一张百元大钞递给小刘。小刘拿了钱，去买了两瓶矿泉水，回来递给总经理。把剩下的钱一分不差地交给总经理，并且把钱向总经理交代清楚。他认为这很可能也是考试内容的一部分。

果然，总经理拿起其中一瓶矿泉水说："今天的面试你给我留下了很好的印象。这是我们测试的最后一道题目了，如果这道题你能给我一个满意的回答，你将被我们录用。下面请听题：假如有人在这两瓶水中的其中一瓶中掺了毒药，当然目标是针对我的，但我现在要求你为我先尝一尝。"

小刘说："我知道您出这个问题是测试我对公司和你的忠诚度。我当然很想被贵公司录用，也许我选择尝我就能得到总经理助理这个位子，但我不能尝，因为我认为这是对我人格的污辱。"

总经理怒道："这次来应聘这个职位的人有几千人，我别说让他们喝这没毒的矿泉水，就是真的让他们吃屎，他们也吃！"小刘正色道："对不起，我认为作为总经理您刚刚的所作所为与您的身份地位很不相称，我认为我到了该离开的时候了。"说着要起身离去。总经理的态度突然变得和蔼可亲了，和颜悦色地说道："请原谅我，小刘，刚才只是测试，我很欣赏你的反应和品格。今天的测试你通过了。祝贺你被我们公司录用了。"

小刘说："我知道您对我的测试通过了，但招聘是双向选择，不好意思，你没有通过我的测试，你不是我想象中的老板。再见！"说完拂袖而去。

思考：总经理考查最后一道题的用意何在？小刘最后为什么要拒绝录用？

5.1 人员测评与选拔的人格理论

人格是个体所拥有的可测量的人格特质，它贯穿于人的整个心理和行为过程，是个体特有的、与他人相区别的、稳定的思维方式和行为风格，真实反映了个体的独特性。迄今为止，心理学家试图从不同的角度去分析和解释人格，并且提出了多种人格理论，各理论的侧重点存在差异性。其中，这些人格理论可以概括为人格特质理论（thoery of personality trait）、类型理论、精神分析人格理论和18型人格理论。

5.1.1 人格特质理论

人格特质理论起源于20世纪40年代的美国，包括奥尔波特的特质理论、卡特尔的人格特质理论和现代特质理论，主要代表人物有心理学家高尔顿·乌伊拉德·奥尔波特（Gordon W. Allport）、雷蒙德·卡特尔和汉斯 J. 艾森克。特质理论认为，各种各样不同的特质共同构成了人格，特质是决定个体行为并使其区别于他人的基本特性，它不仅仅是人格的有效组成要素，同时也是测评人格的基本单位。

1. 奥尔波特的特质理论

高尔顿·乌伊拉德·奥尔波特首次提出了人格特质理论，他认为个体会同时具备共同特质和个人特质。其中，共同特质是在某一社会文化形态的影响下，形成的一种在大多数人或一个群体中的成员都共同具有的特质；个人特质是指区别于共有特质的个体本身所独有的特质。其中，个人特质依据其在生活中的作用不同，可以分为三种：首要特质（cardinal trait）、中心特质（central trait）和次要特质（secondary trait）。首要特质是个体最典型的、最具概括性的特质，主导着个体的整个人格，渗透于个体的一切活动中；中心特质是人格的重要组成部分，个体的独特性需要通过中心特质表现出来，每个人的中心特质有5~7个，如勤奋、乐观、诚实等；次要特质是个体的一些不太重要的特质，但同样是个人特质的一部分，这些特质不是一贯或经常表现出来的，而是在某些特定的情境下才会表现出来。

2. 卡特尔的人格特质理论

卡特尔早期在伦敦大学国王学院主修物理和化学，他受化学中元素周期表的影响，用因素分析的方法对人格特质进行了分析。他认为个性的各种特质彼此并不是松散的，而是作为一个整体的技能相互联系的，并据此提出了一个理论模型。该模型根据特质的阶层表示个性，构造出了一个四层结构。第一层包括个别特质和共同特质两种。第二层包括表面特质和根源特质。表面特质表示的是可以直接观察到的特质，通过主体的外部行为展现出来；而根源特质则是表面特质的基础，它制约着表面特质，是人格的内在因素。第一层与第二层的特质是交互相联的，无论是个别特质还是共同特质都具有外在和内在的不同表现形式。第三层包含体质特征和环境特质，由于根源特质被认为是因子，故它具有复杂的下位构造。而从根源特质中，区分出了体质特征和环境特质。第四层分为动力特质、能力特质及气质特质，而这三种特质所构成的第四层和第三层又是密不可分、有着某种联系的。第四层中的各种特质还可以继续细分。动力特质中分出内能和外能两种，能力特质中分出知觉和运动两种。各层之间用连线表示它们的关系，如图5-1所示。

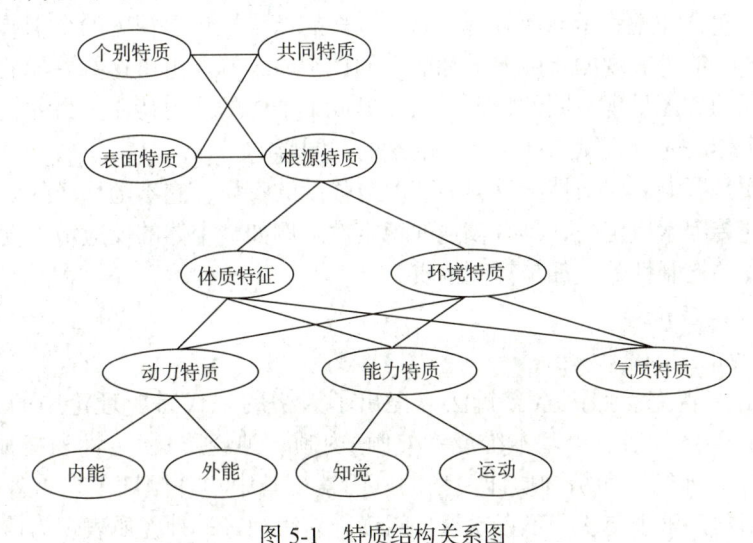

图 5-1 特质结构关系图

1）个别特质和共同特质

个别特质定义为个体本身所具有的区别于他人的特质；共同特质则是指某一地区或某一集团内全体成员所共有的特质。这与奥尔波特的特质理论观点是相同的。由于个体本身存在差异性，共同特质的表现强度具体到各个成员身上是不同的；即使表现对象是同一个人，在不同的场景或不同时间，其强度的表现也是不尽相同的。

2）表面特质和根源特质

表面特质定义为个体经常表现出来的、从外部行动可以直接观察的行为特征。根源特质可以通过对众多表面特征的分析得到，总结其根源特征就可以得到根源特质，即潜在因子。卡特尔特质理论研究的主要目的就是发现潜在因子。根源特质是构成个性的基本特质，它存在于个体的内部，并影响着人的一切特质或行为。根源特质的深刻程度对行为效应有着不同的影响。具体来讲，根源特质越深刻，行为效应越明显。

3）体质特征和环境特质

体质特征是由个体自身的内部因素所形成的，是由不同个体的不同先天生理因素决定的，如16PF中的兴奋性、情绪稳定性等。相反，受后天环境的影响所形成的特质叫环境特质，即环境特质是一种后天习得的特质，如16PF中的忧虑性等特质。

4）动力特质、能力特质和气质特征

一般而言，在个性结构中，推动个体朝着某一目标前进的行动动力叫动力特质，包括生理驱力、态度和情操等。动力特质可分为内能和外能，其中外能是由内能派生的态度、情操等方面的特征，即外能是自我形成的。内能可以纳入体质特征的范畴，是与生俱来的，表现为动因、欲望等。它包括四个阶段，分别是知觉的选择性、激发情绪性反应、利用一定手段趋向目标的反应、达到目的。外能则是在社会各方面因素的交互影响中产生的，它属于在经验中形成的根源特质，具有多样性和不稳定性，在不同的时间和不同的情境中的表现变化较大。内能和外能共同构成了个体人格中的动力特质，两者一般是通过相互影响共同发挥作用，而不是针对某一方面单独影响活动。

能力特质包含知觉和运动两方面。这两方面的差异性包含智力的个别差异、特殊能力的个别差异、能力表现的年龄差异和能力的性别差异等。由于这些差异的存在，个体的能力从不同的方面呈现不同的特征，从而形成了个体的能力特质。另外，能力特质的形成会受到个体的先天禀赋与社会文化因素的共同影响。

气质特质是影响一个人情绪反应的速度与强度的特质，它不随环境的变化而变化，因为它是由遗传因素决定的，具有较强的稳定性。例如，个体的反应敏捷度、力量的强度以及对情绪的控制性等，都是气质特质。

3. 现代特质理论

1）艾森克的三因素模型

英国学者艾森克参照因素分析法，提出了人格的现代特质理论中的"三因素模型"。他认为人格包括三个基本维度：外倾-内倾、神经质-稳定性和精神质-超我机能，而外倾性、神经质和精神质即模型的三因素。其中，外倾性表现为善社交、喜聚会，有许多朋友，乐于交谈，不喜欢独自阅读，易激动等；神经质表现为情绪的不稳定性，其与情绪稳定形成对比；精神质则表现为孤独、怪异等趋于负面的人格特征。正是这三种因素在不同环境下的不同的表现程度，才形成了各不相同的人格特质。

2）大五人格理论

塔佩斯（Tupes）等对卡特尔的特质变量运用词汇学的方法进行深入分析后，发现了五个相对稳定的因素。此后众多学者对"五种特质"模型不断进行验证和探索，最终形成了心理学界著名的"大五人格理论"，包括外倾性（extravision）、宜人性（agreeableness）、尽责性（conscientiousness）、情绪不稳定性（neuroticism）、经验开放性（open to experience）这五个因素。其中，外倾性表现为热情、活跃、乐观、果断等特质；宜人性反映了信任、谦虚、利他等特质；尽责性显示了尽职、公正、自律等特质；情绪不稳定性包括焦虑、压抑、脆弱等特质；经验开放性体现出审美、情感丰富、创造等特质。

3）七因素模型

特里根等利用词汇学的方法，根据不同的选词原则，得到了七个不同的因素：正情绪性、负情绪性、正效价、负效价、可靠性、宜人性、因袭性，这七个因素构成了七因素模型。

5.1.2 类型理论

在 20 世纪三四十年代的德国，类型理论作为一种人格理论应运而生。人格类型理论的原理是，以人最突出的人格特点将人进行分类并加以描述，用来表现一类人与另一类人的心理差异，即人格类型上的差异。人格类型理论主要有以下三种：单一类型理论、对立类型理论、气质类型理论。

1. 单一类型理论

单一类型理论的主要观点是，人格类型是依据某一类人是否具有某种特定的人格来确定的。最典型的单一类型理论以美国心理学家弗兰克·法利提出的 T 型人格理论为代表。这种 T 型人格是指一种爱冒险、好刺激的人格特质。根据冒险行为的方向性，可将 T 型人格细分为 T+和 T−。T+型人格特质表示冒险行为趋于积极方向，如探险等；T−型人格特质表示冒险行为趋于消极方向，如酗酒等。

2. 对立类型理论

1）A-B 型人格理论

人们在研究人格和工作压力的关系时，常常会使用 A-B 型人格类型，它由福利曼和罗斯曼共同提出。其中，A 型人格成就欲高、进取心强，但其性情急躁，缺乏耐性，社会适应性强，是一种安定性较弱的人格；B 型人格性情温和，对工作和生活容易具有满足感，在需要耐心和谨慎思考的工作岗位中会表现得更加出色。

2）内-外向人格理论

瑞士心理学家卡尔·古斯塔夫·荣格根据人与人之间心理倾向的差异性，将人格类型分为内向型和外向型两种类型。该理论指出，内向的人将其心理能量指向主体自身，这类人善于自我剖析，做事谨慎，但是其交往范围狭窄，适应性较差；而外向的人则将其心理能量指向外部客体，以客观标准为依据评价事物，注重与外部世界的联系，情感外露，善于交往。同时，荣格认为人的心理活动有四种基本心理机能，分别为思维、感情、感觉和直觉，再结合两种心理倾向可以发展为 8 种人格类型：外向思维型、外向感情型、外向感觉型、外向直觉型、内向思维型、内向感情型、内向感觉型和内向直觉型。

3. 气质类型理论

气质是个体在其动力方面的心理活动和行为的稳定特征。古希腊医生波克拉特提出，人的性格特点受自身体内的血液、黏液、黑胆汁和黄胆汁四种体液比例的影响。当这四种体液的分布比例分别占优势时，就形成了人的四种气质类型：多血质、黏液质、胆汁质和抑郁质（表 5-1）。

表 5-1 气质类型的特征及其构成

气质类型	特征	
多血质	属于外倾；反应较快，工作积极性和主动性较高；态度直率，热情大方；善于交往，适应性强	脾气暴躁易怒，缺乏耐心；稳定性差，见异思迁，可塑性较差
黏液质	情绪平稳，自制力强，遇事不慌；注意力较集中且持久；善于忍耐，能有条不紊地持久工作；一般内倾	反应性低，缺乏灵活性；行为主动性较差，缺乏生气，行动迟缓
胆汁质	行动反应性很高；善于交往，适应性强；积极主动，精力充沛，热情直率；思维活跃，言语表达具有感染力；一般属于外倾	热情来得快去得也快；遇事欠思量，鲁莽冒失；易感情用事，刚愎自用
抑郁质	情感细腻持久，善于观察细节；思维敏锐，富于想象；踏实稳重，自制力强；一般属于内倾	多愁善感，情绪变化较快但表现微弱而持久；优柔寡断，行动缓慢，主动性差；不善交际，适应性差

5.1.3 精神分析人格理论

精神分析人格理论以弗洛伊德的理论为主要代表，他提出了在心理学界著名的人格动力理论，认为人格的核心是个体内在的心理事件，这些心理事件或是构成了行为意图，或是可以引发个体的外在行为。个体的行为动机来源于其心理能量，而这些能量是其天生的驱动力和本能。正因如此，个体的行为动机通常是无意识的。同时，弗洛伊德将人格分为本我、自我和超我。这三种人格分属于无意识部分和意识部分，本我属于无意识部分，而自我和超我属于意识部分。这三部分相互影响，并在不同的时间通过不同的方式对个体行为发挥不同的支配作用。本我是人格结构中最基本、最原始的部分，是受人的先天本能和欲望支配的，如吃、喝、住、行等基本需求。本我的核心就是本能需求的满足，其活动遵循快乐的原则；自我部分则遵循现实原则，主要考虑现实性的人格部分，在本我和超我之间起到缓冲与调节的作用，以更好地协调两部分的需要；超我属于追求社会价值实现的人格部分，是个体在生活中受社会规则及道德规范影响形成的，它遵循理想原则，力求达到至善至美的程度。

弗洛伊德认为，本我、自我和超我这三部分相互调节、和谐运作，有利于个体形成正常的积极性人格；相反，如果三者失去平衡且相互冲突，就会导致个体产生各类消极反应，甚至演变为不正常的人格。

5.1.4 18 型人格理论

18 型人格又称为人性人格学，它是中国学者尧谷子的最新人格理论。尧谷子认为人性是人的性质，性格意味着人性发展的程度，人格是人性发展的定格。因此，他以人性为根本出发点，将人性分为十大层次，并在对九型人格理论、奥尔波特的特质理论、卡特尔的人格特质理论、大五人格理论进一步研究的基础上，总结出了 18 种人格类型。该理论内容涵盖了人格的方方面面，从纵向上描绘了人格的静态结构，从横向上表现了人格的动态发展过程，该理论框架是整个人格理论的研究系统化。

5.2 人格测试的定义与原理

5.2.1 人格与人格测试

从人格测试的起源与发展可知，人格测试产生于对鉴别个体差异性的需要，广泛应用于教育、企事业单位的招聘与评价。人格测试是指以了解个体之间的人格差异为目的，根据人格理论，从特定的几个方面对测试者的人格特征所做的测验，即个性的测验。人格测试按其具体的测试对象可以分为态度、兴趣与品德（包括性格）测试。人格测试因为心理学家对人格的不同定义而有不同的测量指标。作为心理测验的早期研究者，卡特尔提出了人格的 16 种根源因素和二级结构；布朗·豪斯利用因素分析法提出了人格的 15 个因素结构：①社会腼腆；②社交能力；③情绪变化的调控；④适应性情绪；⑤冲动性；⑥持续性；⑦疑病倾向；⑧支配性 1（平易近人、谦逊）；⑨支配性 2（指挥、运筹、领导的能力）；⑩一般活动；⑪信任-怀疑；⑫超我；⑬世故；⑭优越性；⑮合作。

根据不同的人格测试理论、人格因素及人格结构，可以从以下方面对人格测试进行分析。

（1）人格测试是对受测样本社会行为的测量。这些行为主要是较为持久的心理和思维上的，而不是短暂的反射性生理行为，是个体外部行为而不是内在心理活动，是一组相互依赖的行为而不是某个单一行为。同时，所测量的行为群组是有代表性的，但在不同的时间、空间与条件下，个体的行为表现是不同的，如果所测评的行为抽样不同，则所得到的结果就会有所不同，因此，在分析测试结果时，不能以偏概全，断章取义。

（2）人格测试与人格理论是紧密联系的，某种人格测试一定有其理论假设，人格理论是人格测试的基础。一种人格测试必定是依据一定的人格理论编制和展开的，否则该测试就缺乏理论基石。例如，基于卡特尔的人格特质理论建立了 16PF，根据艾森克的人格理论推出了 EPQ，MBTI（Myers-Briggs Type Indicator，迈尔斯-布里格斯类型指标）则是建立在荣格的人格类型理论基础之上。因此，对人格测试结果的解释，取决于对其依赖的人格理论的理解和掌握。同时，一个人格测试所得的结果可以用不同的人格理论来解释，从不同的角度、用不同的方法对测试结果进行解释和评价，会提高其效度。

（3）应用人格测试的目的主要是考查人格特点与工作行为的关系，并以此指导实际工作，实现人员的合理配置和有效利用。人格测试主要是分析个体的人格差异性，了解受测者的个性特征、对环境的适应性、对外界刺激的反应以及反应的方向、程度、效果，使人员考查更加全面、科学、客观和规范，从而保证能够选拔出具有较高知识素质、能力素质和心理素质的优秀人才，最大限度地发挥人的积极性和主动性。

5.2.2 人格测试的特征

人格测试被广泛运用于人才选拔或评价，与其他测评方法相比较，具有以下三方面的特征。

（1）在实际使用过程中，人格测试不仅适用于对任职人员工作绩效的考核、评价，同样也能满足人才选拔的需求，具有一定的预测性。

（2）人格测试是一种力求客观化的测量，打破了以往人事测评以"他评"为主的做法。虽然"他评"可以充分反映民意，但在评价过程中，评价者的主观意识占据了较大的比重，降低了评价的客观性和科学性。而人格测试可以脱离对参与评价人员的直接依赖性，主要是利用被评个体和测量工具之间的"刺激-反应"关系，来揭示被评个体的人格特征，有效地避免人为原因所造成的人才选拔上的失误，实现人岗匹配。

（3）将人格测试运用于人才选拔上，不仅可以反映人才的外在行为特征，还可以客观地描述人们不易觉察到的内在特征（诸如情操、工作潜力、心理健康等）。

5.2.3 人格测试的研究模式

根据不同的人格理论，人格测试亦形成了不同的研究模式，各模式的侧重点不同，分别试图从某个角度去揭示人格测试的性质和内涵。其中，具有代表性的是经验模式、行为因素分析模式、行为推理理论模式。

1. 经验模式

基于受测者与测量工具之间产生的"刺激-反应"关系，刺激产生的意义可能并不重要，重要的是它所引起的受测者反应与某些方面人格变量之间的关联性，进而决定了刺激的意义。著名的明尼苏达人格测试就是依据这个模式完成的，该测验总共包括566个问题，预先并没有设定哪些问题引起的反应属于某一类受测个体的反应，而是将所有问题引起的反应进行分析和归纳，从而确定某些反应是某一类受测者的反应，这主要是根据测试经验推测测试结果。

2. 行为因素分析模式

行为因素分析模式是由奥尔波特等首先运用的。他从搜集描述个体特征的形容词开始，再融合心理因素进行分析，最后得出16种人格因素，然后利用这16种因素对个体的人格进行测试和分析。卡特尔人格测试所要测量的就是这16种人格特质。在此需要指出的是，人格测试的实施过程中，测试工具产生的刺激本身不存在明确规则，它只是汇集受测者的行为反应，再对这些行为作统计分析，然后根据反应的结果确定刺激的意义和反应的有效性。

3. 行为推理理论模式

行为推理理论模式对人格测试刺激的选择提出了要求，其需要依据某些常识性的推理，根据某一人格测试理论来进行推理。同时测试的结果也依照这些推理或理论进行解释，几乎所有的投射测试都是按照这个模式编制的。

5.3　人格测试的种类与选择

基于不同的人格测试理论，人格测试的种类呈现多样化，包括自陈量表（self-report inventory）、评定量表、投射技术和情境测验。前两类是以编制严谨、结果明确的量表或问卷形式进行测试，投射测验的形式多为意义较为模糊的图形、墨迹或数字，而情境测验则是通过模拟情境得出结果。

5.3.1　自陈量表

自陈量表也称为人格问卷，是问卷式量表的一种形式。所谓自陈，就是让受试者提供关于自己的人格特征报告。自陈量表将主观式报告进行客观化和标准化，使其易于评分。它是以要测量的人格因素或特质为依据，编制一些相应的测试题目，要求受测者遵照自己的实际情况，逐一回答，然后根据受试者的回答，来衡量其人格特征。自陈量表有单相量表和多相量表两种类型、其所测量的重点是个体的人格特质。

1. 基本形式

自陈量表的题目一般都是对人格特质的具体行为和态度的描述。从特征维度来看，自陈量表中的刺激因素是明确的，测试目的一般是非掩饰的，受试者的回答是封闭式的，属于言语测试，大部分量表都是标准化的，因而测试是客观的和定量的，对结果有可供参照的常规资料。从实际应用上来看，客观性和经济性使其得到了较为广泛的应用。自陈量表的基本形式有两种：一种为是非式；另一种为选择式。

是非式的问题提供了"是"（符合自己的情况）和"否"（不符合自己的情况）两种选项，它要求受试者根据自己的实际情况做出判断。此外，有些问卷还加入了第三种选项，即"不一定"（介于"是"与"否"之间）。如下所示：

（1）你愿意承担具有挑战性的任务。
　　　A. 是　　B. 否
（2）在公开会议上发言会使你感到紧张。
　　　A. 是　　B. 不一定　　C. 否

选择式的问题是每陈述两种（或多种）人格特质，要求受试者选择一项（或几项）。如下所示：

（1）A. 当我的朋友有麻烦时，我愿意帮助他们。
　　　B. 任何我所接下的事，我喜欢尽我最大的能力去做。
（2）我最喜欢的朋友是这样的人：
　　　A. 热情的人　　B. 诚实的人　　C. 能干的人　　D. 幽默的人

自陈量表是一种结构明确且主观的测验形式。一方面，整个量表是基于明确的人格测试理论形成的，受测者所要回答的问题明确具体，所要测定的人格因素或特质也是事先界定的，因此，它是一种结构明确的、有组织的测验形式；另一方面，受测者对每一个问题的反应是主观的，凭受测者自身的感觉进行回答，因此它同时又是一种有一定随意性、主观性的测验形式。

2. 基本类型

自陈量表的基本类型可以分为以下三种。

1）因素分析人格问卷

因素分析人格问卷是以因素分析为基础编制的问卷，其编制特点是利用大量的测试问题对一定数量的代表性受测者进行测试，通过因素分析法筛选测验结果。此问卷把那些相关程度很高的试题放在同一组，设定它们测验的是同一个素质，结果是每一组内各测试题的相关系数较大，而不同组之间的测试题相关系数较小。这类测试的主要代表有EPQ、16PF。

2）内容效度人格问卷

内容效度人格问卷的设计是以某种人格理论为出发点，由此演绎推论出人格特征，并在此基础上编制测验题，最后依据题目内容是否测量了所要测量的人格因素进行组织测试的筛选。爱德华个人偏好问卷即属于这种类型。

3）经验校标人格问卷

经验校标人格问卷是在经验校标基础上编成的问卷，其设计特点是选择几组公认的各有人格特色的受测者，然后利用一系列测试题对其进行测试，最后依据测试结果，区分并挑选能明显表现受测者某一人格特征的测试题，将其组成问卷。这类问卷的代表是MMPI问卷。

3. 局限性

自陈量表的基本假设是，只有受试者自己最了解自己，因为只有受试者可以随时随地观察自己，而任何其他的观察者都不可能对受试者进行完全的了解，而且人格特征的内隐性，有时也使得人格特征从外部难以观察得到。实际上，自陈量表以自我报告的方式让受测者提供自己的人格特征，常常会带有某种主观偏向。特别是在对社会赞许性问题做出反应时，每个受测者都期望得到"好"的评价结果，则可能出现受测者做假的情况，即在作答时，受试者会表现出社会所赞许的一些态度和行为方式，这将严重影响人格测验的有效性。同时，自陈量表作为一种主观的测验，受测者全凭其主观感觉和对问题的理解程度进行反应，且受测者的人格特征极易受所处情境的影响，因此其随意性较大且稳定性较差。

5.3.2 评定量表

评定是指通过观察给人的某种行为或特质确定一个分数或等级的方法。评定量表以标准化程序来表达评定结果，它包括一组描述个体特征或特质的词或句子，让评定者根据被评定者的实际情况对其某种行为或特质做出评定。它与自陈量表的主要区别是，评定量表的评价是由他人做出的，而自陈量表是受测者对测验题目做出反应。

评定量表是通过其他人去评价受测者，可以有效地避免受测者在自陈量表中做假的可能性。但其仍存在一定的主观随意性，由于评价者受其主观意识的影响，可能对受测者产生一种固化感觉，而这种感觉会渗透到整个评价过程中，同样影响人格测试的信度和效度。

5.3.3 投射技术

1. 基本内涵及特点

投射技术就是指运用某些非结构化的、模糊的、不确定的材料（如图片、句子、故事、哑剧等），让受测者在不受限制的条件下自由地做出反应，将自己的态度、动机、价值观和情绪等人格特征反映在这些事物上，通过分析反应的结果来评定其人格特点及倾向。

投射技术起源于临床心理学和精神病治疗法，是诱出受测者内心思想情感的一个重要手段。现在，投射技术也被广泛应用，只要有不适合直接提问或不宜暴露真正的研究目的时，便会采用投射技术。

投射技术具有以下四个特点。

（1）测试内容的非结构性与开放性。在投射技术中，所采用的测评材料是模糊不清、模棱两可的，这不同于一般人格测试中的含义非常明确的试题。受测者对这些意义不明确甚至不完整的材料进行反应时，必须渗入个人大量的猜测、想象和假设，所受限制较少，有利于引发受测者的内情。

（2）受测者反应的自由性。一般的测试技术都是利用客观化和标准化的试题进行评价，都在不同程度上限制了受测者的反应。而在投射技术中，一般对受测者的反应不作任何限制，受测者具有相当大的自由度。

（3）测评目的的隐蔽性。在投射技术中，受测者就是对图形、故事或句子等材料做出本能反应，并不能了解测评的真正目的是什么。同时，受测者的直接反应行为将其内心一些隐蔽的东西都表现出来，进而实现了测评目的。

（4）测评结果解释的整体性。投射技术是对一个人整体人格状况的总体评价，而不是对各特质的分析，这也是投射技术区别其他测评方法的特点。

2. 理论依据

投射技术的形成主要基于两方面的理论：一是精神分析理论；二是认知理论。

精神分析理论认为，个体人格的最本质特征是在无意识或潜意识的条件下表现出来的，是意识无法观察到的。换言之，个体的态度和行为的核心动力——欲望、需求、动机往往处于压抑状态，是通过人的外在行为无法体现出来的。只有当个体处于一种自由、轻松的状态时，隐藏在潜意识中的欲望、需求和动机才可能泄露出来。投射技术正是以此理论为基础，将一些模糊、不确定的材料提供给受测者，并且不设定任何限制条件，使受测者不自觉地将其内在深层的人格特征投射到对测试材料的反应中。

认知理论认为，人对事物的认知会受到个体情绪和经验的影响。在运用投射技术时，受测者对所提供的测试材料做出反应时，不可避免地会受到其情绪和以往经验的影响，则其对反应结果会呈现不同的形式。根据认知理论的观点，对这些结果进行分析可以在一定程度上推出受试者对某一事物的感情及其兴趣、价值观等较为深层的内在人格特质。

3. 基本类型

依据刺激的内容与形式，可将投射技术划分为图形投射（以墨迹投射为代表）、语言投射和动作投射三种；按投射的具体方式来分类，可分为联想投射、构造投射、完成投射、选择排列投射和表演投射。

下面选择其中几种加以介绍。

（1）联想投射。这种投射通常要求受测者在接受刺激后，不经过任何考虑，描述他最直接的首次联想。例如，在模仿游戏中预先设定一个主题（如模仿一件家具），要求参与者在指定时间内将主题表现出来，则通过参与者所呈现的东西可以判断其态度、兴趣等。

（2）构造投射。构造投射就是提供一个较为模糊的主题，要求受测者根据它编造或创造一些东西，如故事、诗歌、论文、图画等，从中获取人格测试的信息。例如，只提供几个简单的关键词，要求受测者根据自己的理解或想象将其串联在一起，并使其能具有某种意义，受测者的构造内容实际上就是个人意识与潜意识的反映，因为受测者会在不自觉的情况下将自己的想法、动机通过画图表现出来。

（3）完成投射。完成投射一般就是要求受测者完成试题中的残缺部分，如将大部分尚未完成的一幅画呈现给受测者，要求受测者根据自己的感觉或想法完成这幅画，从所补充的图画中即可获得有关个体人格特质的信息。

（4）选择排列投射。在这种投射中，一般要求受测者对一系列刺激材料进行挑选、排列。例如，设定一些与受测者的生活紧密相关的选项（包括爱情、亲情、友情、金钱、生命等），让受测者根据自身对这些选项的重视程度进行排序，从最后结果中可以分析出受测者的态度、价值观等信息。

（5）表演投射。在这种投射中，一般让受测者自由地扮演某种角色，再根据其表现进行人格特征判断。例如，在企业的面试过程中，将几个人分为一组，让组员自主确定其组内角色，然后根据主题进行讨论或表演，这种方式很容易将受测者的内情表露出来。

除了以上投射形式外，还有他人动机态度描述投射，要求受测者描述他人动机或态度，在此过程中理解其自身的动机或态度。其根据是个体对他人动机或态度的描述，往往会加入自己的主观意识，进而间接将自身的动机或态度显露出来。

4. 局限性

虽然投射技术在人格测试过程中很有价值，但是需要训练有素的专业人员才能完成这种技术的实施与解释，而且编制起来也相当不容易。投射技术中的刺激材料本身就是不确定的，这类测验没有客观的打分标准，因此主试者的主观因素很可能会影响受测者的分数。同时，受测者的反应及主试者对结果的解释一般都具有很大的主观随意性，其信度和效度难以检验，因此它在人格测试过程中只能发挥一种辅助作用。

5.3.4 情境测验

1. 基本内涵

情境测验，即主试者设计一种情境，通过观察受测者与周围社会环境间交流所产生的影响，以及个人在环境中的反应，进而判断其人格特征。情境测验并不是真正意义上的测验，而是一种主观的判断，因此它要求对主试者进行一定的训练，主试者必须具备行为观察的能力和经验，并且能够准确界定所评价特征的含义及个别差异特征。

情境人格测验的目的是获得个体在某一情境中的已知反应，并以此为根据去预测他在另一类似情境中也将有类似反应，进而分析并总结出受测者的人格特征。

2. 基本类型

情境测验通常分为以下三类。

（1）社会情境测验。社会情境测验是指主试者设计一种与实际社会生活情境相似的情境，观察受测者在其中的行为、态度，从而分析其人格特征。例如，为受测者设计一个工作场景，让其融入其中，观察受测者的反应并进行分析，以推测受测者在实际工作中的表现（与同事的关系、工作完成程度等）。

（2）压迫情境测验。压迫情境测验，即主试者使受试者处于具有不同压力的情境中，并观察受测者在压力情境中所做出的各种反应，进而判断其人格特征。例如，企业在招聘过程中，对应聘者进行压力面试，主考官通过观察应聘者所做出的回答或行为，对其进行判断、评价。

（3）作业情境测验。作业情境测验，即使受试者处于一种作业情境，表面上是在测验受试者的作业，但实际上是根据受试者的作业情形，来间接判断其某种人格特征。例如，设定一个工作团队，要求这一受测者参与其中完成某一项任务，以最后结果作为考查依据。实质上主试者通过对结果的分析，可以得出受测者对任务的态度及其兴趣，通过其完成方式和完成程度可以推测其人格特征。

3. 局限性

情境测验是一种开放性较强的测试方法，但其运用前提是必须设定某一具体情境，这就对情境设定者提出了较高的专业和素质要求；尚无统一的评价标准，主要取决于主试者对测试的主观理解程度及运用的熟练程度；同时，在某一情境下，受测者对情境的认知程度会对自身的行为及态度产生影响，这进一步弱化了人格测试的客观性。另外，情境测验所得到的结果，很难予以量化，需依赖专家的解释，无形中又提高了其运用难度。

5.4 人格测试的常见方法

人格测试的方法有很多，下文将介绍几种常见的人格测试方法。

5.4.1 EPQ

1. 概述

EPQ 是一种人格测量工具，由英国伦敦大学心理系和精神病研究所教授艾森克及其夫人编制而成。该问卷搜集了大量相关的非认知特征，通过因素分析法得出了三个互相成正交的维度，从而提出决定人格的三个基本因素：内-外倾性（E）、神经质（又称情绪稳定性，N）和精神质（又称倔强性，P），个体在这三方面表现出不同倾向和不同程度，便形成了个体差异化的人格特征。EPQ 是目前医学、司法、教育和心理咨询等领域应用最为广泛的问卷之一。

2. 测量维度

EPQ 主要包含三个测量维度，而整个问卷共由四个分量表构成：E 量表（内-外倾量表）、N 量表（神经质）、P 量表（精神质）、L 量表（效度量表），如表 5-2 所示。

表 5-2 EPQ 的四个分量表

量表维度	高分特征	低分特征
E 量表（内-外倾性）	外向型：活泼开朗、热情大方、积极主动、善于交际、追求刺激和喜欢冒险，但注意力易分散，难持久集中，缺乏持久毅力，兴趣容易变换	内向型：比较安静、稳重、内省、沉默少语、不善交际、情感内敛、不喜欢刺激、反应缓慢、行为迟缓，但注意力和耐力较为持久、兴趣稳定
N 量表（神经质）	焦虑、紧张、易怒、敏感多疑，对各种刺激反应过于强烈，具有攻击性，又可能郁郁寡欢、忧心忡忡	反应缓慢，心境平和，自控能力比较好
P 量表（精神质）	比较孤独、不关心人、不近人情，一些行为比较古怪，不友好，适应性差	善于交际，关心他人、对人友好，环境适应性较强
L 量表（效度量表）	表示回答中有虚假或掩饰；表示老成、圆滑	表示回答中没有或较少掩饰；表示朴实、单纯、幼稚

另外，以 E 维度、N 维度作为 x 轴、y 轴，做一个平面图，可以构成四个象限，形成四种不同的人格特质，这是与气质类型理论相符合的，如图 5-2 所示。

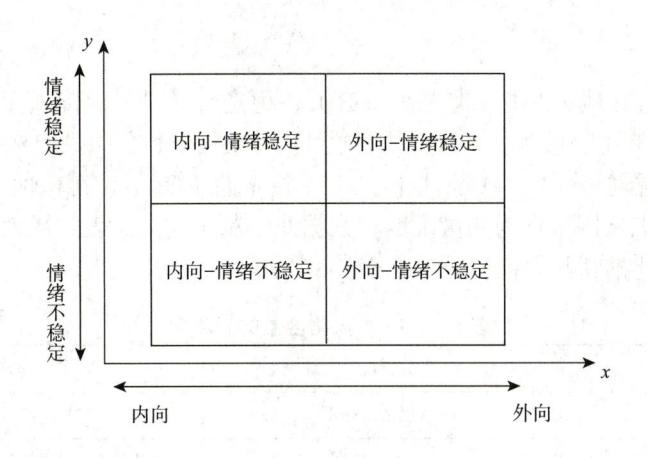

```
            y
            ↑
情  ┌─────────┬─────────┐
绪  │         │         │
稳  │内向-情绪稳定│外向-情绪稳定│
定  │         │         │
    ├─────────┼─────────┤
情  │         │         │
绪  │内向-情绪不稳定│外向-情绪不稳定│
不  │         │         │
稳  │         │         │
定  └─────────┴─────────┘ → x
        内向        外向
```

图 5-2　艾森克 EN 关系图

3. 题目举例

艾克森人格问卷一般都是采用是非式的题目，要求受测者在已给出的"是"和"否"两个选项中，根据自己的实际情况选择其中一个，如下所示。

请根据每道题所给的情况作"是"或"否"的回答。

（1）你是否有较为广泛的业余爱好？　　A. 是　B. 否
（2）当你的朋友或同事有困难时，你愿意帮助他们吗？　　A. 是　B. 否
（3）当别人无意做了违背你原则的事情时，你是否能够原谅？　　A. 是　B. 否
（4）你愿意主动和新来的同事搞好关系吗？　　A. 是　B. 否
（5）晚上睡觉前，你会多次确定门窗是否已关好吗？　　A. 是　B. 否
（6）你曾无缘无故觉得"真是难受"吗？　　A. 是　B. 否
（7）你的心境是否常有起伏？　　A. 是　B. 否
（8）对于一件事，你会表面说不在乎，其实心里很重视吗？　　A. 是　B. 否
（9）你会因为听信关于某人的评价，而对那个人心存芥蒂吗？　　A. 是　B. 否
（10）你是否在做任何事之前都会经过仔细思考？　　A. 是　B. 否

5.4.2　16PF

1. 概述

16PF 是一种典型的因素分析人格问卷，由美国伊利诺伊州立大学人格及能力测验研究所教授卡特尔编制而成。在二三十年的研究中，卡特尔不断地采用系统观察法、科学实验法及因素分析统计法进行分析与探索，最终确定了 16 种人格特质，并据此编制了信息量表。16 种人格因素相互之间的相关度极低，基本上是各自独立的，每一种因素的测量都能清晰地表述受测者某一方面的人格特征，而且能对受测者人格的 16 种不同因素的组合做出综合性的解释，从而全面评价其人格。

16PF 普遍适用于评估 16 岁以上个体的特征，并且适合对各类人员的评估，对受测者的年龄、性别、职业、级别、文化等方面均无限制。

2. 测量维度

16PF 选取乐群性（A）、聪慧性（B）、稳定性（C）、恃强性（E）、兴奋性（F）、有恒性（G）、敢为性（H）、敏感性（I）、怀疑性（L）、幻想性（M）、世故性（N）、忧虑性（O）、实验性（Q1）、独立性（Q2）、自律性（Q3）、紧张性（Q4）这 16 种人格因素作为测量维度，并据此编制了测验量表，用来获取受测者的真实个人反应，以此推断其人格特质，如表5-3所示。

表 5-3　16 种人格因素的解释表

因素名称及符号	高分特征	低分特征
乐群性（A）	外向、热情、乐群	缄默、冷漠、孤独
聪慧性（B）	思维敏捷、富有才识、聪明、善于思考	思想迟钝、学识浅薄、抽象思考能力弱
稳定性（C）	情绪稳定且成熟、能面对现实	易情绪激动、易烦恼、心神不定
恃强性（E）	好强、固执、独立积极	谦逊、通融、顺从、恭顺
兴奋性（F）	轻松兴奋、随遇而安	严肃、审慎、冷静、寡言
有恒性（G）	有恒负责、做事尽职	苟且敷衍、缺乏奉公守法的精神
敢为性（H）	冒险敢为、少有顾忌	畏怯退缩、缺乏自信心
敏感性（I）	敏感、感情用事	理智、着重现实、自持其力
怀疑性（L）	怀疑、刚愎自用、固执己见	依赖、随和、易与人相处
幻想性（M）	幻想的、狂放不羁	现实、合乎常规、力求妥善合理
世故性（N）	精明能干、世故	坦白、直率、天真
忧虑性（O）	忧虑、抑郁、自寻烦恼	安详、沉着、有信心
实验性（Q1）	自由、批评激进、不拘泥于现实	保守、尊重传统观念与行为标准
独立性（Q2）	自立自强、当机立断	依赖、随群附和
自律性（Q3）	知己知彼、自律严谨	矛盾冲突、不顾大体
紧张性（Q4）	紧张困扰、激动挣扎	心平气和、闲散宁静

16PF 不仅能够测试出 16 种独立人格因素自身水平的高低，还依据各类因素在构成受测者某一人格特质中的重要程度，赋予其一定的权重进行组合、计算，将最后的得分与设定的最低分数进行对比，推测出受测者其他人格特征的综合水平，从而得出应用型人格特征因素：心理健康因素、专业有成者的人格因素、创造力强者的人格因素、在新环境中有成长能力的人格因素。例如，一般成功者的人格特质表现为聪明、善于思考（高 B），有恒负责（高 G），情绪稳定（高 C），好强固执（高 E），精明能干、世故（高 N），自立自强、当机立断（高 Q2），知己知彼、自律严谨（高 Q3）。

推算公式：成功者人格特质综合得分$=B\times 2+G\times 2+C\times 2+E+N+Q2+Q3\times 2$。

当得分在 67 分以上时，成功可能性就非常大。

同时，在 16 个人格因素的基础上，卡特尔进行了二元人格因素分析，得到了 4 种二元公共因素，如表 5-4 所示。并给出了多元回归方程的计算公式，具体如下：

表 5-4 二元人格因素的得分解释表

因素名称	高分特征	低分特征
适应与焦虑性	常感觉不满意,可能使工作受到破坏和影响身体健康	常感到心满意足,能顺利完成所期望的事情,也可能缺乏毅力,有时会知难而退
内向与外向性	外倾,开朗,善于交际,不受拘束	内倾,胆小,自足,在与别人交往中采取克制态度
感情用事与安详机警性	富有事业心、果敢、刚毅、有进取精神、精力充沛、行动迅速,但容易忽视细节,有时会冲动	情感丰富而感到困扰不安,注重细节,性格温和,采取行动前再三思考,顾虑太多
怯懦与果断性	果断、独立、露锋芒、有气魄、愿意主动寻找有利的环境或机会,以充分表现自己的独创能力	怯懦,顺从,个性被动,依赖别人,受人驱使而不能独立,为获取别人欢心而事事迁就

（1）适应与焦虑性 $X1=[(38+2\times L+3\times O+4\times Q4)-(2\times C+2\times H+2\times Q2)]/10$。

（2）内向与外向性 $X2=[(2\times A+3\times E+4\times F+5\times H)-(2\times Q2+11)]/10$。

（3）感情用事与安详机警性 $X3=[(77+2\times C+2\times E+2\times F+2\times N)-(4\times A+6\times I+2\times M)]/10$。

（4）怯懦与果断性 $X4=[(4\times E+3\times M+4\times Q1+4\times Q2)-(3\times A+2\times G)]/10$。

3. 题目举例

16PF 由 187 道题组成,一般用由 10~13 个测验题目组成的分量表来测量每一人格因素,共有 16 个分量表。16 种因素的测验题采取按序轮流排列,即 1~16 题分别对应 16 种人格因素,然后 17~32 再重复对应 16 种人格因素的测量。这样既可以便于计分,也能使受测者的答题兴趣保持下去,从而提高作答结果的有效性。每道题有 3 个备选答案,如下所示:

请从 A、B、C 中选择一个最符合你的实际情况的选项。

（1）你是一个健谈的人吗?
A. 是   B. 不一定   C. 不是

（2）金钱不能带来快乐。
A. 是   B. 介于 A、C 之间   C. 不是

（3）我的思想似乎:
A. 比较先进   B. 一般   C. 比较保守

（4）半夜醒来,你经常惴惴不安而不能安然入睡。
A. 经常如此   B. 有时如此   C. 极少如此

（5）当你看到亲友或邻居争吵时,你总是:
A. 任其自己解决   B. 予以劝解   C. 介于 A、B 之间

5.4.3 MBTI 人格类型量表

1. 概述

MBTI 最初形成于 1962 年,是由美国的布里格斯（Briggs）和迈尔斯（Myers）以

著名心理学家荣格所创立的人格类型理论为基础而编制的。至今，该量表历经多次修订，日趋完善，最终版本于1988年完成。

2. 测量维度

MBTI量表包含了四个维度，其中，每一个维度由对立的两极构成：

● 外向–内向（extrovert-introvert，E-I）：表示个体态度或心理能量的倾向。

外向（E）：个体关注自身如何影响外部世界，如聚会、聊天、讨论。

内向（I）：个体关注外部世界的变化对自身的影响，如独立思考、看书。

● 领悟–直觉（sensing-intuition，S-N）：表示某种与获取信息相关的个体心理功能或知觉过程。

领悟（S）：个体关注由感觉器官获取的具体信息，如关注细节、喜欢描述、喜欢使用和琢磨已知的技能。

直觉（N）：个体关注事物的整体及其发展变化趋势，如重视想象力和创造力；喜欢学习新技能，但容易厌倦。

● 思维–情感（thinking-feeling，T-F）：表示与个体做判断相关联的心理功能或判断过程。

思维（T）：重视事物之间的逻辑关系，喜欢通过客观分析做出评价。

情感（F）：以自己和他人的感受为重，将价值观作为评价标准。

● 判断–感知（judging-perceiving，J-P）：表示个体与外界相处时的态度或倾向。

判断（J）：喜欢做决定和事前计划，愿意进行管控，追求井井有条的生活秩序。

感知（P）：灵活，试图去理解、适应环境，倾向于留有余地，追求宽松自由的生活方式。

对这四个维度进行两两组合，能构成以下16种人格类型，各种人格类型具有其特征：

● ESTP（外向/领悟/思维/感知）

（1）喜欢办事并乐于其中；

（2）倾向于处理技术事务和结交志同道合的朋友；

（3）具有适应性、容忍度和务实性；

（4）不喜欢冗长的概念解释及理论。

● ESFP（外向/领悟/情感/感知）

（1）外向、和善、乐于分享；

（2）喜欢与人合作，共同成功；

（3）擅长与他人交往，适应性强；

（4）追求物质享受。

● ENTP（外向/直觉/思维/感知）

（1）聪明、反应快；

（2）心直口快，善于激励伙伴；

（3）会为了有趣而对问题的正反两面加以争辩；

（4）具备策略思想，但容易忽视细节；

（5）能看清楚别人，善于解决具有挑战性的问题。
- ENFP（外向/直觉/情感/感知）
（1）充满热忱和活力、聪明、富有想象力，期望得到他人的肯定与支持；
（2）能尽快解决难题，并乐于帮助有困难的人；
（3）能力强，愿意为成功付出努力。
- ESTJ（外向/领悟/思维/判断）
（1）务实，具有企业或技术天分；
（2）不喜欢抽象理论，喜欢学习；
（3）喜欢组织和管理活动，办事效率高；
（4）关注细节，决断力强；
（5）喜欢做领导者或企业的主管。
- ESFJ（外向/领悟/情感/判断）
（1）真诚、爱说话、合作性高、受人欢迎；
（2）常做对他人有益的事情；
（3）常常鼓励别人；
（4）喜欢与人合作。
- ENFJ（外向/直觉/情感/判断）
（1）热忱、负责任；
（2）对他人能给予真诚的关怀；
（3）爱交际并受欢迎，富有同情心；
（4）很在意表扬和批评；
（5）喜欢带引他人或团体发挥潜能。
- ENTJ（外向/直觉/思维/判断）
（1）坦诚，具有决策力；
（2）乐于接受新消息和新知识；
（3）容易过度自信，将自己的想法或意见强加于人。
- ISTJ（内向/领悟/思维/判断）
（1）严肃、安静、全力投入、负责任；
（2）务实，做事有条理，可信赖；
（3）注意细节，乐于做事；
（4）工作、居家等均有良好的组织和顺序；
（5）重视传统，忠诚度高。
- ISFJ（内向/领悟/情感/判断）
（1）安静、和善、做事投入且负责任；
（2）做事能吃苦并力求精确；
（3）忠诚、考虑周到、关切他人感受；
（4）追求有序、和谐的工作与家庭环境。

- INTJ（内向/直觉/思维/判断）

（1）有宏大的愿景，并能树立模范；

（2）能策划好工作并完成；

（3）有疑心、爱挑剔，果断独立，对专业水准及绩效要求高。

- ISTP（内向/领悟/思维/感知）

（1）冷静地观察和分析；

（2）有兴趣探索原因；

（3）擅长掌握问题的核心并找出解决方式。

- ISFP（内向/领悟/情感/感知）

（1）羞怯、敏感，和善、亲切，行事谦虚；

（2）喜欢避开争论，不将自己的想法或价值观强加于人；

（3）忠诚度高；

（4）办事稳妥，安于现状；

（5）追求自由的空间及日程安排。

- INFP（内向/直觉/情感/感知）

（1）安静的观察者；

（2）希望外在生活形态与内在价值观相符合；

（3）具有好奇心，善于发现机会；

（4）行事灵活，适应性和承受力强；

（5）不太在意所处境遇。

- INTP（内向/直觉/思维/感知）

（1）安静、自由，适应力强；

（2）追求理论知识与科学事理；

（3）习惯以逻辑思维来解决问题；

（4）热衷于创意事务及特定工作，对聚会与闲聊的兴趣不大；

（5）追求从事自己感兴趣的职业。

- INFJ（内向/直觉/情感/判断）

（1）坚忍、努力、有创意，坚信自己必能成功；

（2）默默地，诚挚地关切他人；

（3）因坚守原则、提出造福大众利益的明确远景而为人所尊敬和追随；

（4）想了解什么能激励别人及对他人有洞察力；

（5）光明正大且坚信其价值观，有组织且果断地履行其愿景。

3. 题目举例

MBTI 人格量表的题目并非是非式的，而是列举各类情境，让受测者从给出的两个选项中选择较符合自身实际情况的那一项。如下所示：

（1）若你参加了一个社交聚会：

  A. 在夜色很深时，一旦我开始投入，也许就是最晚离开的那一个

  B. 在夜晚刚来临时，我就疲倦了并且想回家

（2）在第一次约会中，若你所约的人来迟了，你：
   A. 我会很不高兴
   B. 无所谓，因为我自己也常常迟到

5.4.4 罗夏墨迹测验

罗夏墨迹测验（Rorschach Inkblot Test）是由瑞士精神病学家罗夏（H. Rorschach）于1921年编制的，是投射测验中最具代表性和广泛性的测验方法。该测验借助一些不规则的、形状各异的、浓淡不同的对称墨迹图形来评定受测者的人格特质，如图5-3所示。

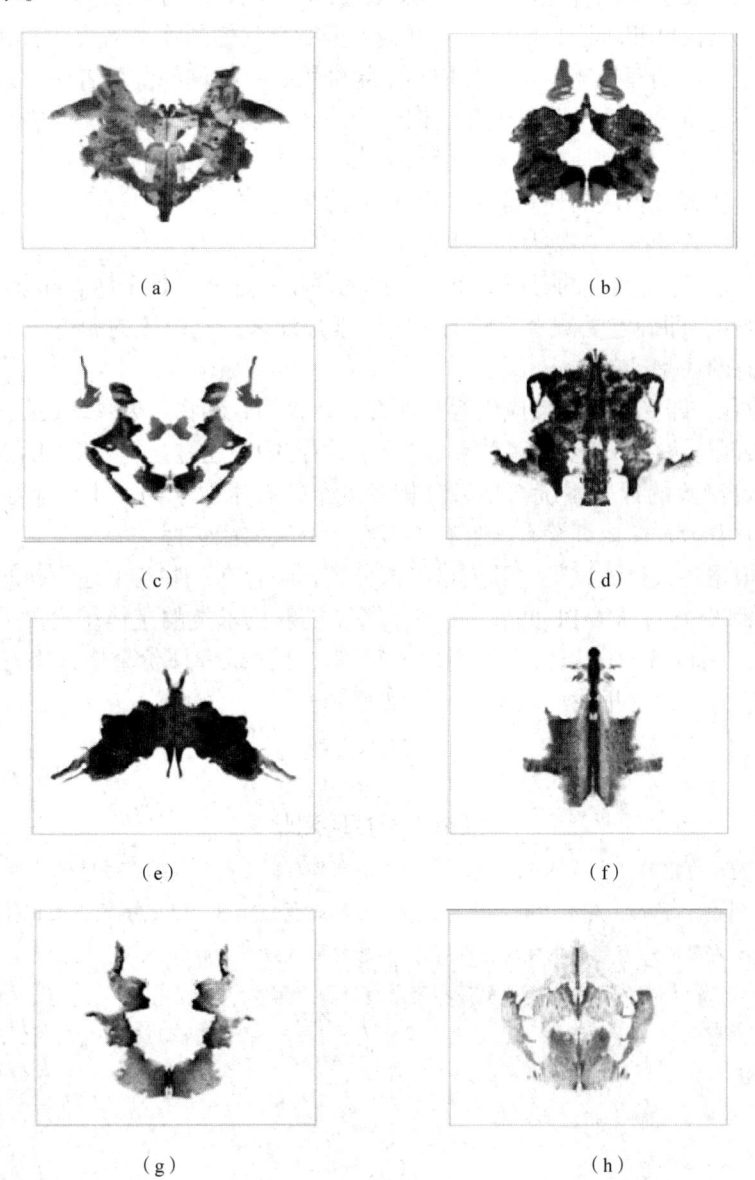

(a)

(b)

(c)

(d)

(e)

(f)

(g)

(h)

(i)　　　　　　　　　　　　(j)

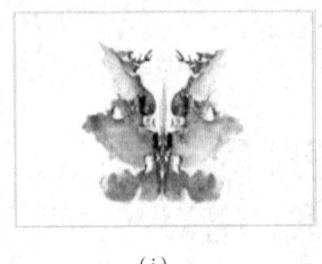

图 5-3　罗夏墨迹图形

　　罗夏墨迹测验共有 10 张图片，其中 5 张是黑白的，3 张是彩色的，2 张除黑白外还有红色。该测验要求主试者经过专业的训练，并对受测者进行单独测评。测验过程分为四个阶段：①自由联想阶段，即要求受测者根据所看到的图片来描述自己的想法；②询问阶段，由主试者询问受测者关于其描述结果的依据，即询问受测者为什么会做出这样的描述；③类比阶段，这一阶段主要是询问受测者是否将某一墨迹图的描述依据运用于对其他图的描述中，这是针对询问阶段尚不明确的问题而采取的补充措施；④极限测验阶段，确定受测者可否从图片中看到某种具体的事物。

　　关于该测验的计分，主要从以下四方面着手：

　　（1）定位，即受测者的反应着重于墨迹图的哪一部分，是全体、部分或是空白。

　　（2）定性，即确定受测者反应的决定因素是什么，是墨迹的颜色还是形状，将图形看成是静态的还是动态的。

　　（3）内容，即受测者的反应内容是什么，是人物、动物、风景，还是物体。

　　（4）独创与从众，即受测者的反应是与众不同的，还是与一般人的反应相同。

　　罗夏墨迹测验的计分系统与结果分析较复杂，技术要求高，主要靠经验，主观性大，较为费时费力，需要训练有素且有丰富经验的人才能掌握。

　　此外，根据各人格测试理论和人格测试分类，还存在一些与上述不同的测试方法，如属于问卷测验类的 MMPI 问卷、CPI，属于投射技术类的主体统觉测验（Thematic Apperception Test，TAT）以及气质类型测验等，在测试和评价个体人格特质方面都有其科学性和有效性，这里我们就不一一详细解释了。

【综合案例】

推销人员招聘测验

　　目前推销人员的招聘方式是逐个面试，这种方法有其可取之处，但也存在弊端。首先，面试花费时间，招聘 50 个推销人员，若有 150 人应聘，那么面试时间就需要几天；其次，面试操作不便，要求主考官具有较高的素质，有经验的主考官可取得较好的面试效果，但没有经验的主考官，其面试效果就无保证。可考虑从人格测试的角度来提高招聘质量，其步骤如下：

　　（1）分析推销人员的素质要求。这里假设推销人员具有 5 种主要素质，包括热情、活泼、开拓性、外交能力和表达能力。

　　（2）针对每种素质制定相应的测验。

　　（3）试测并建立校标。

参照量表,其步骤如下:

第一,选择一个样本组(如 100 人),由主管和专家按照统一标准对样本组的每个推销员的成功程度,逐个打分(1~5 分)。

第二,对样本组进行试测,并求出 5 人格分量表等值分数总和。

第三,规定 1~2 分为失败,3~5 分为成功。然后以试测总分为依据,统计各测验分数段中成功与失败的人次。

第四,用总人数除以每个测验分数段中的成功人次与失败人次,形成一个频数表。

(4)对应聘者实施测验。

(5)进行决策。以应聘者测验得分所属的分数段为依据,并查看其成功与失败的频率,当其成功的频率在 60%以上时,便可以考虑录用,如表 5-5 所示。

表 5-5　"成功"与"失败"频率分布表

测验分数/分	不成功(1~2)	成功(3~5)	总人数
73~74	0(0)	15(100)	15
71~72	1(7)	14(93)	15
69~70	5(28)	13(72)	18
67~68	9(45)	11(55)	20
…	…	…	…
0~2	9(100)	0(0)	9

如果某个应聘者的测验分数为 67 分,因为 67 分属于 67~68 分分数段,成功率只有 55%,失败率为 45%,基本是胜败参半,因此不要急于录用。因此,应该把录取分数定在 69 分以上,这样成功的概率在 72%左右。

【实验项目】

实验形式:话题讨论。

实验目的:根据各实验对象针对同一话题发表的观点及建议,判断其兴趣、态度和价值观等人格特质。

实验过程:由主试者首先提出一个话题,如"你如何看待团队合作",然后由实验对象就此话题展开讨论,尽量鼓励其积极发表较为真实的想法和意见。再要求实验对象相互之间一个接一个地评价自己前面那个人的观点,并尝试据此推测他的人格特征,最后由主试者进行总结分析。

【课堂游戏】

游戏名称:堆积木。

目标:让学生了解人格特质的差异性会影响其行为。

参加人数:每组 3 人。

学员练习时间:15 分钟。

工具:矩形的塑料积木,不同的颜色,有的倒角是圆的,个别的积木为其他形状。每个小组两袋同样的积木。

说明：

（1）让学生3个人组成一组；

（2）让其中两位学生背对背坐（A和B），另一人（C）做观察者；

（3）请学员A用塑料积木做一件东西；

（4）等A完成作品，给B同样的材料；

（5）请A描述自己的作品，而B则根据A的描述做同样的东西；

（6）A和B可能交谈但不能相互看；

（7）观察者不能说话；

（8）15分钟后，可以请3人互换角色再进行练习。

讨论：为什么每次练习的结果都存在差异性？（可以是如下的原因）

（1）描述者与倾听者对东西的理解程度不同；

（2）练习者之间的价值观不同；

（3）练习者将个人经验和主观想法加入游戏中；

（4）受环境的影响。

【拓展训练】

拓展名称：数字传递。

游戏目的：在同一或相似的外部环境及条件下，由于个体的性格、认知等内在人格因素存在差异性，其对同一事物的反应也是不同的。

游戏步骤：

（1）将学员分成若干组，每组5~8名学员，并为每组选派一名组员担任监督员。

（2）所有组员纵列排好，队列的最后一人到培训师处，并由培训师向全体参赛学员和监督员宣布游戏规则。

游戏规则：

（1）各队代表到主席台，培训师："我将会给你们展示一个数字，你们必须通过肢体语言把这个数字传递给你们全部的队员，最后，让小组的第一个队员将这个数字写到讲台前的白纸上（写上组名），看哪个队伍用时最少，并且答案正确。"

（2）整个过程不允许说话，每个队员只能够通过使用肢体语言向前一个队员进行表达，队员之间只能通过这样的方式层层传递信息，直到第一个队员将这个数字写在白纸上。

（3）比赛进行3局（数字分别是0、900、0.01），每局之间休息1分15秒。规定第一局胜利可积5分，第二局胜利可积8分，第三局胜利可积10分。

小组讨论：

1. 每组最后一个展示队员与第一个队员的肢体动作是否一致？

2. 为什么会出现不一致的现象？

第6章

人员测评与选拔的面试方法

引例

宝洁公司招聘面试案例

宝洁公司的面试共两轮。第一轮为初试，采用一对一面试的方法，由一位面试经理单独面试一个求职者，面试用中文进行。面试人通常是公司部门高级经理且是一线用人部门的经理，要求具有一定的面试经验并受过专门面试技能的培训，面试时间持续30~45分钟。

通过第一轮面试的学生将可以进入第二轮面试，这也是最后一轮面试。宝洁公司将会邀请应聘者到广州宝洁中国公司总部参加第二轮面试。并且，为了表示宝洁对应聘者的诚意，除报销其出行费用外，面试全过程会在广州最好的酒店或宝洁中国总部进行。第二轮面试采用集体面试法，面试官至少是3人，大约需要60分钟。第二轮面试是由各部门高层经理来面试和审核，这样做是为确保招聘到的人才是用人单位（部门）真正需要的。如果面试官是外方经理，宝洁还会提供翻译。

1. 宝洁公司面试过程中的四大流程

第一，自我介绍，熟悉彼此，并创造轻松交流的氛围，为面试的实质阶段进行铺垫。

第二，交流信息。按照规定，面试官会提出8个既定的问题，要求每一位应试者能够对提出的问题做出一个实例的分析，而这个实例必须是应试者亲自经历过的。这8个题由宝洁公司的高级人力资源专家设计，无论应试者是如实回答还是编造回答，都能反映其某一方面的能力。宝洁希望应聘者能对问题进行详细的回答，这种高度的细节要求让个别应聘者感到不能掌控，若没有丰富实践经验，应聘者很难很好地回答这些问题。

这一部分是面试中的核心部分。

第三，问题讨论完或合适的时间一到，可将面试引向结尾。这时面试官会给应聘者向宝洁提问的时间，应聘者可向主考人员提出几个自己关心的问题。

第四，对应聘者进行面试评价。面试结束后，立即整理面试的记录，根据求职者回答问题的情况及总体印象做出对应聘者的评定。

2. 宝洁公司面试评价体系

宝洁公司主要是以经历背景面谈法作为在中国高校招聘的面试评价测试方法，即根据一些问题和既定考查方面来收集应聘者所提供的信息和经历，从而来考核该应聘者的综合能力和素质。

面试过程中，面试官应根据应聘者对问题的回答，当场在各自的"面试评估表"上打分，打分分为3等：1~2分（能力不足的应聘者；缺乏技巧、能力及知识；不符合职位要求）；3~5分（普通至超越一般水平的应聘者；具有良好的技巧、能力及知识水平；符合职位要求）；6~8分（杰出应聘者；拥有出众的技巧、能力及知识水平；超乎职位要求）。具体项目评分包括说服力/毅力评分、组织/计划能力评分、群体合作能力评分等项目评分。在评估表的最后1页有1项"是否推荐"栏，该栏有3个选项：拒绝、待选、接纳。在宝洁公司的招聘体制下，聘用一个人，必须经过所有面试经理一致通过方可，即最后的评估多采取1票否决制。任何一位面试官若是选择了"拒绝"，该应聘者将会被淘汰。

3. 宝洁公司经典面试问题

（1）请阐述你是如何设定一个目标然后完成它，要求以一个具体的例子来说明。

（2）在一项团队活动中，你如何采取主动性，并且领导和带动团队成员最终取得你所希望的结果，请举例说明。

（3）请你描述一种情形，在这种情形中你必须去寻找相关的信息，发现关键的问题并且自己决定依照一些步骤来获得期望的结果。

（4）请你举一个例子，说明你是如何通过事实来履行你对他人的承诺的。

（5）请你列举一个具体的例子，说明你是怎样和他人进行有效合作来完成一项重要的任务的。

（6）请你举一个例子，说明以前你的一个有创意的建议对一项计划的成功起到了关键的推动作用。

（7）请你举一个例子，说明你怎样对你所处的环境进行一个评估判断，并且能将注意力集中于最重要的事情上以便获得你所期望的结果。

（8）请你举一个具体的例子，阐述你是如何学习一门技术并且怎样将它用于实际工作中。

6.1 面试的定义与分类

6.1.1 面试的定义及特点

面试，也可以称为面谈、口试，是面试考官与应试者直接见面交流，以相互交谈和观察为主要手段，对应试者气质、性格、能力、价值观、应试动机、潜能等相关素质进行综合测评的一种方法。面试是为企业挑选最佳员工的一种重要方法，也是企业使用最普遍的一种招聘甄选技术。通过面试，考官能够更加直接、生动地考查应试者各方面深层次的能力，为企业招聘的最终聘用提供更为准确的决策依据。

面试与求职资格审查、笔试、试用等其他甄选方法相比，有以下几个显著的特点。

1. 面试是以谈话和观察为主要考查手段

在面试过程中，考官会根据应聘需要以及应试者个人简历等向应试者提出各种问题，应试者要对问题进行回答。考官通过倾听应试者回答及其他谈话，并提出问题加以引导等方式，获取相关信息，达到了解应试者的目的。因此，谈话是面试过程中的一项非常重要的考查手段。一方面，面试官可以通过交谈来掌控面试局面，对各种类型的应试者进行巧妙的引导，如面试官对不善言辞的应试者，给予肯定和正向引导，使其充分展示其才华和能力；而对言语过多或过于自信的应试者，在其夸夸其谈时，面试官要适时打断，并引导其进入面试主题。另一方面，通过应试者的谈话，面试官可以了解其语言理解能力、表达能力，以及语言表达的逻辑性和准确性等语言运用能力。此外，也能根据应试者的语速、语音、语调等来判断其性格特征。例如，声音洪亮者多为性格外向的人；语速快的人性格比较急躁；等等。

另外，观察在面试过程中也是一项重要的考查手段。在面试时，考官既要认真倾听应试者的谈话，还要仔细观察其非语言行为，主要是观察应试者的面部表情和身体语言，通过人的表象层面来推断其深层心理。例如，面试官可以通过对应试者面部表情的观察和分析，判断其自信心、反应力、思维敏捷程度、情绪、态度等素质特征。例如，应试者面部涨得通红，眼睛不敢直视考官，说明其自信心不足。在面试官提问后，眉头紧锁、目光黯淡、默不作声，说明其思维不够敏捷，反应较慢。同时，通过对应试者非语言行为的观察，也可以判断其语言行为的真实性。例如，应试者在面试过程中，往往会为了迎合考官而刻意夸大其能力和才华，但当考官追问具体细节时，应试者往往会流露出尴尬或是不适的表情，会不自主地坐直，向前倾斜。

2. 面试是一个双向交流的过程

面试不只是面试官观察、考评应试者的过程，同时对应试者来说，并不是完全处于被动状态，应试者也可以通过考官的语言行为、面部表情及身体语言来判断其态度偏好、价值判断标准、对自己的满意程度等来调节面试中自身的行为表现。此外，应聘者还可以向面试官了解自己想要知道的信息，如企业的基本情况、企业的职业生涯规划以及自己所要应聘的职位情况等，以此决定是否接受这项工作。所以面试不仅仅是主体对客体的考查，也是主客体之间一种情感交流、沟通和博弈。

3. 面试的内容灵活多变

面试的内容会根据不同岗位、不同应试者以及应试者的不同表现而灵活变动。首先，面试的内容会随着应聘岗位的不同而灵活变动。不同的岗位在工作性质、岗位职责、任职资格条件等方面存在很大的差异，因此，对应聘不同岗位的应试者，面试的内容、形式，考官的问题以及考查角度都会随之改变，并有所侧重。其次，面试的内容会随着不同应试者而灵活变动。每个应试者都有其独特的工作经历、学历背景、特长等，面试过程中，考官要根据应试者具体的情况来提问和考评。例如，同一个岗位的应聘者，一位是经验丰富的应试者，另一位是应届毕业生，那么在面试前者时，面试题目侧重于其工作经历和在以往工作中的成功案例等；而在面试后者时，面试题目侧重于其学历背景、专业知识及实习经历等。最后，面试的内容随着应试者表现不同而灵活变动。虽然在面试之前，考官会事先准备一些问题，但是在实际面试过程中，考官会根据应试者的表现和对问题的回答情况等做出相应的调整，如根据应试者对问题的回答，决定下一个问题，对于自己感兴趣的话题，顺势追问；对于较符合任职条件的人，多问一些相关问题，而对于不符合要求的应试者，减少问题数量等，不再拘泥于事先拟定的问题。

总之，面试既要事先规定好流程和相关问题，又要面试官根据具体情况，因人因事因岗位而灵活变动；面试官在整个过程中要灵活掌控面试局面，及时调整面试谈话内容，既要保证应试者充分展示其能力和才华，又不能让其在现场夸夸其谈、自由发挥而耽误面试进程，确保面试顺利进行。

4. 面试时间持续长

与笔试不同，面试要针对不同的应试者逐个进行，而不能同时开展。企业必须对每一位面试者进行考核和评价，再将所有的面试者进行比较，最终确定某一岗位最适合的人选。同时，一个企业往往会将不同部门的不同岗位集中在一起进行招聘，每个岗位对应聘者各方面的要求都有很大的差异，面试官不仅在面试过程中要花费很多的时间逐一甄选，在面试开始之前，也要花时间提前了解不同岗位的任职需求，准备相应的题目，以便在面试过程中有的放矢。

即使不同部门的面试，可能也会需要某些相同的面试官，因此就不能同时开展面试，这样面试持续的时间就会拉长。虽然企业一般规定有面试时间，但是如果面试官对某个应试者很感兴趣，其提问就会增多，也会有更多的交流，面试的时间也有可能会延长。现在，很多企业的面试是分级面试，由人力资源部进行第一轮筛选，再由各部门经理和中层管理人员进行第二轮筛选，最后由总经理和高层管理人员来确定最终人选，这样也会拉长面试时间。总之，面试虽然是甄选人才最重要的手段之一，但是也会花费企业大量的时间、人力、物力和财力。

5. 面试具有直接性

与其他人员甄选方式不同，面试时应试者与面试官是直接相连的，中间没有任何中介形式。首先，面试官与应试者是直接面对面交流的，面试官更直观地看到应试者的一举一动，形成直接的感性认识。其次，面试官的提问，应试者当面作答，不会受到任何中间环节的影响。例如，在笔试过程中，应试者进行书面作答，面试官在考核其答案的同时，会受到其书写工整程度、试卷整洁程度、文字表达能力等的影响而形成间接的感性认识。面试官往往对卷面整洁、书写工整、文字表达流畅的应试者印象极佳，在评分时会偏重此类应试者。最后，面试成绩评定也具有直接性，一般都是由面试官当场打分，有的企业甚至当场公布评分标准和应试者的成绩，增加面试的透明度，使得面试更加公平、公正、公开。

6.1.2　面试的分类

（1）按照面试官人数的多少，可将面试分为个人面试、集体面试，此外还有一种按照面试官级别顺序逐级进行的分级面试。

第一，个人面试。即由一个面试官对应试者进行面试，也是一对一的面试。这种面试多在较小规模的企业里或是聘用职位较低的职员时使用。个人面试，应试者只用面对一位考官，可以适当地减轻压力和面试的紧张氛围，便于双方进行更深入的交流和了解。但是由于面试官只有一位，由一个人下结论，可能会受到个人偏好、人情关系等因素的影响，使面试结果与企业真正需求之间出现偏差。

第二，集体面试。即由多名面试官参与面试评分。各位面试官根据事先拟定的问题对应试者进行提问或续问，所有面试官在其面试结束后对应试者的表现进行打分和评价，再将所有人的意见进行综合，评定出应试者的总成绩。相对于个人面试，集体面试更加客观、公正。多人参与，可以降低个人喜好及偏见产生的误差。同时，多人提问、多人观察，也能更全面地掌握应试者的信息。

然而，面试官数量较多的情况下，难免会给应试者造成一定的心理压力，形成紧张的氛围，影响其正常发挥。多人提问，也可能会使应试者对问题应接不暇，不知如何作答。另外，面试的结果由多人共同商定，当遇见意见不统一的时候，总会有人屈服，一般是级别低的面试官向领导屈服，这样可能使企业错失优秀的人才或是引进不适合的人才。

第三，分级面试。即面试官按照级别从低到高进行排列，依次对同一位面试者进行面试。一般由较低级的面试官考查应试者专业知识和技能，中级面试官考查应试者的工作能力，最后再由高级面试官对应试者进行全面考查，来决定是否录用。应试者只有通过较低层的面试，才有可能进入下一轮，接受更高层级的面试。

分级面试比其他类型面试更为严格，应试者数量会随着面试层级的提高而越来越少，但是其素质、能力会越来越高，到最后一级面试时，能够留下来的应试者都是比较优秀的人才，也是岗位最合适的人选。但是，分级面试过程烦琐，持续时间较长。同时，在面试过程中低层级的面试官的观念和评价标准不同可能导致优秀人才被淘汰，使其由于人为原因无法进入下一轮面试，企业因此错失人才。

（2）按照面试的结构化程度可将面试分为结构化面试、非结构化面试和混合式面试。

第一，结构化面试。即由面试官事先制定好面试流程和面试内容及问题，在面试过程中，按照既定程序进行提问和交谈，对所有应试者问几乎同样的问题，再根据应试者的回答情况进行评分和比较。由于事先准备充分，故结构化面试的效率较高，面试官能在有限的时间内提出较为详尽和全面的问题，得到比较客观、有效的信息。结构化面试涉及的问题一般包括专业知识、工作经历、工作意愿等，在条件和时间允许的情况下，面试官也可以事先准备一两个与岗位相关的模拟实例，让应试者当场做答或提出解决方案。例如，企业要招聘一名活动策划人员，面试官可以事先准备好一个问题，如企业希望新老员工之间能更快地融为一体，有更多的交流和互动，那么你作为一名活动策划，需要策划一个相关活动来达到企业的目的，你会怎么做？

结构化面试操作相对简单，面试官只需要按照既定的程序和内容进行面试，不需要太多的发挥，因此对面试官的要求也较低。然而，结构化面试比较机械化，内容相对死板。如果面试官缺乏经验或是不够灵活，那么整场面试就会变成照本宣科的提问和机械式的回答，不仅气氛比较尴尬，应试者也很难充分展示其才华，也没有主动交谈的意愿，同时面试官也无法进行探索式提问，不能获取更深层次的信息。

第二，非结构化面试。即面试官并没有事先确定面试的内容，面试的问题由考官自己决定，自由发挥，但是提问必须与招聘和录用相关。面试官往往根据应试者对上一个问题的回答和临场表现决定下一个问题，对自己感兴趣的问题进行追问，以了解更深层次、更全面的信息。非结构化面试内容比较灵活，面试官与应试者交谈相对自然一些，应试者更容易正常发挥和表达自己的观点，以展示其能力。此类面试，对每一个应试者所问的问题都不一样，因此面试更容易受到面试官个人偏好的影响，降低面试的信度和效度。同时，面试官临场发挥，很难掌握时间，也容易漏掉与岗位相关的一些最关键的问题。

第三，混合式面试。即介于结构化和非结构化之间的面试。面试官在面试开始前会准备一些基本问题向所有的应试者提问，再根据应试者的回答情况做进一步的提问。除了基本问题，其他问题由面试官据现场情况而定，不拘泥于某一项内容或形式。混合式面试在企业招聘中使用最普遍，既能让面试官把握岗位关键性问题，也能让面试官对应试者有更深入的了解，获取更客观、全面的信息。同时，混合式面试氛围较轻松，应试者愿意主动交谈，展示自己的能力。

（3）按面试目的不同，可将面试分为压力性面试和非压力性面试。

第一，压力性面试。即面试官将应试者置于紧张的氛围中，并逐步向应试者施加压力，提出带有挑衅的、刁难性的和刺激性的题目，以考查应试者的心理素质、抗压能力和承受能力，以及在压力前的应变能力和人际交往能力。

压力面试通常适用于需要承受较高心理压力的岗位人员的测试，如客户服务人员和推销员等。在进行压力性面试时，面试官可能突然问一些不礼貌，甚至冒犯的问题来考查应试者的心理承受能力；面试官也可能突然批评应试者的某个举动、说的某句话或是怀疑其简历的真实性等来对应试者施加压力，观察其反应能力和神情态度。心理素质好的应试者会在压力面前表现得理智、从容、大度和灵活；而心理素质差的应试者在压力面前则会表现得紧张、烦躁、不知所措，甚至拂袖而去。

还有一些企业在进行压力性面试时，要求应试者去户外接受考验。例如，一个大型超市在面试卖场员工时，要求应试者在卖场门口的马路上对行人说"您好"并鞠躬，以此来考查应试者的压力承受能力和人际交往能力等。

压力性面试能观察出应试者的心理素质以及在适度批评之下是否有高度敏感的反应，是企业获得相关人才较为有效的方法。但是在使用压力性面试时，面试官要掌握技巧和分寸，不要让应试者有被羞辱的感觉，在面试后要适当地解释，以免引起不必要的误会，否则，非但达不到面试的效果，反而降低企业在应试者心目中的形象，对企业招聘人才产生不利影响。

第二，非压力性面试。非压力性面试使用更为广泛，面试官不会刻意向应试者施加压力，而是按照既定的程序、内容或是根据现场情况随机地向应试者提问。在面试过程中，面试官尽量营造轻松、愉快的氛围，以语言或行动帮助应试者减轻压力和紧张感，引导其主动交谈，正常发挥其水平，充分展示能力和才华，以便面试官获取更全面、深入的信息。

（4）按照面试内容设计的重点不同，可将面试分为常规面试、情景面试和综合面试。

第一，常规面试。即企业普遍使用的以问答式为主的面试。常规面试中，一般情况下，面试官处于主动位置，应试者被动地回答问题或根据面试官的引导，做出相应的反应。应试者通过回答问题，展示自己的能力、专业知识和经验经历。主考官根据其对问题的回答和面试时的仪表仪态、表情动作等，对应试者进行综合评价。

第二，情景面试。即面试官运用情景模拟的方法，让应试者扮演某个角色，处理工作中可能遇到的问题。面试官通过观察应试者对问题的处理方式、解决问题的思路及语言表达、临场表现等方面对应试者进行综合评价。情景面试比常规面试更加灵活。面试的模拟性、逼真性强，应试者更能充分地展示其工作能力和才华。在此情景下，应试者的表现更贴近于真实的自己，不容易伪装也无法刻意迎合面试官的偏好。面试官对应试者的能力素质也能做出更全面、深入、准确的评价。

第三，综合面试。即将常规面试和情景面试融合在一起，在面试过程中，既有常规的一问一答，也包含情景测试。综合面试集合了两种面试的优点，使得面试结果更客观准确。

此外，按照面试结果的使用方式，可将面试分为目标参照性面试和常模参照性面试。目标参照性面试，即面试之前有既定的目标水平，面试结果只表明应试者是否达到了这一目标水平，一般分为合格和不合格两种；而常模参照性面试即根据应试者面试表现将其按从高到低的顺序排列，优胜劣汰。

按照面试形式不同，也可将面试分为问答式面试、交谈式面试、演讲式面试、模拟操作式面试等。总之，面试的形式和内容的灵活多变决定了面试种类的多样性。企业在具体操作中，需要根据不同岗位、不同类型的应试者来调整面试方案，不必拘泥于任何一种形式，选择对企业最有利的面试形式，才能为企业甄选到最适合的人才。

6.2 面试的方法及程序

6.2.1 面试的方法

面试的方法有很多，企业常用的有问答法、面谈法、情景模拟法、现场作业法、答辩法及演讲法。

1. 问答法

问答法，即面试前，以拟录用职位所需要的基本素质和能力为依据，来拟定测试题目、评价标准、参考答案，编制面试的题本，题本中应包含重点和一般问题，形成一系列结构严密、分工合作、互相支持的套题。在面试过程中，以主考官为主提出问题，应试者逐一回答，然后由面试小组每个考官对应试者表现独自评分。这种方法操作简便，应用普遍，是面试的基础方法之一。

问答法是一种具有科学依据的结构化面试方法，其对面试程序、项目、问题、评价标准和面试时间等都有较详尽的安排。使用问答法，企业需要成立面试小组，一般由7~9人组成，其中1人为主考官，对应试者采取逐一、单独面试的方法。问答法必须依据套题提问，按照既定的答案，对应试者回答进行评分。套题，即多套面试试题，每套面试试题的题数、区分度、难度、答题时间相同，在面试过程中因人而异地选用。每一套题所测试的要素要涵盖应试者面试所要测评的素质的要素，每套题的结构十分严谨，包括导语、正题、结尾、参考答案和评分标准，以及不同要素的得分权重，且其内容各有侧重。虽然每套题测试的项目涵盖考生面试的所有素质和要素，但每一套题中的每一题也只能测试一个或几个素质要素而已，这就要求面试官能抓住每个问题要测试的重点要素是什么，对应试者有针对性地进行测评。

问答式面试法有既定的内容、固定的形式，这样便于面试官实地操作；考生面试的题目、标准及面试程序等，都是事先经过科学分析确定的，保证了面试结果的可信度和效度；统一的形式和考试内容增加了面试的公平性和公正性；更关键的是此类面试法形式规范、要点突出、内容紧凑、高效，能更加简洁地实现目标。

2. 面谈法

面谈法即考官通过与应试者的交谈来评价其素质和能力。与问答法不同，面谈法的内容主要侧重在一个"谈"字上，在面试过程中，突出了主客体之间平等协作的关系，却淡化素质、要素和测试点。面谈法较为自由随意，它没有既定规范的问题、答案和程序，面试官可以自由地向应试者提问，而应试者在回答问题的同时也可以主动引起话题。面谈法对面试官的要求较高，需要考官在自由发挥的前提下准确把握面试要点，有效地获得岗位所需要的信息，能够驾驭整个面谈过程。一旦面试官水平不够，就可能不能全面考查应试者或是把握不住要点地夸夸其谈，也有可能被应试者反客为主，而面试官处于被动地位，面试达不到预期的效果。

面谈法内容和形式都比较灵活，面试官可以针对不同应试者进行不同的谈话，应试者也可以有更多表现自己的机会。同时，面谈法简便易行，程序简化，为企业节省很多时间和人力、物力。但是，目前很多企业都不使用面谈法，或是将其作为辅助方法使用，主要是因为其不够科学，面试的信度和效度都很低，不能准确地达到企业的要求，对应试者也很难做到公平和公正。

3. 情景模拟法

情景模拟法，即模拟一定的情景，根据所要测试的内容要求应试者扮演某一指定角色，并进入角色情景中去应对工作中可能遇到的问题或日常事务。面试官会观察和记录应试者在情景中的表现，并据此对其进行评价，决定其是否适合此项工作。目前，最普遍使用的情景模拟有以下几种。

1) 文件筐测验

文件筐测验也称为公文筐测验，通常用于管理人员的选拔，对应试者进行审查授权、计划、组织、控制和判断等能力素质的测评。文件筐测验一般是让应试者在规定时间（通常为1~3小时）内处理事务记录、函电、报告、声明、请示及有关材料等文件，测验内容会涵盖人事、资金、财务、工作程序等方面。另外，在测试过程中，一般只提供给考生日历、背景介绍、测验提示和纸笔，要求考生在没有旁人协助的情况下对函电进行回复，拟写指示，当场做出决策，以及安排会议。面试官评分时除了要参照书面结果外，还要根据考生对问题处理方式做出的合理解释以及其思维过程进行综合判定。

公文筐测验考查的内容涵盖范围广、表面效度高，因而被很多企业所青睐。文件筐测验有两个突出优点：一是考查范围广。文件筐测验，不仅能通过应试者的书面答案考查其专业知识、工作能力、实际操作经验及与工作相关的能力要素，还能通过其解释考查应试者思维的逻辑性、缜密性和严谨程度等。二是表面效度高。文件筐测验中所使用的文件与应聘岗位常见的文件极其相似，有的甚至是用完全真实的文件，因此，若考生能够妥善处理这些文件，就代表其具备职位所需的素质。但是，文件筐测验评分比较困难，没有统一的评分标准，对文件处理的方式也因人而异，因岗位而异，很多时候取决于面试官的个人习惯和偏好，因此，考官很难客观地给出分数。

文件筐测验类似于笔试，可以集体进行，实施过程包括准备、测试和评分三个步骤。面试官首先要准备好测验材料和答题纸。其次要事先设定项目背景、招聘岗位，设计题目，商定测评的维度。例如，某企业招聘副总经理，在测试之前需要确定核心胜任特征维度，包括计划能力、组织协调能力、人际沟通能力、突发事件应对能力、领导能力和决策能力。然后再编制相应文件，参考该岗位工作的实际活动和相应环境确定测评素材。在测试过程中要求应试者在答题纸上写上姓名、应聘职位、对文件的处理意见、时间、签名以及处理的理由。测试材料中事先准备有若干文件，并标有统一的序号，应试者可以根据轻重缓急调整文件的顺序。应试者必须在规定时间内完成，且作答过程中不能随意提问。

当所有应试者作答完毕后，面试官进行评分。在文件筐测验之前，企业需要事先对面试官进行相关的培训，制定评分标准、要点，以保证评分的一致性和公平性。在评分过程中，若存在问题，面试小组要进行讨论并取得一致意见再往下进行，最大限度地保证评分的客观、公正。

2）无领导小组讨论法

无领导小组讨论法是一种应用广泛的测评方法，采用情景模拟的方式对考生进行集体面试。由一组应试者（一般是5~7人）组成一个临时工作小组，并向其提出一个与工作相关的问题，让小组成员在一定时间（一般是1小时左右）内讨论给定的问题，最后做出决策。以此来观测应试者的口头表达能力、组织协调能力、辩论的说服能力、非言语沟通能力（如面部表情、身体姿势、语调、语速和手势等）、领导能力以及情绪稳定性、处理人际关系的技巧等各个方面的能力和素质是否达到职位的要求，并考查其进取心、自信程度、责任心和灵活性等个性特点和行为风格是否符合岗位的团体气氛，由此来综合评价应试者的优劣。

无领导小组讨论法可以分为两种类型：不定角色的无领导小组讨论，即面试官不给考生规定特殊的角色；定角色的无领导小组讨论，即面试官给每个应试者指定一个彼此平等的角色。两种无领导小组讨论法中，面试官不会指定谁是领导，也不会安排其位置，而是让应试者自行安排、组织，面试官只负责观察应试者的现场表现，来对每个应试者进行自主评价。无领导小组讨论主要测试应试者论辩的说服能力、语言表达能力、领导能力、对问题的处理方式以及知识运用能力。

无领导小组讨论的试题形式，主要有以下几种。

（1）开放式问题。此类问题的答案范围很宽。例如，领导应具备怎样的特质才能成为优秀的领导。应试者可以从很多方面回答，可以提出很多不同的观点。其主要考查应试者思考问题的全面性和针对性，是否有创新点等。

（2）两难问题，即让考生在两种工有利弊的答案中选择其中的一种。例如，您认为团队精神和个人能力哪个对企业更重要？这类问题既通俗易懂，又能够引起正反两方充分的辩论，主要考查考生的思维分析能力、语言表达能力以及辩论的说服能力等。需要注意的是，面试官在编制此类题目时要权衡两种备选答案使其具有同等程度的利弊，尽量避免其中一个答案比另一个答案有很明显的选择性优势，如此一来就不易起到争辩的效果。

（3）多项选择问题，即让考生在多种备选答案中选择其中有效的几种或对备选答案的重要性进行排序。例如，一艘载有10名乘客的轮船在海上航行，因海上天气恶劣，加上航行技术有限，轮船不幸地撞上了冰山，一小时后将会彻底沉没，轮船上只有一条救生艇，最多能容纳5名乘客。乘客闻讯后纷纷找船长要求逃生。这10名乘客的基本信息如下：船长（男，39岁）、水手（男，28岁）、警察（女，30岁）、某著名物理学家的儿子（数学天才，16岁）、盲童（女，有绘画天赋，13岁）、罪犯（女，怀有7个月身孕）、合资企业的外方经理（女，英国人，38岁）、某省长的儿子（大学生，20岁）、回乡探亲的民工（男，孤儿，30岁）、医生（男，妇科主任医师，36岁）。任务：讨论之后，代表船长做出决定，从中选择5名乘客登上救生艇，并向其他乘客说明理由。规则：每个人必须参与讨论，但每次发言不得超过3分钟；总讨论时间为30分钟，到25分钟时，小组需派一名代表发言，阐述讨论结果和理由；如果超出时

间,还不能达成统一意见,小组成员将被扣分。(题目来源:百度文库)

此类题目主要考查考生分析问题、认清问题本质的能力,语言表达能力,团队协作能力以及组织协调能力和领导能力。面试官通过应试者的表现,可以较直观地了解其各方面的能力和人格特点。

(4)资源争夺问题,即让处于同等地位的应试者就有限的资源进行分配。例如,公司现有资金500万元,要分配给财务部、销售部、物资采购部、人力资源部,应该如何分配?面试官会让应试者分别扮演不同部门的领导者,要想为自己的部门争取更多的资源,应试者必须拿出足够的理由,说服其他部门做出让步。此类问题能引起考生们激烈的辩论,十分有利于面试官考查他们的发言积极性、语言表达能力、说服力、反应的敏捷性等。

(5)操作问题,即提供给应试者一些材料、工具或道具,让其利用起来,制造出由面试官指定的一个或一些物体。此类问题,主要可以考查考生的实际操作能力和团队合作能力,情景模拟的程度要大一些。在面试之前,面试官要充分地准备需要用到的一切材料,这对考官和题目有着很高的要求。但操作问题,很难准确地考查到应试者的语言表达能力,有一定的局限性。

4. 现场作业法

现场作业法,即提供一定的数据和资料,要求应试者在规定的时间内编制计划、设计图表、起草公文、计算结果等。这一方法在招聘技术人员、财会人员及计算机操作人员等方面应用较为普遍。其能较准确地考查应试者的实际操作能力。现场作业完成得好的应试者,也就具备了某一岗位所要求的素质和能力。

此外,企业常用的还有角色扮演法,即在面试时,给应试者提供一定的背景情况和角色说明,要求应试者能以指定角色的身份完成既定的工作或是开展一个活动。例如,让应试者扮演总经理的角色,处理公文、主持会议等。这个方法在文件筐测验和无领导小组讨论中都有应用。企业可以将其作为一种单独的方法进行面试,也可以和其他方法搭配使用,视具体情况而定。

5. 答辩法

答辩法也称抽签答辩式面试,即面试官根据岗位需要在面试之前确定一些要应试者回答的问题,制成题签,编有序号,且事先准备好标准答案。应试者入场后通过现场抽签的方式,拿到题目,并做出相应的回答。每个题签的题目数量由企业视岗位和招聘情况而定,一般为3~4个问题。应试者在回答问题的过程中,面试官依据已有的标准答案,结合应试者的整体表现为其评分。

例如,某学校招聘教师,采用答辩法,准备若干题签,要求老师抽签作答。以下为一个题签上的3个题目:①请你列举几个新课程改革之后所倡导的学习方式,并进行简单说明。②"留守学生"越来越引起社会的关注,很多留守学生由于缺少家人的陪伴和教育,在情感、心理、性格方面出现了很大的问题,严重影响了他们的健康成长。你作为班主任,将如何对待本班的留守学生。③你认为作为一名优秀的人民教师,需要具备哪些素质和能力。(题目来源:百度文库)

答辩法容易操作,有既定的题目、答案和评分标准,能保证面试的客观公正,但是对题目的要求较高，每个题签的题目要有一定的针对性和灵活性，既要考查到应试者的知识水平、工作能力，又要利于考生发挥自己的特长。因此，每个题签上的题目既要有封闭式问题，也要有开放式问题及行为式问题，同时，面试官根据应试者的回答进行探索式提问，给予应试者充分展示自我能力的机会。另外，每个题签难易程度要相当，以免有失公允。

6. 演讲法

演讲法要求考生就某一题目进行演讲式作答。在面试中，面试官和应试者没有交流，面试官只是听众，不进行任何提问。而应试者是整场面试的主角，可以充分、自由地展现自己的能力、风度、口才和观点。例如，某企业进行演讲面试招聘，演讲题目如下：如今在中国，国家行政机关人员的薪酬水平与企业同等级别的人相比要低一些，请以"我这样看待薪酬差异"为题，发表一篇演讲，说明你对这一问题的看法，时间为 5 分钟，超时一分钟以上要扣分。（题目来源：新浪网）

相较于其他几种方法，演讲法是对应试者更集中和直接的考核。此类方法的评分要点一般有思路清晰严谨、观点明确、举止仪表得当、语言表达能力强、心理素质良好、知识灵活运用以及有理有据、有说服力。面试官按照要点和应试者的实际表现，给应试者评分。此类面试方法侧重于考查应试者的思维能力、口头表达能力、信息搜集能力，以及心理素质、知识素养等方面的素质和能力。然而，演讲法对应试者的实际能力考查不足，企业应该结合其他面试方法，如情景模拟法、问答法等一起对应试者进行考核。

6.2.2 面试的程序

面试的程序分为三个阶段：一是面试前的准备阶段；二是面试实施阶段；三是面试结果评价阶段。

1. 面试前的准备阶段

第一步，成立面试小组。企业往往是将各部门的招聘集中在一起进行，应试者的范围比较广泛，情况比较复杂，因而对面试官的要求也各不相同。虽然招聘由人力资源部门负责，但是，人力资源部的工作人员在招聘具体岗位时会受到专业的限制，不能准确把握每个岗位所需人才的特质，因此，面试时需要其他部门的帮助。同时，也要有一个主要领导人员进行控制和把关。面试小组的成员一般由以下人员组成：一个主要领导人员（主考官）；人力资源部经理；招聘专员；用人部门的经理；在条件允许的情况下，也可以找一名富有面试工作经验的专家参与面试。此外，还需要一名后勤人员，负责面试的其他工作，如人员登记、面试记录、收集评分表等。

面试官的素质和水平的高低，关系到能否为企业挑选到高质量的人才，也决定了面试的成败。因此，面试官不是随意选取的，并不是所有的部门经理和领导者都适合做面试官。面试官在为人处事方面首先要公正客观，其次要有责任心、性格开朗、谈吐幽默、善于运用面试技巧，这样才能给应试者营造一个相对宽松的氛围，在应试者过于紧张或不够自信的时候，也能引导其大胆展现自己的能力。在能力方面，面试官必须对某一方面精通，思维灵活敏捷，知识面广，并熟悉招聘岗位的工作性质、职责和任职资格条件，这样才能准确把握应试者的能力是否符合公司需要，为企业甄选出最适合的人员。

第二步，准备面试场地。面试场地的设计，直接影响面试的氛围和应试者的心情，影响他们在考场上的发挥，从而影响面试质量。因此，企业在准备面试时要寻找合适的面试场地。首先，要有专门的面试室，室内要有充分的光线，给人一种明亮的感觉，室内面积不宜过大，不要给应试者造成空旷的感觉；也不宜过小，显得拥挤不堪，也影响应试者的发挥。面试室要相对安静，避免闲杂人员的干扰，影响考试氛围。其次，考场和候考区要突出企业的文化特色，企业可以在候考区放置宣传栏，介绍企业的基本情况和背景以及一些文化活动，以便应试者加深对企业的了解。再次，考场布置的颜色要适宜，要给人以舒适、轻松的感觉。考场的装饰也很重要，如果是宽松式面试，可以在面试官和应试者之间的桌子上放一些饰品，如花瓶，这样可以避免应试者与面试官目光直视，无形中减轻应试者的心理压力。主客体之间的障碍物，为应试者提供了属于自身空间的感觉，让应试者有一种安全感，自信心也会随之增强。但是进行压力性面试时，面试官和应试者之间的桌子最好不要摆放任何装饰品。最后，位置排列要科学合理。面试室位置摆放要合理，既要能区分主客体的身份，使其有一定的距离，又不能将距离拉得太大。最好不要让应试者和面试官相视而坐，给其造成很大的心理压力，应该让主客体视线形成一定的角度，圆桌会议形式可以有效地解决这一问题，尤其是在集体面试中，面试官和应试者围着圆桌而坐，可以缓解应试者的紧张和不适，利于应试者正常发挥。

第三步，充分了解招聘职位。面试官在面试开始之前，要充分了解企业招聘的职位，回顾职位说明书，对应聘岗位的主要职责，应试者需要的知识、经验、能力、学历、资格条件等要了如指掌，为面试考查提供依据。此外，面试官对招聘职位的基本情况、晋升条件、薪酬福利、职业发展规划也要有一定的了解，以便能准确回答应试者提出的相关问题，为应试者了解企业提供一条渠道。

第四步，阅读应聘材料和简历。在进行面试之前，面试官必须要仔细阅读应试者所提供的简历和应聘材料，了解应试者的基本信息，并对感兴趣的地方或是有异议的地方做出批注，在面试过程中向应试者提问以寻求答案。在阅读简历时，首先要浏览简历封面、排版、文字和美观程度。如果是手写简历，还可以了解应试者的书法。简历的整洁美观程度也可以从侧面反映一个人的性格和做事风格。然后要看简历的行文，有无语法错误、错别字、病句和逻辑混乱的地方，如果是英文简历，还要特别注意其英文表达水平。接着要审视应试者的学历背景、工作经验和与应聘工作的相关性。大多数应试者会选择与自己专业相关或是与以往工作经历相似的工作，那么面试官就要关注其对工作的要求和职业发展规划；也有些人跨专业找工作，那么面试官就要关注其跨专业的原因。

面试官还需要注意应试者工作经历时间上的间断或重叠，以及工作变动的频率和原因。工作变动的动机也是面试中需要提出的重要问题。在审阅此类简历时，面试官应将此情况批注出来，在面试过程中深入了解其具体原因，如果应试者不能给出合理的解释，那么面试官就要慎重考虑此人录用与否。面试官通过简历考查应试者相关情况的同时，也要注意应试者对薪酬、工作环境和职业发展规划的要求。如果应试者的个人期望与企业所提供的水平相差较大，企业又有意录用此人时，面试官就要与应试者讨论这方面的问题。

第五步，准备一些基本问题。面试官在阅读完职位说明书后，可以准备一些用来判断应试者是否具备任职条件和资格的问题；在阅读完简历以后，面试官可以准备一些与简历内容相关的问题，如应试者过去的工作经历，以及对其感兴趣的部分进行追问。

面试中常见的题目类型有以下几种。

（1）行为性问题，即与应试者过去工作经历相关的问题。面试官主要通过应试者对过去工作中经历过的事件、工作任务、应试者采取的行动以及行动结果的描述，识别其关键胜任能力，将其作为预测未来行为表现的指标。例如，如果一个职位需要应试者对项目进行管理，可以提出以下行为性问题："请你讲述一个在过去工作中由你来负责管理项目的经历，需要描述项目要求、目标、你的管理过程、所用的资源、项目的结果。"

行为性问题是基于应试者关键胜任能力的面试题型。面试官在进行招聘职位分析时，要事先了解任职者应具备哪些胜任特质，再通过应试者对过去工作行为的描述，识别其是否具备岗位所要求的胜任力水平来决定是否录用。应试者在描述工作经历时要注意四个关键要素，即情境、目标、行动和结果。情境就是描述其经历过的特定的工作情境或任务；目标就是描述其在该情境中所要达到的目的；行动就是描述其为达到目标所做出的行动；结果就是描述该行动的结果，包括积极的和消极的结果，成功或是失败。

（2）封闭性问题，即要求应试者用非常简短的语言回答问题。例如，面试官提问：你是否喜欢你的专业和你的最后一份工作？应试者只需要回答"喜欢"或者"不喜欢"。封闭式问题可以帮助面试官以最简洁的方式得到最有效的信息，也可以帮助面试官控制面试的局面，掌握主动权。但是，封闭式问题所提供的信息量太少，因此，很多面试中，封闭式问题只是一个过渡，便于面试官提出后面的问题。例如，上一个问题在应试者回答"喜欢"或是"不喜欢"后，面试官可以追问为什么，或是让其对最后一份工作做简单的描述，包括日常工作情况和完成情况等。

（3）开放性问题，即要求应试者用较多的语言做出回答。开放性问题一般没有既定的答案，由应试者自由发挥，充分阐述自己的观点和对问题的态度。例如，企业在招聘客户服务人员时，常用的开放性问题：你认为一个优秀的客服人员，需要具备哪些素质？当客户对你的表现或回答不满意的情况下，你应该怎么做？

开放性问题可以使面试官对应试者的语言表达能力、处理问题的能力、沟通技巧、思维能力以及思考问题的方式和对待问题的态度等方面进行充分的了解。因为，开放性问题往往是应试者提前准备过的、较熟悉的问题，所以当应试者过于紧张或是害羞的时候，开放性问题能够引导应试者多发言，大胆阐述自己的观点，缓和紧张的气氛。应试者对开放性问题的回答，往往能够引出面试者提出新的问题。例如，上一个问题，在应试者回答后，面试官可以追问一些行为性问题，类似于"当你在以往工作中接到客户投诉时，你是怎样处理的，客户的反应如何？"。

但是开放性问题比较宽泛，应试者在回答的时候很容易跑题，面试官要注意及时将应试者拉回主题，因此要适当限制应试者的回答时间和内容。此外，应试者对开放性问题的回答也带有一定的欺骗性，因为应试者为了迎合面试官的喜好，会提供虚假的答案。所以，面试官在开放性问题之后，需要追问一些行为性问题，以此判断应试者的能力和特质。

（4）假设性问题，即面试官为应试者提供一个与未来工作情境相关的假设情境，关注应试者在这种情境下，会怎样处理问题或开展工作。假设性问题是通过应试者未来的工作行为来考查应试者的思维推理能力、工作风格、态度、创新能力等。例如，如果你是一名客户经理，你的员工向你抱怨，有一名客户经常提出无理的要求，让工作人员很为难，但是这个客户又是非常重要的一位客户，遇到这种情况，你会如何做，并使得客户和员工都能感到满意？

假设性问题与行为性问题，都需要应试者描述在一个具体情境下的工作。与行为性问题不同的是，前者是一个虚构的情境，而后者是真实发生的情境。应试者在回答假设性问题时，和开放性问题一样，也会刻意做出面试官所期望的好的答案。

（5）探索性问题，即面试官为了更深层次地挖掘应试者的信息，在其他类型问题之后追问的一些问题。面试官在阅读应聘材料和简历时，对于感兴趣或是有异议的部分，就可以准备一些探索性问题，以获得更全面的信息。面试官很难从应试者对一个问题的回答中获得所期望得到的全部信息，因此也需要准备一些探索性问题追问应试者。探索性问题一般都是围绕"为什么""怎样""什么时候"等展开的。例如，在招聘设计岗位时，一名应试者提到自己曾获得相关奖项，面试官就要追问"什么时候获奖，具体情况是怎样"等。当公司招聘客服人员时，面试官可以提问："你认为什么样的客户比较难应付，为什么？"

2. 面试实施阶段

一般的面试实施阶段都有四个步骤：第一步，建立关系。应试者刚进入面试考场，面试官要为其创造一个轻松友好的氛围，缓解应试者的紧张心情和压力，使其在随后的过程中能正常发挥。在这一阶段，面试官不会直接问一些关键性问题，而是采用一些封闭式问题或是家常式谈话。例如，面试官可以进行的家常式谈话有"今天天气很好，对吧？""我们公司好找吗？""这个城市交通状况不是很好，来的路上堵车吗？"通过这样的简短对话，调节气氛，拉近双方距离，能让应试者很快放松下来，调整状态，迎接接下来的提问。

第二步，核心提问。在应试者对面试现场短暂适应之后，就要进入面试核心阶段，也就是由面试官提问考核阶段。面试官会根据招聘岗位情况和应试者的简历以及企业实际需要等，结合面试前准备的几类基本问题，对应试者进行相关提问，也有可能采取其他面试方法，如情景模拟法、演讲法、现场作业法等对应试者进行考核，考查应试者对求职岗位的胜任能力和其他素质特征。

第三步，结束阶段。在面试即将结束的时候，面试官首先要确认是否遗漏了关键问题并加以追问，或是给应试者一个最后陈述的机会来推销自己。面试官可以再提一到两个问题，最好是开放性问题和行为性问题，如要求应试者再举一个例子证明其在某方面的专业技能。面试官对整个面试做一个小结，但不要表露出自己的态度，结束对应试者的面试。

第四步，评分阶段。在应试者面试结束以后，面试小组的成员要对其表现进行讨论和打分，一般是由面试官单独评分，再将所有评分进行综合，对争议较大的部分进行讨论，取得一致意见以后，得出应试者的最终成绩。由专门人员记录应试者的成绩，在所有面试结束之后，进行公布，也有企业当场公布应试者的成绩。

很多企业会事先准备面试评分表，面试官在面试的过程中边倾听应试者的回答，边对其表现做简要记录并给出相应分数。由于面试时间有限，也有的面试官先记录下应试者的表现，面试结束后再评出相应的分数。表6-1是洛阳奥巴车辆科技面试评定表，此表是典型的结构化面试评定表。表6-2是东莞田氏化工厂有限公司面试评定表。

表6-1　洛阳奥巴车辆科技面试评定表

应聘者姓名			性别		年龄	
毕业院校			学历		专业	
应聘职位			应聘时间			
评定项目	面试问题实例	评分				
仪表仪容	通过观察应聘者的穿着、打扮来判断	5优	4好	3良	2中	1差
教育背景	1. 毕业院校专业 2. 你认为你所受的哪些教育或培训将帮助你胜任现在应聘的这份工作					
工作经验	1. 简要介绍一下你的工作经历 2. 你在工作中主要取得了哪些成绩					
求职动机	1. 选择本公司的原因 2. 选择工作时，最重视哪三项因素					
专业知识和技能	询问与职位要求相关的专业知识和相关领域的问题					
语言表达能力	1. 请做一个简单的自我介绍 2. 谈谈你的优点					
人际沟通能力	1. 谈谈你的同事和朋友对你的评价 2. 你认为良好的沟通关键是什么					
灵活应变能力	1. 如果我们公司的竞争对手也决定录用你，你将做出何种选择 2. 请举一个工作或生活中你面临的两难的处境，最后你又是如何解决的					
个人品质	1. 个人的座右铭 2. 如何理解"受人之托，忠人之事"这句话					
兴趣爱好	业余时间的安排					
考核意见	用人部门综合评价					
	◇可以复试　◇有待进一步考虑　◇不予考虑	人事经理签名				
	人事部门综合评价					
	◇可以录用　◇有待进一步考虑　◇不予考虑					
	公司领导综合评价		公司领导签名			
	◇可以录用　◇有待进一步考虑　◇不予考虑					

表 6-2 东莞田氏化工厂有限公司面试评定表

面试评定表

| 中文姓名 | | 应聘职位 | | 本职位：□新增 □填补 |

辨色能力/视力（人力资源部评定）：□达到要求 □未达到要求，无须进一步面试

序号	评定项目 （由人力资源部、用人部门评定）	配分值 5	4	3	2	1	用表提要：请面试主持人在合适配分值方格内划"√"，评定分值越大，表示评价越高
1	着装、仪表、精神状态等礼仪						
2	体格与健康、精力、注意力集聚						
3	求职动机、入职意志纯正坚定						
4	领悟、应变、表达能力						
5	综合分析能力、想象力、创造力						
6	工作热情、事业心						初始意见： □不予考虑 □进一步面试 □建议予以试用 面试人/日期：
7	规则意识						
8	相关资历及工作经验、专长						
9	气质、性格类型与岗位是否结合						
10	在本公司的发展潜力						

用人部门主管复试意见：　□聘用　　□不聘用
　　　　　　　　　　　同意职位：_____　建议薪金等级：_____
　　　　　　　　　　　面试人签名/日期：_____
　　　　　　　　　　　部门最高主管确认/日期：_____

入职议定意见：
　　□同意试用　□不同意试用
入职薪金：基本薪_____+岗位薪_____+职级薪_____=合计薪_____
计薪方式：_____　享受福利：_____
试用期：_____
　　　　　　　　　　　人力资源部经理批准/日期：_____

3. 面试结果评价阶段

第一步，综合面试结果。面试结束后，面试官应秉着客观、公正的原则，将所有通过面试的应试者的面试结果进行比较与评估，最终确定候选人名单并由招聘主管负责审批。

第二步，面试结果的反馈。①录用决策。首先，人力资源部门对复试合格的候选人的岗位和待遇进行复核，参考候选人、录用决策人的薪酬建议对拟录用人的薪酬进行定级。最后，人力资源部门根据用人部门及拟录用人的意见安排报到事宜，并将具体报到时间告知双方。②录用未报到处理。如果被录用人员到期未来报到，人力资源部需与其联系，再次确认报到时间，如果对方表示不能来任职，应尽量了解原因，并做详细的说明记录。招聘负责人应及时将情况反馈给用人部门，并继续招聘流程，直至招到合格的人选来上班。

第三步，面试结果的存档。面试结束后，面试官需将这次所有参与面试的应试者的面试情况（包括基本信息、得分情况、面试结果）进行录入与存档，对于未录用但表现相对优秀的应试者纳入企业人才资源库，可供后期招聘人选考虑。

6.3 面试的技巧和误区

6.3.1 面试的技巧

1. 面试开始阶段的技巧

大多数应试者在参加面试时都比较紧张，作为面试人员，应该充分理解应试者的心情，营造轻松、友好的氛围，帮助应试者调整情绪和状态，以最佳的姿态迎接接下来的面试。面试最主要的目的是为企业甄选合适的人才，而不是难倒应试者，让其知难而退。因此，面试官要礼貌、大方、得体地接待应试者，在应试者进入考场时，与其握手或是微笑示意，表示欢迎，并请应试者入座。面试官保持微笑，也是缓解紧张气氛的很有效的方法。在面试正式开始之前，与应试者简单地寒暄和交流，也能帮助应试者放松下来，拉近双方的距离，使双方建立一种相互信任的关系。然后，面试官可以向应试者介绍面试的流程或结构，增加应试者对此次面试的了解，同时面试官应主动告诉应试者自己的职位、称呼等。再然后，面试官应将面试中的注意事项告知应试者，让应试者有所准备，有意识地详细回答面试官的提问。

下面是一段有技巧的面试开始：

"×××，您好！首先，非常欢迎您来参加本公司的面试，我叫×××，是公司×××部门的部门经理。今天我们的面谈大约会有 30 分钟，我会向您提一些关于您所学知识和工作经历，尤其是工作细节方面的问题，希望您尽量详细具体地回答。此外，为了更好地理解您的回答，在回答的过程中，我有时会打断您，希望您能理解并予以配合。在面试结束前，您将有 5~8 分钟的时间向我提问，我将向您介绍我们公司和您应聘岗位的情况。如果您没有什么疑问，那么我们就从现在开始。"

2. 面试实施阶段的技巧

1）提问的技巧

提问是面试最核心的部分之一。面试官根据岗位说明书和应试者的简历向其提问，通过应试者的回答，考查其专业知识、工作能力、思维模式及各种技能。面试官提问的目的在于让应试者充分发挥自己的实际能力水平，从而挖掘应试者的信息。因此，面试官要具有一些提问技巧，既能让应试者展示自己的真实水平，不刻意作假，也尽量不要难倒应试者，使应试者展示不出自己的优势。

面试官的问题要由浅入深、由易到难，循序渐进。人们在做事情的时候，尤其是上学考试的时候，往往遵循先易后难的顺序，面试亦如此。面试官由简单到复杂地提问，可以帮助应试者调节紧张的状态，整理思路，头脑清晰地回答接下来的问题，充分展示自己的优势和能力。如果面试官一开始就问一些很复杂和较难回答的问题，应试者就会比较紧张，思维混乱，反应也相对缓慢一些，发挥不出正常的水平。下面是一组由浅入深、由易到难的面试题目：
- ◆ 请介绍一下你的学历背景。
- ◆ 你为什么学习这个专业？
- ◆ 你认为你在大学所受的教育对你想要应聘的岗位有哪些帮助？
- ◆ 请用简洁的语言描述你的工作经历和工作成果。
- ◆ 你为什么重新求职？为什么选择本企业？
- ◆ 你认为此岗位应当具备哪些素质？

面试官要根据现场情况，灵活提问。很多面试的内容和问题都是事先拟定好的，但是面试官也要在既定的基础上灵活把握，即使是结构化面试，面试官也不必完全按照预定方案提问，需要根据现场情况和应试者的表现随机应变。面试现场的实际情况肯定比预想的复杂，面试官事先准备的问题不可能完全包括岗位所需要的全部信息，而且应试者的回答中也有很多对招聘岗位有效的信息，面试官要及时准确地抓住新信息进行追问，更加全面、深入地了解应试者各方面的素质和能力。

面试官多采用"开放式问题"和"探索式问题"，启发应试者思路，鼓励应试者自由发挥，充分表达自己的观点，以便于深层次挖掘应试者的思想。在封闭式问题之后，要及时追问相关问题，使应试者更多地发表意见或进行评论，多展现自己的思想和才华。面试官可以通过"听"和"看"，考查应试者的口头表达能力、工作经验、阅历、分析概括等各方面的能力，以做出正确的评价。

此外，面试官在提问时，尽量避免让应试者直接描述自己的能力、优势、特点等。应试者在回答时会刻意夸大自己的能力和优势，带有一定的欺骗性，面试官很难从其口头表达和简历中判断应试者回答的真伪性。即使问了相关问题，面试官也要在之后追问一个行为式问题，让其描述具体事例来证明自己的能力。如果应试者含糊其辞，回答缺乏逻辑性，前后矛盾，其答案的真实性就会大打折扣。

面试官要避免提出带有诱导性的问题。例如，"一个领导者的个人魅力很重要，你是怎样管理一个团队的？"面试官首先肯定了领导者需要有个人魅力，间接地将自己想要的答案告诉了应试者，那么应试者在回答问题时就会强调自己的个人领导魅力，面试官很难辨别应试者是否真的具有这种能力。

另外，要避免多项选择式问题。例如，"你认为一份工作对你而言是薪酬更重要还是发展前景更重要"或者"你的管理风格是怎样的，是 X 理论的，还是 Y 理论的？"此类问题，能让应试者感觉到答案就在问题当中，他会根据面试官的意图或是偏好，做出猜测，来迎合面试官。

2）倾听的技巧

面试官在面试过程中，除了运用提问技巧以外，还要有倾听的技巧，做一名好的听众。虽然，面试过程中，面试官要掌握主动权，但是应试者才是真正的主角。面试官要通过倾听应试者的回答，观察其面试表现和行为来获取有效的信息。因此，面试官首先要做到少说、多听。面试官在提问之后，要仔细倾听应试者的回答，并对关键信息和自己感兴趣的地方做简要的记录，善于把握要点，提取有效信息，以便更深层次地了解应试者。面试官要避免自己说得太多，应鼓励应试者多发言。在应试者回答问题的过程中，尽量不要打断，并对应试者点头或者微笑，来鼓励应试者说下去，充分表达自己的观点或是描述其工作行为。

应试者在回答问题时，往往不能一次性回答出问题的全部答案，或说出面试官想要的全部信息，那么面试官就要对应试者的回答进行阶段性总结和确认，帮助应试者整理思路，继续作答。例如，在应试者作答完毕时，面试官可以说："你刚才讲到你过去主要的工作职责有3项：一是接待来访客户，二是处理客户投诉，请问，剩下的一项是什么呢？"

面试官在面试过程中不要带个人偏见。例如，不喜欢应试者的穿着打扮或者不喜欢应试者的长相、声音等。个人偏见会影响面试官的判断和获取信息的准确性。此外，在面试过程中，面试官也要排除各种干扰。例如，关掉手机，防止面试中途来电话影响面试进程；在面试室外挂上"面试中，闲人免进"的牌子，防止其他人闯入，打断面试。

3）观察的技巧

面试官除了要倾听应试者的谈话，还要观察应试者的仪表仪态、举止动作等，从中获取非语言信息。一般情况下，一个人的喜悦、兴奋、悲伤、急躁、吃惊、紧张、忐忑不安都会通过体态语表现出来。而人的行为举止也能从侧面反映其性格特征和做事风格。应试者若是坐得笔直，说明其有自信，办事果断；若是坐在椅子边缘，说明其焦虑、紧张；若是不自觉地摇椅子，说明其自以为是，骄傲自负；若是驼背坐着，说明其缺乏自信，态度消极。

此外，应试者在听到面试官的提问后，也会有相应的面部表情，若是所提的问题容易回答，应试者会面露喜悦；若是所提的问题难以回答，应试者会露出思考和焦虑的表情；若是面试官的提问正中应试者的弱点，应试者会露出尴尬和忐忑的表情。总之，非语言行为也能传递很多信息，弥补语言行为面试的不足，帮助面试官更客观准确地了解应试者。同时，面试官的非语言行为也能反过来影响应试者的情绪，起到一定的暗示作用。例如，面试官对应试者的回答比较满意，会流露出欣赏或肯定的表情；若是对应试者的回答不满意，会流露出不耐烦，甚至厌恶的表情。因此，面试官也要注意自己的非语言行为对应试者的影响，尽量避免干扰应试者正常发挥的行为发生，以保证面试的公正、公平。

4）掌控的技巧

面试官在整场面试中，要始终掌握主动权，控制全局，把握好面试节奏和时间。面试官要在有限的时间内收集应试者全面的信息，需要有效地分配和控制时间，既保证提问的全面性，又留有充足的时间给应试者表达的机会。面试官要防止应试者对某一个问题夸夸其谈，偏离主题，浪费时间，在遇到这种情况时，面试官要及时打断应试者，明确告诉其自己想要知道的信息，并请应试者做简要的回答。面试官自己也要把握提问的时间间隔，不要在遇到自己感兴趣的话题时，就不顾时间地追问，而漏掉了其他关键性问题，使得评价有偏差。

面试要富有节奏感。如果提问的频率过低，那么中间的时间间隔就会太大，会造成双方的尴尬，现场气氛也会变得沉闷乏味；如果提问的频率过高，不仅给应试者造成一定的压力，使其应接不暇，扰乱了应试者的思路，让应试者缺少表达的机会，也会让面试官无暇细致地思考和评判。因此，面试官的提问要简洁明了，掌握适当的频率，在关键性问题上，可以适当放慢频率，给应试者表达的机会，而在无关紧要的或是细枝末节的问题上，可以适当加快频率，面试官只需要确认有疑问的信息即可，不必做太多的纠缠，以免耽误时间。

在面对不同类型的应试者时，面试官也要有掌控的技巧。并不是所有的应试者，在面试过程中都能做到举止大方、彬彬有礼、语言清晰，能够准确理解面试官的意思并做出相应答案。有的应试者过于紧张和羞涩，缺乏自信；也有的应试者自信心太足，骄傲自负，过分健谈；还有的应试者支配性很强，容易反客为主；另外，还有一些应试者比较情绪化，容易激动。面试官在面对不同类型的应试者时，都要有相应的掌控技巧，使面试顺利进行。

在面对过于紧张和羞涩，缺乏自信的应试者时，面试官要注意提问的方式，多问一些封闭式问题，再逐步引导，提出一些行为式问题，使用鼓励性的语言和行为，如对应试者说"是这样的，请继续说""慢慢说，不要着急"；或是对应试者点头微笑，身体略微前倾。此外，面试官的语言要温和一些，多使用重复和总结的方式来加强与应试者的沟通，鼓励应试者发言，按照面试官提问的要求，表现自己。

在面对过于自信和健谈的应试者时，面试官要及时打断他们的谈话，将其引导到自己所关心的主题上来，或是直接提醒应试者，用简要的语言回答问题，暗示他们不要讲得太多。面试官还可以做出不耐烦或是不想倾听的表情。

当应试者过分炫耀自己以往的工作成绩时，面试官可以提醒应试者："你以往的工作成绩是值得肯定的，但是现在我们公司需要的是×××类型的人才，你认为你能胜任吗？"面对骄傲自负的应试者，面试官更要着重考查他的水平以及其知识和技能是否是岗位需要的，还要考虑到是否可以驾驭此人，并使其发挥正面作用。如果应试者很难驾驭，也很难保持对企业的忠诚，那么即使其有才能，企业也要慎重考虑录用与否。

当应试者支配性很强，反客为主，试图控制面试局面时，应试者要尽快扭转局面，加快提问的频率，同时不给应试者向自己提问的机会，只要求应试者回答问题，并严格控制应试者的答题时间。当应试者偏离主题时，面试官要客气但坚决地制止其过多地发言，直接进入下一个问题或是结束面试。面试官应该以严肃的态度对待应试者，给其施加压力，控制应试者的支配欲，让应试者按照面试官的节奏来进行面试。支配性过强的应试者，有可能是过于自负，对工作很挑剔，也有可能是想以这种方式，掩饰自己某方面能力、经验的不足。因此，面试官要仔细判断应试者答案的真伪，并留意观察其非言语性行为，增加判断的准确性。

当应试者过于情绪化时，可能在遇到某个问题时比较激动，难以控制自己的情绪。例如，一位女性应试者，在以往的工作中受到了不公平的待遇而离职，当面试官询问其离职原因时，她突然哭了起来，让面试官感到很意外，面试不得不中断。在遇到此类应试者时，面试官要对其表示理解和关怀，并跳过引起其情绪波动的话题，寻找一些较温和的话题，转移其注意力，或是等其恢复平静后再开始面试。但是，如果此类应试者所应聘的岗位需要有良好的心理素质和稳定的情绪时，那么这样的应试者显然是不合格的。

6.3.2 面试的误区

企业的面试并不都能为其甄选到最适合的人才,那么在面试过程中可能出现了问题和偏差。常见的面试误区有以下几种。

1. 不专业的面试官毫无章法地提问

不是所有的企业在面试之前都专门挑选面试官,有些企业直接由招聘专员或是用人部门的小职员担任面试官,这样就会出现很多不专业的面试官。此类面试官对应聘岗位缺乏充分的了解,面试的经验和自身的阅历及知识积累都有限,在面试过程中会毫无章法地提问,或是按照既定的题目,照本宣科。在提问过程中,不能把握关键性问题,也不能有效地从应试者的回答中获取信息。有时甚至问一些与招聘无关的问题,将面试变为交谈,导致整场面试混乱不堪,达不到预期的目的。

2. 面试官的晕轮效应

面试官在面试过程中,无法避免晕轮效应的影响。他们会根据自己的偏好来决定是否录用应试者,或是先入为主,凭自己对应试者的第一印象决定面试结果。很多时候,第一印象很重要,若是面试官对应试者第一印象很好,认为其整洁、干练或是真诚、友善,会提高面试官对应试者的满意程度,影响最终评分。若是面试官对应试者第一印象不好,认为其邋遢、滑头、伪善,那么这一印象在短时间内很难改变,即使该应试者以后表现较好,也很难获得面试官的好感,其最终评分也会受到第一印象的影响。

面试官在面试过程中,也有可能受到以点盖面的影响,由于应试者某一突出的优点而决定录用,忽略了其该有的其他能力。这种草率的行为,使企业招聘的人员并不能完全胜任该岗位,影响企业的发展进步。

3. 面试官的经验主义

目前,企业都会让有经验的面试官进行面试,他们身经百战,积累了丰富的面试经验,看人也很准,但他们仅凭过去积累的经验对应聘者进行判断和评价,甚至于面试几分钟就决定是否录用,其实这是对应试者和企业极其不负责任的行为。即使再有经验的面试官,在面试之前,也要充分准备。虽然以往的经验可以帮助面试官更准确地把握应试者的能力特征,但是仅凭经验决定是不科学的,短短几分钟的交流,也不能让面试官客观全面地了解应试者,从而降低面试的水准,浪费企业的资源,影响企业的运营和发展。

4. 面试官的行为影响企业形象

面试不仅仅是企业甄选人员的过程,也是应试者了解企业、选择企业的过程。因此,面试官的行为举止也是应试者了解企业的一个较直接的渠道。面试官的好坏直接影响企业在应试者心目中的形象。如果面试官的形象不佳,在面试过程中有不雅的行为,行为举止不端正,藐视应试者,那么企业的整体形象就会受到影响。而且,如果面试官的提问没有水平,也会让应试者觉得企业在敷衍自己,同时应试者也会质疑企业的整体水平,影响应试者对企业的认识。

5. 忽略应试者的工作动机

面试官往往侧重于考查应试者的教育背景、工作经验和各方面的能力，经常会忽略应试者的工作动机。应试者的工作动机决定了他的工作状态。良好的工作动机如应试者热爱这份工作，并喜欢所求职的企业，希望在此企业获得更好的发展，能使应试者在工作中充满激情，不断学习，努力提高自身的水平，并与企业的发展需要融为一体，既实现了自我价值，又能促进企业的发展。而消极的工作动机，如只是追求利益的工作动机，使应试者的重心在薪酬和福利上，而对工作本身和职业规划没有太高要求，一旦该应试者对薪酬不满意，或是其他单位为其提供更优厚的条件，那么他离职的可能性就很大，对本企业的忠诚度较低，影响企业的发展。

6.4 人员测评与选拔的面试实例

某企业面试过程：

第一步，选拔和培养合适的招聘者：

（1）招聘者应具备的条件：①具备良好的行为举止和待人接物的礼仪；②冷静沉着、客观的分析判断能力；③一定的心理学基础和必要的面试技巧；④较强的语言沟通能力；⑤敢于坚持公开、公正、公平的原则；⑥体现额外价值；⑦建立和保持自己的社交网络。

（2）招聘者应具备的技术：①设计和营造招聘环境的技术；②设计面试问题的技术；③策略性谈话的技术；④观察的技术（包括对肢体语言、习惯性动作等的观察）；⑤引导交流的技术；⑥掌控面试进程的技术；⑦熟知相关的人员测评技术。

第二步，确定"三维"评估体系：

（1）组织层面需求。

（2）拟任岗位要求（岗位胜任力模型）。

（3）个体素质：①能力（业务知识、专业技术、管理技能）；②动力（兴趣偏好、生活需求、价值取向、领导动机）；③人格（精神面貌、思维方式、情绪控制、行为风格）。

第三步，确定"五步"选拔体系：

（1）材料评价（简历分析、求职表分析、文凭和证书验证、笔迹分析、电话访谈分析）。

（2）专家测试（笔试：自己建立题库、请专家出题；心理测试：个性测试、智力测试、特殊能力测试）。

（3）面谈测试（基于行为事件的结构化面试法）。

（4）情景模拟（无领导小组讨论、角色扮演、公文处理、管理游戏）。

（5）背景调查（主要针对重要岗位）。

第四步，面试的准备工作：
（1）前期准备：①审阅应聘者的求职简历，进行基本资格审查；熟悉应聘者的相关资料，要注意留心一些介绍模糊的方面；评估应聘者各种材料的可信度。②笔试和心理测试的成绩。③面试大纲及面试评分表。④面谈地点的布置和面谈时间的确定。⑤专人负责导引和接待。⑥等待时间的安排。⑦面试主持人的安排。

（2）面试的一般问题：应聘者求职的动机；应聘者与工作岗位的匹配性；专业知识与相关特长；相关工作经验；应聘者工作态度与工作技巧；个人的事业心与进取心；综合语言表达能力。

（3）面试应特别关注的问题：应聘者未来的发展潜力；综合学习能力；合作精神及团队协作能力；适应能力；对于本企业文化的认同性。

（4）面试提问的技巧：①相对于封闭式的提问方式，开放式的提问是更好的选择；②"非引导型"的提问方式；③循序渐进地提问，把握从易到难的原则；④把握好面试的节奏，控制好时间。

（5）面试应防止的错误心理效应：①个人偏好；②晕轮效应；③首因和近因效应；④相比错误；⑤盲点（错误使用信息或忽视部分信息）。

（6）简历分析：①提出关键词——重点是与应聘工作要求相符，如曾任职务及任职时间；现任职务及任职时间；具体工作的内容等。②找出形容词和数量词来反映应聘者满足应聘工作，如从事相关工作的时间长度；技术职称的评定次数及时间；获奖等级和次数等。③把握并估计以往工作经验与应聘工作之间转化的难易程度，如知识、技能、经验、性格特征等。④估计应聘者提供的背景材料的可信度，如可证实的材料：学历、学位、外语等级证书等；需要证实的材料：以往的工作表现、能力水平、求职动机等；需要进一步证实的材料：团队精神、责任心等。⑤忽略无法证实的材料，特别是个人对自己的评价、看法、个性、兴趣等，如领导能力、原则性、组织协调能力、合作性、独立性、社交能力、爱好等自我评价。⑥为面试做准备——记录下有待证实和进一步了解的问题和细节。

（7）评价要点：
- 所具有的内外在条件是否符合本工作的要求，如仪表、姿态、气质、性格类型等？
- 态度、工作抱负等是否与本单位的工作目标一致？
- 工作意愿能否在本单位的工作过程中得到满足？
- 所具有的能力是否符合所聘用职位的要求，如工作经历、教育程度、专长等？
- 所能接受的待遇及其工作条件是否与本单位所能提供的条件适合？
- 自我表现能力（包括表情、语言、自信）。
- 是否还有潜力能够在本单位继续发掘？
- 语言表达能力、随机应变能力、综合分析能力，以及想象力和创造力如何？
- 是否有饱满的工作热情和事业心？
- 对于此项工作是否有足够的精力来胜任？

第五步，准备面试内容：
公司主要采用行为事件面试法和情境面试相结合的方法，其中情境面试主要采用无领导小组讨论和公文筐测验的形式。

（1）行为事件面试法备选题目如下：

①请选择一次在你过去的工作当中……的经历进行描述。

②请给我们举例说明一下……。

③请为我们描述你的一次有关……的经历。

④请告诉我你关于……的印象最深刻的一件事。

⑤请回忆一下你最……的一次经历。

（2）无领导小组讨论的实施步骤：

①流程：整个过程的基础是一个临时工作小组（一般 5~7 人），由一组应试者组成，共同讨论给定的问题，并做出相应决策；目的：通过模拟团队合作的过程，考查应试者的各种能力和品质，诊断其是否适合某一管理职位，这些能力和品质包括领导能力、团队合作能力以及某些个性品质；维度：组织行为、洞察力、倾听、说服力、感染力、团队意识、成熟度；适用对象：参加应聘的具有领导潜质的人或某些具有特殊才能的人群（如营销人员）。

②实施步骤：进行的场地安排在一间可透视的小型会议室或接待室（可容纳 6 人），最好是放圆桌；准备一个简短案例，其中隐含有数个问题待决策或处理的；请应聘人员进入会议室或接待室自由落座；将案例发放给所有应聘者并说明案例为测试题，可集体讨论解决；所有面试考官在场地外观察表现，非发生重大问题时，考官都不可以出面，让应聘人员自发进行讨论；结束小组讨论，综合统计所有考官对每位应聘者的评分。

③评价维度：主动、控制、容纳、团队、支持、服从。

④评价标准：发言次数与发言质量的综合表现；是否敢于坚持自己的意见或发表不同的意见；能否支持或肯定别人的合理化建议，倾听同伴意见，尊重他人的不同看法；是否具有出色的言语表达的技巧和驳斥的技巧；是否能够控制全局，并在此基础上发挥影响力创造出良好气氛，并通过组织协调将观点引向一致；是否具备一些内外在的良好品质。

（3）公文筐测验的实施步骤：

①流程：通过观察应试者在规定时间内、一定条件下处理事件过程中的行为表现和书面作答，评估其计划、组织、预测、决策和沟通能力；目的：考查中高层管理者的综合性管理技能；维度：工作条理性、计划能力、预测能力、决策能力、沟通能力；特点：情景性和综合性；适用对象：具有较高学历并有发展潜力的人或企业的中、高层管理者。

②评价维度：领导能力、沟通协调能力、组织意识与责任感、计划组织能力、文字表达能力、管理能力。

③评价标准：计划、组织、分析、判断、决策、任务分派，对工作的环境的理解与敏感程度等。

- 是否对每份材料都阅读并答复；
- 是否能够分轻重缓急，即使在有时间压力时，也能有条不紊地处理；

> 是否能根据书信的重要性进行分类,然后做出答复;
> 是否能将任务恰当授权于下属;
> 是否过分拘泥于细节;
> 是否有能力巧妙而有效率地解决问题;
> 做出每项决策的理由是否充分合理。

第六步,由面试官填写面试结果评价表(表6-3):

表6-3 面试结果评价表

评价项目	评分
求职者的内外在条件是否符合本工作的要求(仪表和姿态)?	
求职者态度、工作抱负等是否与本单位的工作目标一致?	
求职者的内在涵养是否符合本项工作的要求(气质、性格类型)?	
求职者的工作意愿能否在本单位的工作过程中得到满足?	
求职者的专长能否满足所聘用职位的工作需要?	
求职者的工作经历是否是所聘用职位所必要的?	
求职者的教育程度是否符合所聘职位的要求?	
求职者所能接受的待遇及其工作条件是否与本单位所能提供的条件适合?	
求职者的自我表现能力(包括表情、语言、自信)。	
求职者是否还有潜力能够在本单位继续发掘?	
求职者的语言表达能力如何?	
求职者的思维分析能力如何?	
求职者的想象力和创造力如何?	
求职者是否有饱满的工作热情和事业心?	
求职者对于此项工作是否有足够的精力来胜任?	
求职者所表现出来的综合素质是否足以胜任该工作职务?	
求职者的随机应变和反应能力如何?	
综合评语以及录用建议:	主考官签字:

第七步:择优录取,与求职者签订聘用合同,确定试用期时间和条件等。

【综合案例】

A公司的面试实例

A公司是一家著名的大型企业,为在管理模式上与国际接轨,在中层经理的调整过程中突出了公平原则,即全员竞岗。最让A公司感到自豪的是在中层经理的全员竞岗过程中,他们邀请了三名中国知名人事专家做考官,并对其中的面试环节进行了具体指导。

中层经理的整顿包括以下步骤:

第一,所有中层经理名义上自动脱离岗位,为不影响工作,暂时代行经理职权(共空出58个岗位);

第二,号召所有符合条件的公司员工都来竞聘中层经理职位(实际竞聘者100名);

第三,对所有竞聘者进行公平测评(资历、业绩、能力、群众威信等方面的评定);

第四，择优录用，签订聘用合同。

其中第三个步骤，资历的评定包括对竞聘者的学历、专业、知识水平、工作经历等方面的评定，权重系数为30%；业绩指的是上一年的工作业绩状况，权重系数为20%，能力指在面试中表现出来的个人影响力、工作动机、精力状况、交流技巧、思维能力等方面的总和，权重系数为30%；群众威信指通过民意测验了解到的竞聘者在德能勤绩四方面的评定结果，权重系数为20%。

A公司尤其看重通过面试进行的能力测评这一环节，甚至不惜重金聘请了三位国内知名的人事专家进行现场指导。具体情况如下：

2005年12月16日上午8点30分，X先生、Y女士和Z先生相聚于A公司的培训中心。他们都是于两天前接到邀请的，但是A公司并未给他们相关的背景材料。8点30分到9点整的这段时间里先是公司领导礼仪性的接待和介绍，然后是专家间的自我介绍，最后仅用10分钟的时间进行面试的介绍。A公司人事部经理代表公司要求三位专家除了充当专家评委外，还要对整个面试过程给予指导。

9点整，三位专家分别被安排在三个大的专用面试房间内，分别负责三个面试小组。其中X先生在008房间，为第一小组。房间的布置很典雅，人事经理说其他两个房间的布置都是一样的，即房间一侧有五张一字排开的桌子，是为五位评委准备的。评委席的正前方是竞聘者的讲桌。五张桌子上各放了三样东西：一份面试问题卡、一支签字笔、八张评分表。面试卡上的题目，据人事经理介绍是由A公司人事经理助理、正在读EMBA的小刘出的，共20题。评分表罗列了专业知识、应变能力、战略思维、职位认识等评价方面，但是没有具体的评分标准。008房间的评委包括人事专家、公司副总、人事部经理和另外两名高层管理人员。大家对题目好像都不是很熟，于是用了10分钟熟悉问题。

9点10分，面试正式开始，X先生所在的008室第一小组，由X先生做主席，负责全程提问，每个竞聘者用时30分钟，结束后，各评委先打分，X先生再点评。11点50分，008室完成了对8名竞聘者的面试。

午饭后，三位专家和A公司高层开了一个碰头会，提出了上午出现的三个问题。第一个问题是提问的方式不一致：X先生所在的008室第一小组由X先生一个人提问同样的问题（在问题卡上依问题性质做了摘选），其他评委只评分，不提问；Y女士所在的009室第二小组由A公司另一位副总提问，对不同竞聘者所提问题并不相同，但都是问题卡上的问题，且内容相近；而Z先生所在的010室第三小组则是大家随意提问，但是问题一般不超出问题卡上20道题的范围。第二个问题是打分偏向较重：X先生所在的008室打分普遍较高，Y女士所在的009室普遍较低，而Z先生所在的010室则适中。第三个问题是专家的作用不同：X先生在008室对每一位竞聘者都进行点评，Y女士仅在上午结束后才进行一次集中点评，而Z先生则强调为避免对其他评委的评分倾向产生影响，根本没有进行点评。

A公司提出各小组是否统一提问方式，同时专家是否都能够对每一位竞聘者的表现进行点评。三位专家对A公司的面试准备工作提出了善意的批评，他们不同意在其后的面试过程中统一提问的方式，而是建议可以采用标准或使用小组间"协调系数"予以平衡，专家同意对每一位竞聘者进行点评，但应在评委打分之后。

讨论题：

1. 结合案例分析以上面试活动的优点与缺点。
2. A公司的面试活动有哪些不足之处，如何改进？
3. 面试形式有哪些？A公司采用的是哪种面试形式？

【实验项目】

模拟情境面试、无领导小组讨论面试、公文筐测验面试、结构化面试和非结构化面试。

【课堂游戏】

将班级成员分成三个小组，进行面试现场模拟游戏。其中一个小组成员扮演面试官，另一个小组成员扮演应聘者，剩下一个小组成员当评委，对其他两个小组成员的表现进行评分。首先要确定模拟应聘的岗位，再由扮演面试官的小组成员来规划面试的整个流程，包括现场布置、面试形式、面试内容和问题、面试评分表等。建议在时间允许的情况下，多采用几种面试方法。扮演应聘者的小组成员先决定自己应聘的岗位，再进行相应的准备。剩下的成员既要对面试官的表现进行评分，也要对应聘者的表现进行评分，并提出意见。

【拓展训练】

无领导小组讨论训练：

将班级成员划分为若干小组，每个小组以 5~7 人最佳，模拟面试现场，以无领导小组讨论的形式进行面试。另外，专门由一组成员担任面试官和面试主持人，由他们对其他小组成员的表现进行点评。

以下是几个无领导小组讨论经典题目，可供参考（世界 500 强企业面试题目）。

1. 资源分配问题

单位（外企）经费紧张，一共有 25 万元，但有下列几项要办的事：①办公过程中打电话难的问题需要解决；②上级单位委托承办大型会议，需要装修会议室、大厅等以承办这次会议；③职工的高额医疗费用需要支付；④临近五一节，需要为单位职工发些福利。很明显 25 万元无法将这四件事情都办圆满，如果你是这个单位的分管领导，将如何使用这笔钱。

要求：5 分钟的审题、思考时间；1 分钟时间陈述自己的观点；15 分钟的小组讨论时间；5 分钟总结，每小组选一人代表小组发言。

2. 两难问题

假设你是某面包公司的普通员工，现在公司给你一项任务：去偏远地区销毁一卡车的过期面包（面包虽然过期，但食用后不会致命，对身体健康没有损害）。在去销毁的路上，刚好遇到一群饥饿的难民。难民坚信你所坐的卡车里有能吃的东西，所以堵住了你的去路。这时记者也刚好赶来，他们是来报道难民动向的。对于难民来说，他们的饥饿问题是一定要解决的；对于记者来说，他要实事求是地报道所发生的事；对于作为员工的你来说，你是要完成任务把面包销毁。

现在要求你既要让他们吃这些过期的面包，以此解决难民的饥饿问题，同时完成销毁面包的任务，但不能让记者报道过期面包的事实，请问你将如何处理面对的所有问题？（说明：①过期面包不会使人致命。②不能对记者进行贿赂。③不能损害公司形象。）

3. 多项选择题

假如你刚刚被调到某旅游饭店当总经理，但上任后发现前一年的最后一个季度没有完成上级下达的利润指标，在调查后发现该饭店存在着许多影响利润指标完成的问题：①酒店的餐饮部问题较多，对内食堂较差，职工意见很大，对外的饮食缺乏特色，再加上服务不好，导致了整体的吸引力不高、很多外宾去其他饭店就餐的情况；②人事安排暂时无专人负责，因分管组织人事工作的党委副书记调离 1 个月，导致职工整体积极性不高；③客房、餐厅服务人员不懂外语，对国外旅客的服务效率低，甚至只能靠翻译进行交流；④整体服务效率和质量不高，甚至出现客房挂出"尽快打扫"门牌后，仍无法把房间打扫整理，导致旅游的外宾有很大意见，也出现投宿其他饭店的情况；⑤进货时没有预判，导致不同商品出现不同程度的脱销或积压；⑥信息传递不流畅，总服务台不能及时把市场信息、客房销售信息、财务收支信息、客人需求和意见等传递给总经理及客房部等有关部门；⑦营销保守，在旅游旺季不敢超额订房，生怕出现问题而影响饭店声誉；⑧饭店对上级的报告根本不符合本饭店实际情况，其中有弄虚作假、夸大成绩、掩盖缺点的现象；⑨仓库管理混乱，原料、产品等物资堆放不规则，导致失窃严重；⑩有些公司干部出现了任人唯亲的情况，将一些缺乏工作能力的干部家属安排到一些比较重要的工作岗位上。

请问：上述 10 项因素中，哪 3 项是造成去年第四季度利润指标不能完成的主要原因（只准列举 3 项）？请陈述你的理由。

4. 开放式问题

如何成为一个成功的领导者，这取决于很多因素，如：善于鼓舞下属，充分调动下属积极性；知人善任，能充分发挥下属的优势；处事公平公正；能在坚持原则的基础上又不失灵活性；解决问题能力强；幽默风趣；独立且有主见；言谈举止具有风度；对人和蔼，有亲和力；有威严感；善于与人沟通；业务能力出色；协调能力强，善于化解人际冲突；有明确的目标；全局观出色；决断力强。请你分别从上面所列的因素中选出一个你认为最重要和最不重要的因素。

答题要求：5 分钟时间审题、考虑，然后将你的想法写在纸上，并展示出来。接下来小组成员用 25 分钟时间就这一问题进行探讨和研究，并在结束时综合出一致性的意见，即统一出一个你们共同认可的最重要和最不重要的因素。每小组派出一个代表来汇报你们的观点和看法，重点要阐述你们做出这种选择的原因和你们的思维过程。如果到了规定的时间小组成员没有得出一个统一的意见，那么小组成员每一个人都要减去相应分数。

第 7 章

人员测评与选拔的评价中心方法

引 例

人事部部长办公室里传出很大的吵闹声，全办公室里的人都屏住呼吸，大气都不敢喘。谈话的内容听得不太清，只知很是激烈，最后，人事部刘部长生气地大吼："当初是我瞎了眼，竟把你这种人招进了公司！"

"对，你就是瞎了眼！"小张掷地有声回了一句，夺门而出，留下重重的关门声。

这句话深深地伤害了刘部长，他一整天都郁郁寡欢。晚上，刘部长把一切都看在眼里的老李叫出去喝酒。三杯酒下肚，刘部长终于提起上午的事，"我真想不透，我亲自把这些人招进了公司，他们不但不知恩图报努力工作，反倒在完成不了工作的时候，不仅推卸责任，还把气撒在我头上。老李，我们是二十多年的朋友了，一同在公司也工作了七八年，你说句心里话，难道我真瞎了眼？"

老李是个实在人，他们又是多年好友，便将他听到的员工们的议论说了出来："这事也不是头一回，技术部的经理小许，半年来一直没有干过一件实事，其实不能怨他，因为他的专业不对；销售部的经理小高，业绩那么差，他以前根本没干过销售；公关部经理的小陈，是个直肠子，一来就得罪了孙局长；还有……"

"难道真的是我不会看人？可当初他们都保证说自个儿行的啊！"

"求职找工作嘛，谁不说自个儿行、能力强？但问题是不能单凭一双眼睛看人呀。"
……

听了一番肺腑之言之后，刘部长终于承认自己是凡胎肉眼，也准备吸取教训，决心去学习一些先进的招聘方法。

思考：为什么该公司的人员会出现人岗不匹配？在再次招聘过程中可以用哪些先进的招聘技术来避免人岗不匹配的问题？

7.1 评价中心方法的定义与特点

7.1.1 评价中心的定义

评价中心技术源于德国。1929 年德国心理学家建立了一套用于挑选军官的多项评价程序，该程序的主要目的是选拔军官，在第二次世界大战期间英国军队为了提高军官的选拔准确率，在效仿德国评价系统的基础上成立了陆军评选委员会，并制定了与德国模式相似的情景模拟测验，先后有 14 万人接受了评价并取得了成功。

第二次世界大战之后，评价中心技术从军用转为民用。1945 年，英国文职人员委员会开始使用评价中心技术来甄选高级文职人员，之后评价中心技术渐渐广泛地应用于工商管理的人才素质测评和管理人才选拔。自 20 世纪 50 年代美国电报电话公司（AT&T）应用评价中心（Assessment Center，AC）的模式选拔管理人员以来，在评价中心中运用到了小组活动、面谈、公文处理练习、无领导小组讨论、投射联系、自我描述、生活态度调查、关键思维测验等方法，对公司几百名员工进行了多次的评价和长期的评估，取得了很好的评价效果，此后，评价中心技术在通用电气、福特汽车公司等多个公司中实施，如今评价中心已成为全世界通用的一种人才选拔的有效方法。20 世纪 80 年代，随着外资企业进入中国，评价中心亦被带到国内，目前我国许多政府部门或国企事业单位亦相继开始采用评价中心的方法来选拔合适的人才。

第 28 届评价中心国际会议给出的评价中心的定义是：评价中心是由多次行为的标准化评估构成的，由许多受过专门训练的观察者运用技术手段，对被考核人在专门设计的模拟情景中的行为表现做出客观判断。随后，这些判断会被观察者集中讨论，并加以整合分析，最后提交评分结果。

简而言之，评价中心是一种综合评价系统，它包含了多种测评方法和技术，主要用于评价、考核和甄选管理人员。但是，对评价中心的理解需要注意以下几个核心要点。

首先，评价中心是一种程序而不是一种具体的方法。评价中心是以情景模拟技术为主的多维度综合性甄选技术，是现代人才测评方法综合发展的最高体现。

其次，评价中心是对多种方法和技术的综合使用。评价中心由多次行为的标准化评估构成，会运用到多种测评技术甄选人才，常见的测评技术有无领导小组讨论、角色扮演、模拟面谈、公文筐测试、搜寻事实、管理游戏、案例分析、演讲、辩论等。

然后，评价中心进行情景模拟。评价中心的测验是根据目标岗位的个性化要求，所采用的测评情景与应聘者的未来工作情景高度相似，有较强的针对性。

最后，评价中心经过专业训练的观察者会根据被试的行为做出判断，观察者的专业能力与评价中心效果息息相关，且多名观察者共同做出评价可以增强评价结果的信度与效度。

一般来说，研究应用者将评价中心分为广义评价中心和狭义评价中心。广义的评价中心是一项针对被试所进行的心理测试（其内容主要包括人格测验、职业兴趣与职业倾向测验、能力测验、价值观与动机测验等），面试技术，投射测验（主要是深层次人格特质、职业兴趣、职业动机等方面的评估和测试）及情景模拟等技术集合；狭义的评价中心是指主要通过情景模拟为核心的技术体系对被试进行评价和测试的技术集合。

通常在实践中常说的评价中心多是指狭义的评价中心。故本书所研究和涉及的评价中心主要是指狭义的评价中心，即通过以情景模拟为核心的技术体系对被试进行评价和测试的技术集合。

7.1.2 评价中心的特点

与传统的人才测评和选拔方法相比，评价中心有如下特点。

1. 评价行为的真实性

评价中心利用与工作情景高度相关的测评模拟情景对被试进行测评，由于测评情景与真实工作情景较接近，其面临的测评任务和情景亦处于多变的情景下，因此被试的表现不易伪装，其表现出来的行为较为真实，测评的结果对于预测被试未来的工作表现相对可靠。

2. 测评情景的高仿真性

测评中心通过情景模拟技术，注重测评情景与实际工作情景的相关度。测评情景根据目标岗位的工作分析所设定的情景设计，与实际的工作情景高度相仿，能够反映被试对实际工作的胜任能力。

3. 评价结果全方位性

评价中心评价结果的全方位性体现在观察者的全方位性和技术方法的全方位性。首先，参与测评观察的考官包括公司高层、岗位直线领导、人力资源专员和外部测评专家以及行业专家几大类别，一般在5人以上。其次，评价中心运用多种测评技术，每种技术可以测评多个维度，每个维度亦被多种技术测评，为全民评估提供了条件。

4. 评价依据的标准化

评价中心的测评内容具体，过程清晰，具有标准化的测评程序，可以有效克服人员测评中的随意性，因此该技术具有较高的效度。

5. 评价过程周期较长

与传统的人员选拔方法相比，评价中心评价过程的周期较长。评价中心涉及多种评价方法，在实施之前需要进行大量的准备。首先测评模拟情景是建立在工作分析的基础之上，针对相对岗位需要设定有针对性的岗位模拟情景；其次，测评维度较多，每一维度需要多种方法测评，因此综合测评时间需要 1~3 天；最后，测评实施结束之后，观察者对观察行为进行讨论和判断最后提交评分结果的时间亦较长，评价中心的实施周期一般需要一个月左右。

7.2 评价中心方法的流程与要点

7.2.1 评价中心的流程

为了保证评价中心的有效实施，测评单位需要按照规范化的程序进行。

1. 明确评价目标

评价中心可以应用在招聘、绩效考核、人员培训等多个管理领域，不同的岗位、不同的测评目标所需要使用的测评手段和方法是不一致的，因此在测评之前必须确定测评目标，根据评价目标判断该评价是否适合用评价中心的方法进行评测，评价目标是制定评价指标和设计评价方案的依据。

2. 确定评价指标

测评指标的确定是通过对目标岗位进行工作分析或者胜任力特征分析，根据岗位的关键素质建立关键评价指标，岗位关键指标与岗位的绩效密切相关，因此这些关键指标成为评价中心评价的核心内容，也就是评价中心"测什么"。为了提高对这些关键指标评价的准确性，一般而言评价指标数量不宜太多，否则会分散观察者的注意力，为观察者深度分析评价结果造成障碍。有研究显示，在对比使用了 3 个、6 个和 9 个评价指标对观察和评分的影响后发现，使用 3 个指标时，行为分类和评分的准确性是最高的；使用 6 个评价指标时，行为观察的准确性最高，因此，从评价效率和效果的角度，一般 6~8 个指标较为合适，最好不超过 14 个。

3. 设计评价方案

评价方案的设计包括以下几个方面的内容。

首先确定评价中心方法，由于不同的评价中心方法都有其局限性和优势，因此需要根据不同的评价维度和目标来确定评价方法，一般来说一个测评指标可以使用两种以上的测评方法进行观察，如决策能力可以通过无领导小组讨论、文件筐测验、半结构化面试等方法进行测评，在方法的选择上应该以情景模拟的方法为主，设计中方法的适用范围如表 7-1 所示。

表 7-1 评价中心设计方法适用矩阵

方法	影响力	协调能力	授权	决策	分析判断
无领导小组讨论	●			●	●
文件筐测验			●	●	●

续表

方法	影响力	协调能力	授权	决策	分析判断
演讲	●				●
角色扮演	●	●			●
半结构化面试		●	●	●	●

　　然后设计评价试题。根据评价方法设计与目标岗位工作情景相近的试题，为了确保评价当天的效果，试题设计好之后可以在小规模人群之间进行实验，如实验测评效果不理想可以相对应地进行修改与调整。

　　方案设计的最后一个问题是制订测评计划，该阶段要注意的问题是设计测评当天的流程与该次测评的时间进度表，保证本次测评能有效、有序地进行。

4. 培训评价观察者

　　在评价方案设定之后需要组建观察团队，即考官团队，一般的观察团队包括公司的高层领导、直线领导、人力资源部门专员、外部测评专家和专业领域专家，观察团队选定一位主考官，其他为考官，观察团队人数一般为5人，具体的团队组成根据目标岗位的实际确定。观察者水平直接关系评价结果的好坏，直接影响本次招聘是否能招到最优人才，由于观察者来源于不同部门，有不同的背景，因此对观察者进行培训至关重要。对观察者进行培训的内容主要是评价指标、评价方法、评价试题、观察技巧、记录技巧、评分技巧等方面。

5. 实施评价过程

　　实施评价过程就是考察者按照考评方案实施考评方案与被考察者接受测试的过程。评价方案的实施是在一系列的准备工作之后进行，是被试被观察的过程，实施评价过程亦需要一系列的安排，是评价中心流程中独立的一小部分，包括实施评价的准备阶段、实施阶段、结束阶段。在实施评价的准备阶段，考务人员安排好场地、分发资料、考官宣读指导语；在实施阶段，被试参与测试，考官独立对被观察者的行为进行观察、记录，并对被观察者进行初步归类和评估；在结束阶段，主考官宣布结束测试，考务人员引导被考察者离场并回收相关资料。

6. 形成评价结果

　　在评价过程中每个观察者在对被观察者进行独立分析的基础上，观察者小组对每个观察者所有评价结果进行逐一的讨论，直到各个观察者对被观察者的评价形成共识。由于评价中心使用多种评价方法，故在讨论评价结果的过程中越是重要的评价技术越是放在最后讨论；同时，一种评价维度可能使用了多种评价方法进行测评，对该评价维度的评价结果就需要综合考虑多种测评方法的结果。

　　在观察者小组进行评价结果综合讨论并形成共识之后，其需要在定性分析和定量分析的基础上撰写评价报告，对被观察者的行为素质进行全方位的评价。形成的评价中心结果可以用于组织内部的选拔、绩效考核、培训开发。

7. 反馈评价结果

　　在形成评价结果之后，组织测评的单位可将测评结果反馈给被观察者，其目的主要是向被观察者说明其在评价中心中的表现,以及被观察者与目标岗位的匹配度,并指出被观察者需要改进或发展的方向。

7.2.2 评价中心的适用范围

从评价中心的评价对象范围而言,实施复杂、费用较高、周期较长等特点决定了评价中心比较适用于选拔中高层的管理人员和关键岗位人员,且每次测评规模较小,一般为 6~12 人。评价中心不太适合在招聘普通员工时运用,但评价中心中的方法可以作为人力资源招聘的辅助手段。

从评价中心考查的内容范围而言,其考查的内容包括被观察者的以下能力:

(1)管理能力,其内容包括计划能力、组织能力、领导能力、协调能力、控制能力、决策能力等;

(2)人际交往能力,包括沟通能力、语言表达能力、团队合作能力;

(3)认知能力,包括综合分析能力、逻辑推理能力等;

(4)个性特征,包括自信心、自律性、责任心、事业心、上进心;

(5)职业素养,包括服务意识、全局观念、主动性、公司利益观。

从评价中心在人力资源管理六大模块中的辐射范围而言,评价中心可以用于人员甄选与配置、人员培训、绩效考核等多个方面。人员甄选与配置的主要目标是人适其岗,为岗位甄选合适的人才。评价中心运用多种方法,全方位地评价应聘者,通过工作情景模拟将应聘者在未来岗位上的表现清晰地展现出来,评价中心的结果较为准确地判断应聘者与目标岗位的匹配性,通过这种全方位评价与精准的情景模拟可以为岗位选择最佳的应聘者。培训是人力资源管理中普遍性的工作,培训的首要步骤是确定培训的目标。评价中心通过情景模拟,对被观察者的工作行为与素质进行观察,再与岗位分析所得到的关键指标相比较,可以清晰地发现被观察者素质与岗位要求之间的差距,该差距即为培训的目标。

在实际运用中,评价中心的一些方法亦是培训的工具之一,如角色扮演,员工在角色扮演过程中,通过亲身实践较快地理解所扮演的角色,能够让员工知道提升自我的方向,提高员工提升自身素质的积极性。

7.3 常见的评价中心方法

评价中心作为多角度、多方法、多技术的综合技术集合体,在实践过程中较为常用和常见的技术方法主要有管理游戏、文件筐测验、角色扮演、无领导小组讨论、有领导小组讨论、演讲、案例分析、搜寻事实、模拟面谈等,各评价中心方法的使用频率以及操作复杂性显示如表 7-2 所示。

表 7-2　各方法在评价中心实践中的使用频率和操作复杂性

评价中心方法名称	操作复杂性	实际使用频率
管理游戏	更复杂 ↑	25%
文件筐测验		81%
角色扮演		—
有领导小组讨论		44%
无领导小组讨论		59%
演讲		46%
案例分析		73%
搜寻事实		38%
模拟面谈	更简单	47%

资料来源：童天. 评价中心技术的运用[M]. 中国劳动, 2005, （8）：62-63

7.3.1　文件筐测验

文件筐测验是评价中心技术中最核心、最常用的技术之一，在第 6 章中已详细介绍过文件筐测验的含义，本节主要介绍文件筐测验的实施流程。

1. 准备阶段

文件筐测验准备阶段主要包括材料准备和考官培训两方面。

材料准备：由于文件筐测验是纸笔测验，因此在实施前需要准备测验材料和场所。测验材料包括测验所需的测验材料、答题册、橡皮、铅笔等，并给每个被试的测试材料和答题纸编上相应的序号，实施前需要核对清楚。文件筐测验的答卷纸是由三部分内容构成：第一部分包括测试者姓名或编号、应聘单位和职位、文件序号等；第二部分为处理意见（或处理措施）、签名及处理时间等内容；第三部分是处理的理由。文件序号不代表处理的顺序，只是文件的标识顺序，并允许考生根据轻重缓急自行调整顺序，但给所有考生的文件顺序必须相同，以示公平和公正，文件筐测验答卷纸示例如表 7-3 所示。测试要求在比较宽敞、安静的场所进行，每个人一桌一椅，保证相互之间无干扰，所有考生最好在同一时间完成测验。若文件内容涉及招聘单位的内部情况，在测试前应对所有考生提供一定的培训，介绍相关情况，尽量消除内部考生和外部考生对职位熟悉程度的差别。

表 7-3　文件筐测验答卷纸示例

文件筐测验答题纸		
考生编号：	应聘职位：	文件序号：
处理意见： 　　　　　　　　　　　　　　　　　　　　签名 　　　　　　　　　　　　　　　　　　年　　月　　日		
处理理由：		

考官培训：由于文件筐测验的技术性较强，因此进行测试之前需要对考官进行培

训,培训内容包括对文件筐测验的总体讲解、模拟文件筐测验结果评分、明确文件筐测验结果评价维度和标准等。

2. 实施阶段

工作人员在对被试进行身份确认后发给考生测试指导语和答卷纸。主考官宣读指导语,对测验要求进行简单介绍,说明注意事项,并且对考生的提问进行回应,当考生觉得没有其他不解的问题后,再发放测验文件。如果考生人数比较少,也可以将材料一次性发给考生,但要求考生必须严格遵守主考官的指示,先看指导语再看文件。

测试指导语分为两部分,第一部分是总指导语,是对测验阶段、目的说明和对文件处理情景的描述,包括被试扮演的角色、情景中组织的构建等;第二部分是对整个测验中答题要求和时间做出的说明。总指导语由主考官宣读。而在考生正式进入文件处理后,除非是测验材料本身有问题,否则不允许考生有任何提问。

测验流程一般如图 7-1 所示:

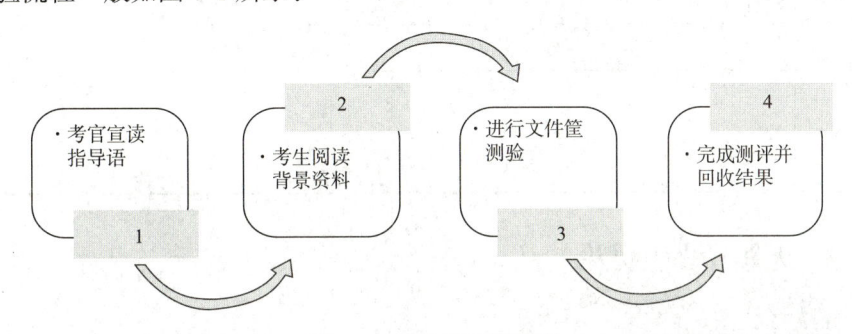

```
[1] 考官宣读指导语 → [2] 考生阅读背景资料 → [3] 进行文件筐测验 → [4] 完成测评并回收结果
```

图 7-1 文件筐实施流程

3. 评价阶段

当测试结束之后,应开始对测试结果进行评分,最好在测试完之后立即进行评价,当事先安排有质询被试的程序时,尤其应该如此。为了能达到客观、公正的标准,可对被试进行逐个编号,指派一个人将被试的处理意见和处理理由念给所有评分者听,之后,由各位评分者独立打分。评分时,可按序号逐一评定,这种办法可以对被试的素质形成整体印象;也可按文件内容分类进行评定,该种办法较易于达成评分标准的一致性。考官对每个被试评价需遵循定量评价与定性评价相结合的原则,考官需针对考题讨论制定统一的评价标准,完善参考答案,然后分头批阅。

文件筐测验评价的依据一般有下列几项:是否看过每份材料且做出合理答复;是否按事情轻重缓急处理文件;文件处理意见是否合理有效;解决问题的逻辑是否全面周到。具体的评分表格式样如表 7-4 所示。

表 7-4 高级管理人员文件筐测验评分表

应聘者:　　　　　　编号:　　　　　　考官:

评分指标		参考评分要点	满分	得分	备注
问题解决	洞察问题	发现问题的前因,洞察相关问题的联系,归纳综合,形成客观正确的判断,预测问题的可能后果	10	X	
	解决问题	提出应对问题的有效举措,并将其付诸实施,即使在情况不明朗时,也能及时做出决策	10	Y	

续表

评分指标		参考评分要点	满分	得分	备注
问题解决	计划统筹	设定正确、符合现实、具有前瞻性的目标,确定实现目标的有效措施及行动安排,设计合理高效的行动时间表	10	Z	
日常管理	任用授权	给下属指派与其责权、专长相适应的任务,提供给下属完成任务所需的人、财、物等的支持,充分调动和利用下属的力量,发挥下属的特长和潜能	10	U	
	指导控制	为下属指明行动方向,适时地发起、促进或终止有关工作,维持组织机构的正常运转,监督、控制活动经费的开支及其他资源的消耗	10	V	
	组织协调	协调各项工作和下属的行动,使之成为有机整体,按照一定的原则要求,调节不同利益方面的矛盾冲突	10	W	
	团结部属	理解下属的苦衷,在力所能及的范围内解决下属的困难,倾听下属、尊重下属、爱护部属,帮助下属适应新的工作要求,重视促进部属的个人成长与发展	10	R	
个人效能		注重行动、实干和效率,合理有效地使用、分配、控制自己的时间	10	S	
得分总计					
考官评语					
		考官签字			

7.3.2 无领导小组讨论

无领导小组讨论(Leaderless Group Discussion,LGD)是评价中心技术方法中使用频率较高的一种测评技术。在第 6 章中已详细介绍过无领导小组的含义,本节主要介绍无领导小组讨论的实施流程、适用范围与优缺点。

1. 准备阶段

无领导小组讨论的准备阶段包括测试环境布置、被试分组、准备讨论材料、考官培训等几个方面的内容,前期准备的效果直接影响无领导小组讨论测评过程顺利与否。

环境布置:环境布置即为测评布置合理的环境,值得注意的是无领导小组讨论的环境要求宽敞、明亮、安静,且以圆桌会议的形式最佳。圆桌会议不分主次,能给测试者带来平等感,亦有利于讨论中的发言。目前常用的环境布置方式包括全景式布局方式和现场式布局方式。全景式布局方式是指被测试者和考官处于两个独立的房间,考官通过多媒体监控设备对被测试者的言论进行观察;现场式布局方式是考官和被测试者集中在一个房间中进行讨论。两个布局均各有利弊,被测试者在全景式布局的环境中进行讨论,没有外部的干扰,表现较为真实,但是对监控设备要求较高,而在现场式布局的环境中进行讨论较为方便,但被测试者由于与考官距离较近,易产生心理压力,影响表现的真实性。

被试分组:为了体现无领导小组讨论中的公平性,在被试分组过程中要充分考虑被试的年龄、经历、职位等方面的对等性,并兼顾男女性别比例分布合理。小组人数一般为 6~8 人，人数过多则会造成意见分歧过大，在一定时间内很难达成一致意见；人数过少则太易形成一致意见。

准备讨论材料：在正式无领导小组讨论之前需要准备相关的材料，如被测试者资料、签到表、指导语、讨论案例、评分标准、评分记录表、评分表等。

考官培训：为了保证无领导小组讨论顺利进行，在讨论前需对考官进行培训，在培训中明确每个考官的职责、统一评价标准。其中考官分为主考官和考官，主考官负责宣读指导语、控制讨论时间、在讨论结束后评价，主考官和考官一起观察被测试者的行为表现，如有需要在正式讨论之前可以组织主考官和考官进行模拟评分练习。

2. 实施阶段

无领导小组讨论实施阶段分为 4 个小阶段，第一阶段是主考官宣读指导语，指导语主要规定讨论的规则和要求，一般包括讨论时间要求、讨论发言规则、被测试者达成一致意见的规则、讨论纪律等，被测试者阅读材料，进行独立思考后列出发言纲要；第二阶段是被测试者依次发言阐述自己的观点；第三阶段是集体讨论阶段，是无领导小组讨论的核心阶段，被测试者自由发言，在阐述自己观点的同时对别人的观点提出意见，最后达成某一协议；第四阶段是无领导小组讨论的汇报阶段，在考官宣布讨论结束之后，被测试者停止讨论，并推荐一人作为代表向考官进行汇报。在被测试者讨论及汇报过程中，考官观察并记录被测试者行为。

3. 评价阶段

在评价阶段，考官会根据被测试者行为表现打分并给予评语评价。整个评价阶段要求公平、公正、客观。评分过程首先是由考官进行独立评分，然后针对独立评分结果和被测试者表现进行讨论，最后得出一致的评分，并给出评语评价。

无领导小组讨论评分依据一般包括下列几项：被测试者发言数量、质量，被测试者是否善于倾听、是否尊重他人、是否在引导他人等，具体的评分表格如表 7-5 所示。

表 7-5 无领导小组讨论评分表

第　组　　　　　　编号：　　　　　　　考官：

测评要素	影响愿望		挫折承受能力		沟通能力		团队合作	
考核权重	打分	表现	打分	表现	打分	表现	打分	表现
20~25（优秀）		1. 有清晰的分析目标；2. 积极排除障碍，解决问题；3. 在讨论中促成方案一致；4. 控制他人的行为、情绪的倾向，愿意引导或说服他人走同一条路		1. 意志顽强，在逆境中不失斗志，自己的方案受到攻击后，能够坚持；2. 积极、恰当回应反对方的意见；3. 没有消极表现、没有表现焦急、沉闷等负面情绪；4. 没有使用不礼貌言辞回应反对方		1. 与队员沟通无障碍；2. 沟通有耐心、情绪饱满；3. 对别人的问题反应及时；4. 思维条理性、深刻性、概括性		1. 重视团队目标，根据团队分工积极主动完成自己的任务；2. 主动承担任务，与其他成员有效配合完成共同的任务；3. 表现出开放的态度，与团队成员主动分享信息和观点；4. 积极吸纳和接受团队每个成员的观点，并引导成员间达成共识

续表

测评要素 考核权重	影响愿望		挫折承受能力		沟通能力		团队合作	
	打分	表现	打分	表现	打分	表现	打分	表现
15~20（较好）		1. 有目标方向，但是不清晰；2. 积极思考方案，并且希望自己的方案能达到大家的认可；3. 试图控制别人的想法和情绪，但是动机不强烈		1. 自己的方案受到攻击后，能够坚持并积极回应对方的意见；2. 偶尔有消极的表现，出现焦急的负面情绪；3. 没有使用不礼貌言辞回应反对方		1. 与队员沟通无障碍；2. 沟通有耐心；3. 对别人的问题反应及时；4. 思维条理性、表达顺畅		1. 重视团队目标，根据团队分工积极主动完成自己的任务；2. 主动承担任务，与其他成员有效配合完成共同的任务；3. 表现出开放的态度观点，自己的信息量有所保留
11~15（一般）		1. 虽然有自己的目标和方案，但是没有让别人接受自己方案的意愿；2. 在讨论中出现"我的想法是"，"我认为是"等字眼较少		1. 自己的观点受到攻击后，能够坚持并积极回应，但是对对方的意见重视程度不够；2. 偶尔有消极的表现，出现焦急的负面情绪，并且中途放弃了自己提出的方案；3. 没有使用不礼貌言辞回应反对方		1. 与队员沟通无障碍；2. 沟通有耐心；3. 对别人的问题能够及时回答		1. 重视团队目标，但是自己承担的目标积极性不够；2. 主动承担任务，能够积极发言，与其他队员一起讨论团队方案；3. 能够接纳团队成员观点，但是不能够引导大家达成共识
6~10（较差）		1. 没有意愿去影响、控制或引导他人，希望每个人按自己的方式做事；2. 满足于现状，不愿意与他人进行权力争夺		1. 自己的观点受到攻击后，没有积极回应，而是随之放弃自己的方案，附和他人；2. 消极的表现，出现焦急、消极、不稳定的负面情绪；3. 偶尔使用不礼貌言辞回应反对方		1. 与队员沟通有些障碍；2. 沟通缺乏耐心；3. 出现词不达意的现象，队员不能领会其表达的意思		1. 对于自己的角色或者目标太过看重，轻视团队目标；2. 不能主动承担任务，对于团队方案讨论参与度较低；3. 对于团队的目标实现表现冷漠
0~5（很差）		1. 发言较少，没有控制他人的欲望；2. 对于自己的方案没有任何坚持的欲望		1. 轻易放弃自己的观点和方案；2. 不回应反对意见；3. 消极的表现，出现焦急、消极、不稳定的负面情绪；4. 使用不礼貌言辞回应反对方		1. 表达较少，不参与队员讨论；2. 表达不顺畅、不能与其他队员很好沟通		1. 不参与团队目标的制定和讨论；2. 对于其他队员没有积极的鼓励，甚至有打击的现象；3. 不能够积极主动地承担自己的任务和责任
汇总								

无领导小组讨论综合评估结果：

建议：   □推荐复试   □推荐其他岗位   □不推荐   □其他_____

评估人签名：

日期：

终面综合评估结果：

建议：   □推荐复试   □推荐其他岗位   □不推荐   □其他_____

评估人签名：

日期：

4. 无领导小组讨论适用范围

无领导小组讨论最为突出的特点就是具有生动的人际交互性，故而能够体现被测试者多个层面的能力和特征，总体上可以归纳为以下三个维度：首先是群体间的交互能力，如语言和非言语性沟通能力、合作意识、人际交往技巧等；其次是能够做出快速反应和分析的思维能力，如理解能力、逻辑推理能力、反馈分析能力、想象能力等；最后是个人特征及行为风格，如自信心、主动性、灵活性、坚持性、决断特性、情绪稳定性、动机特征等。

因此，无领导小组讨论比较适用于那些较多处理交际问题的岗位的人员选拔，例如，中高层管理人员、人力资源从业人员、销售人员等的选拔。

同时，由于每轮有多人参与无领导小组讨论，每位被测试者的平均时间一般要明显低于面试时间，故该方法可以作为面试的一种辅助形式，在面试前用于淘汰一些明显不适合的人员，提高面试效率。目前，在校园招聘中，在进行一些与人际处理和管理有关的职位甄选时，可以运用建议模式的无领导小组讨论进行辅助筛选，即在指标方面可以略少于完整的无领导小组讨论，并以打分为主，而不需要撰写完整详细的被测试者观察报告。

5. 无领导小组讨论的优缺点

1）无领导小组讨论的优点

（1）人际交互性。

无领导小组讨论最为突出的特点就是具有生动的人际交互性。在整个讨论的过程中被测试者需要彼此沟通和协作，对于他人的观点需要及时快速地做出反馈，此时多种观点相互碰撞和融合，其中不论是自己的发言或是对他人观点的反应，都折射出自身的素质和能力。这种交互式的行为在较短的时间通过多种形式展开，有利于观测到被测试者的多种行为和素质特征，使评价更加全面合理。

（2）公平平等性。

无领导小组讨论的公平平等性主要体现在以下几点：首先，参与讨论的被测试者的地位是完全平等的，谈论小组不指定主持人或领导者，也不规定发言的顺序，这为被测试者提供了一个公平平等的交互平台；其次，评价者在讨论前向被测试者对于要讨论的题目、讨论话题的背景资料、要达到的目标以及讨论时间等只做简要介绍，一旦讨论开始评价者将不参与也不干预讨论过程，因此讨论过程中被测试者不会被场外因素干扰和控制；最后，在讨论过程中被测试者能够相对公平自由地展现自己各方面的能力和素质。

（3）横向可比性。

在无领导小组讨论的讨论过程中，被测试者通常能在与他人的交互中反映出职位所需要的关键能力，尤其是与人交往的能力、风格和团队工作特点。由于整个讨论过程处于同一情景下，考察者能够通过被测试者所展现的能力、性格、素质等表现，结合事先拟定的测评指标和评价标准，对每位被测试者进行定性描述和定量分析，并最终取得可比性的推断性评价。

（4）客观真实性。

在无领导小组讨论中，被测试者在开始阶段会因为面试而相对拘谨和约束，但随着讨论时间延长和讨论激烈程度的积累，被测试者将逐渐进入较为客观真实的讨论状态。在小组讨论的情景压力下，讨论中的快速反应和随机反应，将有利于观察到被测试者真实的行为模式，纯粹的表演成分难以在讨论中起到积极作用，在一定程度上克服掩饰行为，在无意间展现出自己各方面的客观真实的素质和能力。

（5）明确高效性。

无领导小组讨论能够同时考查多名被测试者的多重素质。从时间成本的角度来说，多名被测试者参与讨论的时间明显低于单独测评的时间，能够节约大量的考查时间，提升面试效率；从选拔角度来说，无领导小组讨论能够同时反映被测试者较为客观真实的能力、素质和性格特征，有利于在短时间内选拔到合适岗位的人员。

2）无领导小组讨论的缺点

（1）受分组差异影响。

无领导小组讨论中应聘者在不同小组中的表现容易受到同组其他应聘者的表现影响，从而导致评价结果的局限性，主要差异表现在讨论氛围、组员能力、参测经验等方面。讨论氛围热烈的小组容易展现应聘者的行为特征，评分也相对较高，反之缺乏充分讨论的小组评分相对较低；同组能力强的应聘者会影响相对较弱者的得分，而这类应聘者在整体实力较弱的小组则可能得高分，从而使考官混淆了绝对标准与相对标准；参测经验指应聘者如果曾有参加过无领导小组讨论或接受过专门测评的训练，其某些方面（如语言表达）的表现与没有经验者有着明显区别，故而获得高分。

（2）讨论试题存在局限性。

无领导小组讨论是通过被测试者对试题情景的分析和讨论，借以考查其能力、性格和素质的，故试题的优劣直接关系到被测试者评价的全面性和准确性；同时，被测试者还可能因为不同的试题情景而导致不同的表现，这与其对情景的熟悉度和敏感性有较大的关系。因此要想确定较为合理适用、有针对性的试题，时间投入及人力投入相对较高，致使复杂性增加。

（3）对考察者要求较高。

考察者在评价过程中多使用相对标准，这将导致不同分组和不同试题下的被测试者评分差异。同时，由于无领导小组讨论中考察者只能对同组成员进行内部差异性评价，但却不能对不同小组间成员进行横向比较，故考察者的主观性容易致使评价结果产生局限性。因此，在无领导小组讨论中应多选用具备专业知识和丰富经验者作为考察者。

7.3.3 其他评价中心方法

1. 其他评价中心方法

1）角色扮演

角色扮演是一种较为复杂的测评方法。它要求被测试者进入预先设置好的情境中，并扮演特定人物角色，凭借自身的能力素质、特征反应及性格要素，尽可能用最好的方法处理其中可能发生的问题和矛盾。通常角色扮演的情境都会设置某些尖锐的人际矛盾和问题冲突，以此考查被测试者的能力和素质。

适用范围：通常角色扮演主要用于测评人际关系处理能力。因此，该方法主要适用于选拔具备较强人际关系处理能力的职业岗位，如营销岗位、人力资源岗位、中高层管理人员等；不太适合技术性较强岗位的选拔，如技工、基础员工、科研人员等。

2）案例分析

在案例分析的过程中，通常会提供某案例的书面材料，要求被测试者阅读材料并根据材料中的问题，提出相应的解决策略或建议，以提交给高层管理部门。这种测评方法较多地考查被测试者的综合分析能力和决策判断能力。该方法既能考查某些一般性能力，如细心、仔细、快速阅读能力等，同时也可以考查某些特殊技能，如有关专业知识、取舍能力、决策能力等。

案例分析方法与文件筐测验相似的是，其都要求被测试者对提供的文件资料进行分析。但相对文件筐测验中较为分散和原始的文件来说，案例分析中提供的文件多是经过加工的，对被测试者来说条理更为清晰，问题更为明显；同时，文件筐测验会向被测试者提出一系列问题，而案例分析则要求被测试者针对特定问题提出一份较全面和完整的策略或建议报告。因此，案例分析的测试相对较为简单。

适用范围：案例分析主要适用于考查被测试者综合分析能力和决策判断能力。故该方法主要适用于某些需经常做出判断决策或决策具有重要性的部门，以及综合分析需求较高的岗位，如市场部、企划部、组织部的员工和负责人等。

3）模拟面谈

模拟面谈。一般由经过相关培训的人员与被测试者进行谈话，考察者在旁进行观察和评价。通常谈话人员的行为都是遵循一定标准化模式的，其在谈话过程中将承担多种与被测试者有关的角色，如被测试者拟任职位的下属、客户等。按照情境的要求，谈话人员将向被测试者提出问题、建议或反驳被评价者的意见，拒绝被测试者的要求等。被测试者必须与其进行交谈并解决其问题。该测试方法主要考查被测试者的说服能力、表达能力、处理冲突的能力，以及其思维的灵活性和敏捷性等。

适用范围：部门的管理者、人力资源的管理者或从事销售工作的人员经常会与下属、员工或是客户打交道，其工作中经常会出现模拟面谈中的充满压力的挑战性情境。因此，模拟面谈的方法主要适用于经常与人交往，且要合理及有效处理人际中各种问题以避免冲突和误解的职能性岗位。

4）演讲

演讲，即考官提供一个主题给被测试者，要求其在一定的时间内清晰地阐述其观点及论据，在这个过程中，考官则可以通过观察被测试者的行为表现，包括语速、语调、神情、肢体动作和习惯性动作等，对被测试者的相关能力及个人素质进行客观评价。演讲的主题通常与拟招聘的岗位有关，同时分配给被测试者一个特定的角色，要求被测试者在给定的模拟情景下以某种特定身份发表演讲，以达到动员、激励、说服、解决问题、控制现场等目的。演讲一般有竞聘演讲、观点阐述演讲、辩论演讲等形式。

一般的演讲时间通常为10分钟左右，演讲结束后一般要留5分钟左右的时间给考官提问，被测试者现场做出回答。考官通过观察被测试者的反应对其相关素质做出评价。

适用范围：演讲操作简便，便于操作，但是具有一定的局限性，其无法考查被测试者的人际交往能力，因此演讲主要适用于测试被观察者的语言表达能力、分析推理能力、反应理解能力、言谈举止和风度气质等。

2. 评价中心各方法优缺点比较

评价中心的方法众多，每种方法均有其适用的范围，在使用过程中各有利弊，具体优缺点如表 7-6 所示。

表 7-6 评价中心方法优缺点对比

评价中心方法	优点	缺点
文件筐测验	1. 测评效度高，能反映被测试者的真实情况 2. 操作便捷 3. 考查内容全面 4. 鉴别能力强	1. 测评评分难 2. 测评方法适用范围窄 3. 测评过程互动性差
无领导小组讨论	1. 测评过程互动性较高 2. 测评效度高，能反映被测试者的真实情况 3. 测评周期短，效率高	1. 测试结果易受分组情况和试题的影响
角色扮演	1. 有效考查被测试者变通性及反应力 2. 客观展现被测试者人际处理能力 3. 有效辨识和选择目标员工	1. 不同题目导致考查结果差异性 2. 考查范围不够全面 3. 被测试者经验性导致测试结果的局限性 4. 情境复杂，考评和观察较困难
案例分析	1. 测试方式简单 2. 考查具有针对性 3. 较好反映被测试者决策判断力	1. 评分尺度难以把握，具有较大主观性 2. 考查范围不够全面 3. 结果较难反映被测试者真实特征
模拟面谈	1. 考查具有针对性 2. 较多维度地考查被测试者的能力、素质 3. 考查结果较为客观真实 4. 有效辨识和选择目标员工	1. 评价较为复杂，具有一定的主观性 2. 谈话人员要求较高，实施较困难 3. 情境的主观性影响被测试者能力体现，结果具有局限性
演讲	1. 测试具有针对性 2. 测试流程操作方便	1. 测试结果评价具有主观性 2. 测试考查不够全面

7.4 人员测评与选拔的评价中心方法实例

7.4.1 人员测评与选拔评价中心方法的操作流程示例

某大型外资食品企业欲拓展中国市场，将原有市场划分为华中、华东、华北等 3 个区域市场，现需要招聘 3 名区域市场总监，为了实现以上 3 个关键岗位的人岗匹配，公司高层决定面向社会公开招聘 3 个区域市场总监。人力资源部会同公司高层对拟任岗位进行了岗位分析，形成了完善的工作说明书，明确了拟任岗位的胜任素质特征。

公司的招聘分为三个阶段：第一阶段，简历筛选，公司人力资源部依据应聘者简历上的工作经验、专业知识、学历、工作特长等内容进行简历筛选，确定 50 位进入下一轮面试的候选者名单；第二阶段，人力资源部采用面试的方式对应聘者的专业知识、分析能力、综合能力等进行测试，在此基础上确定 12 位进入第三轮面试；第三阶段是本次招聘的核心阶段，在公司人力资源部的组织下，会同公司领导及外部人员测评专家采用评价中心的方法对 12 名候选人进行决策能力、个人魅力、个人领导力、沟通能力、协调能力等素质的测评。

测评的具体时间安排及内容如表 7-7 所示。

表 7-7 评价中心的流程安排

时间	活动内容
星期日	6 名考官在某宾馆集合，组织安排一个星期的活动。评价中心的所有活动都将在宾馆中进行，12 名应聘者于当天晚上到达宾馆
星期一上午	第一单元：先由考官向被评价的应聘者介绍情况，并由应聘者做自我介绍。然后将应聘者随机分成 4 个小组，集体参加管理实习游戏。实习游戏的大致内容如下：进行原材料采购（给定每个小组一笔有限的资金），制造成产品，最后销售出去。原材料是玩具的零件，这些零件可以组装成不同种类的产品，每种产品都有事先确定的市场价格。 应聘者的首要任务是决定如何投资以得到最高利润，然后考虑组织采购、制造和销售产品。在这个过程中，考官会观测应聘者的思维速度、计划能力、组织能力、领导风格、财务敏感性以及在高压情况下的效率。考官也会故意安排一些突发事件，如令应聘者突然接到一个通知，其内容为某些原材料的供应量紧缺。这就需要应聘者果断并正确地做出决策，重新安排投资、原材料采购方案和组织工作。当大家刚刚安排完新的工作时，市场价格突然发生了变化。将这种突发事件加入进来，可以诱发应聘者真实的决策和处理事件的能力，使得考官能够从中对他们的适应能力做出准确的评价。 在游戏结束时，考官要求每一位应聘者写出一份关于此次测试的报告，对自己进行自评，并对其他应聘者的执行效果做出评价 第二单元：将应聘者分为6个小组。当其中的一个小组接受纸笔的心理测验的时候，考官对其他的成员进行个别谈话。考官已经事先审阅了每个应聘者的详细背景资料。考官通过这些资料来审查应聘者曾经的工作经历、求职动机及自我发展意识等。这种谈话过程是考查和评价应聘者过去行为的一种措施
星期一下午	第一单元：心理测验与面试。 第二单元：无领导小组讨论。 两个没有领导者的 6 人小组进行提升决策的讨论。每个小组成员扮演的是主管人员的角色，他们从上级那里接到一个简短的通知，该通知要求两个小组各自进行讨论后从本组 6 个人中挑选一个予以提升。每个应聘者将会接到一份作为"选拔对象"的档案资料。当应聘者读完手中的这份资料之后，他们将进行持续一个小时的讨论，最后决定推荐谁提升。考官可以观察应聘者在讨论中所表现出来的自信心、主动性、灵活性、表达技巧、说服本领、人际交往能力等。 选择性练习：在无组长的 6 人小组中，由应聘者来讨论作为一个管理人员应该具备的几个最关键的职能，并按其重要性进行排序，这样也迫使这些应聘者考虑自己的被评价的品质。然后每个小组推选出一个代表在全体考官与应聘者的面前介绍他们这样排列的依据
星期一晚上	履历表。他们需要熟悉这些材料，因为在第二天的一个练习中将使用这些材料。他们也会接到一个特殊的电话，如发怒的顾客的电话等
星期二上午	文件筐测验：要求应聘者模拟一种工作情景。例如，在某一天上午，假设他担任总经理这一职位，当前的文件筐中全是他今天要处理并完成的文件资料。他要负责回答需要被解决的事件，他既可以查找需要进一步掌握的信息，也可以适当放权给下属，让下属处理。因此他要像一个真正的总经理一样，处理好各种文件，应对好各种事件，保证工作顺利进行
星期二下午	第一单元：应聘者按照前一天准备好的材料接待求职者的来访，在接待每个来访者时都有一名考官在场。求职者由接受过求职面试训练的大学生来扮演。访谈大概持续一个小时，等访谈结束申请人离开以后，考官会询问应聘者对申请人了解到一些什么信息 第二单元：这个单元的练习是对犯规的处理。在 4 人小组里，应聘者将在一个小时的时间内决定如何分配时间来处理好这样的 3 个案例。通过这样的练习，考官可以通过应聘者对问题的认识程度，对应聘者识别问题、处理问题的能力进行鉴别和评价；同时，还能通过应聘者处理与下级人员之间的关系，来深入了解应聘者在文件筐测验中的行为表现，以便对其做出合理评价 选择性练习：无领导小组讨论。要求应聘者扮演市政委员会的成员，面临的是如何给城市的各个部门分配一笔 100 万美元捐款的问题。每个市政委员会成员分别代表的是市政部门、公安部门、环卫部门、水利部门等，他们要尽可能地为自己所代表的部门争取更多的捐款。有效的讨论时间限定在一个小时内

续表

时间	活动内容
星期二晚上	向全体应聘者提供公司的具体资料和相关数据。并且要求每一位应聘者站在公司顾问的立场上，对公司的财务情况和市场营销情况进行调查和分析，做出一份产品发展建议书，将其呈交董事会
	考官要对第二天的活动进行准备，并且对应聘者的文件筐测验结果仔细阅读
星期三上午	第一单元：将应聘者分成四个小组，每个小组由一位考官和三位应聘者组成。每位应聘者依次对前天晚上准备好的公司资料进行介绍，然后通过分析公司资料提出自己的书面建议
	第二单元：三位应聘者集中起来在一个小时内统一各自意见，并且一起做出一份代表大家观点的建议书
	第三单元：进行文件筐练习谈话以后，由一名考官和一名应聘者一起讨论应聘者所采取的各种行动，这样可以进一步了解每名应聘者对典型问题和机会的掌握与领会程度
星期三下午	最后一次小组会议，应聘者互相评价并提出其想了解的问题，然后应聘到此结束
	考官对应聘者的表现进行讨论，并准备对应聘者的评价做出汇报
星期三下午至星期五	在整个练习过程中，每一个考官都要争取机会尽可能多地观察每一位应聘者。例如，在对应聘者甲的文件筐测验进行评价的时候，与应聘者甲进行个人谈话的考官会根据应聘者甲的情况，对其在谈话中的表现行为做出评价；然后，另一个负责评价应聘人甲文件筐练习情况的考官，会向其他考官说明甲在练习中的行为表现；以此类推，每名考官都要说明自己观察到的应聘者甲的练习情况与行为表现，而且尽可能对应聘者的行为表现评价保持客观公正，当所有考官通过对应聘者甲的观察发表意见后，他们开始从管理潜能方面对应聘者甲做出评论，评价应聘者在过程中出现的失误，对拟任职位的适应程度，然后对应聘者今后的培训与发展方向提出相关建议，最后将所有考官的统一意见汇总形成总结报告。

7.4.2 文件筐测验示例

1. 文件筐测验指导语

恭喜你即将在之后的两小时内任华源公司人力资源副总经理一职。由于华源公司的人力资源总经理在外出差，所以，在他出差回来之前由你全权代理他的职务。

2. 测验背景

华源公司是一家大型国有股份制企业，其人力资源部下设三个处：人事处、劳资处、福利处，分别处理人力资源调配、工资奖金和员工福利等工作。

现在是早上九点，在听完下属的工作汇报和做好今天的相关工作安排后，你来到办公室。秘书已经整理好你需要处理的近日积压的文件，并将文件放在了桌边的文件夹内。注意这些文件的顺序是杂乱无章的，没有按照重要程度排序，所以你需要自己排序处理。你必须在两个小时内将这些文件排序妥当，并做出相应批示。十一点时你要去会议室主持一个重要的会议。你的秘书会在这两个小时里给你推掉一切杂事，不会有什么人来打扰你办公。另外，非常抱歉，由于电话线路出现故障正在紧急维修，你在处理文件时没法与外界保持沟通联系，所以，需要你以文件、备忘录、便条、批示等形式将所有文件的处理意见、办法，做书面表达，最后交给秘书负责传达。

在公司，员工称你为"王副总"或"王总"。好，你可以开始工作了，祝一切顺利。

3. 待处理的文件

文件一：

王总：
前一阵子，福利处对同行业的员工福利状况进行了一次调查。调查发现，我们公司每个月用于员工的人均福利处于同行业的中上等水平。考虑到目前行业间的激烈竞争和员工的高流动率，为了增强公司的凝聚力和吸引力，吸引和留住人才，我们认为，有必要提高员工福利待遇以达到激励员工的作用。因此，我们提出员工福利改善计划，将现有员工的人均福利费1000元/月提到1500元/月，使员工的人均福利达到同行业较高水平。不知王总对这项计划的意见如何？请指示。

福利处
年　月　日

处理意见：
处理依据或理由：

文件二：

王副总：
最近几周，陆续有第四分公司的员工反映他们的工资分配存在不合理现象，他们指出分公司经理李军在进行绩效考核时不能对员工公平公正客观评定。此外，第四分公司还存在克扣工资现象，因此员工可能会出现一些偏激行为，类似集体罢工或辞职。
这件事情该如何处理？请您批示。

劳资处
年　月　日

处理意见：
处理依据或理由：

文件三：

王总：
收到一份通知。本月18日京都饭店有一场华北地区大型企业人力资源管理研讨会，届时到场的均为各企业人力资源部总经理或副总经理以及国内外一些人力资源管理专家和学者。您是否参加该会议？请回复，以便我及早做出安排，办理相关报名事务。开会时间：10月18日上午8：30-11：40；下午14：30-17：30。

秘书
年　月　日

处理意见：
处理依据或理由：

文件四：

王副总：
根据周总经理上周指示，我们做了一份工资分配调整方案，方案的主要思想是稳住公司核心岗位优秀员工，激励他们长期为公司服务。为此，准备提高核心岗位优秀员工的工资，降低公司一般事务性岗位上员工的工资，因为一般事务性岗位上的员工替代率较高，他们的人员流动率不会影响公司的发展。此方案是否得当，请批示。

劳资处
年　月　日

处理意见：
处理依据或理由：

文件五：

王副总：
最近各部门先后反映，由于公司业务拓展、市场扩大，各部门的事务性工作量急剧增加，因此需要招聘一些专职秘书来分担各部门的工作量，缓解各部门的工作压力。以往我们会从公司的员工中选拔能胜任此工作的人员，但总体效果不太好。因为这些员工虽然可以从事一般性秘书工作，但是从现代管理角度来看，由于他们不是专业的秘书人员，所以他们的

续表

个人素质一定程度上会给我们公司秘书工作的质量和效率带来不良影响。因此，我们打算社招一批专业素质较强的秘书人员，招聘数量二十人左右，不知您怎样看？另外，如果您同意了招聘秘书人员，您是否会参加面试？
 	
                                      人事处
                                      年 月 日

处理意见：   处理依据或理由：

文件六：
  王副总：
  公司办公室转来一封群众来信。信中提到公司总务处员工冯峰在其居住小区有扰民行为，居民对他这种没有道德心的行为很不满意。如果冯峰真的存在扰民行为，那将会对公司形象和名誉产生负面影响，尤其会影响居住在冯峰附近的我们公司的重要大客户的一些中高级管理人员对公司的看法。所以，出于维护公司形象，总裁办公室要求尽快处理此事。
 	
                                       秘书
                                      年 月 日
 	
  附群众来信：
  华源公司：
  我们是仙林居民小区 3 栋楼的部分住户。贵公司员工冯峰在我们这里租房居住。他经常在家中举办晚会接待很多朋友，疯狂地唱卡拉OK，一直持续到凌晨一两点，这严重影响了我们的正常生活作息。此外，他还常与社会上一些不三不四的无业人员来往密切，令人反感。希望贵公司能够对此人帮助教育。如果他继续这样影响我们的生活，我们将与派出所联系解决。
 	
                                  3 栋楼部分居民
                                     年 月 日

处理意见：   处理依据或理由：

文件七：
  王总：
  根据调查结果，我们发现公司中青年员工的工作离职率与公司现有的住房制度有关。目前，公司没有为员工建设或购买住房，仅为员工提供住房补贴，让他们自行租房居住或由公司提供帮助向银行抵押贷款购买住房。但是由于房价过高，超过中青年员工的承受范围，导致他们无力购买，而且租房不是长久之事，所以员工在住房上没有安全感。为此我们有个想法，是否可由公司出资建设或购买一些小型公寓，以适当价格出租给暂时无房的员工，并规定在一定的期限后迁出公寓，给后来的员工暂住？这样可以使中青年员工安居乐业，提高安全感，降低核心员工流动率。此建议是否可行，请指示。如可行，我们将向总裁办公室呈交报告。
 	
                                      福利处
                                      年 月 日

处理意见：   处理依据或理由：

文件八：
  王副总：
  近期，财务部的部分员工频繁向我们反映他们部门的情况，这些情况引起了我们的注意。您是知道的，两个月前我们从其他公司调来一位善于管理且拥有丰富管理经验的财务部经理蔡合，目的是推进财务部工作效率化，进一步开展财务部工作。但我们发现，由于种种原因，原来的财务部副经理与蔡合在工作配合上不尽人意，两人经常会产生一些矛盾。虽然二人之间的冲突尚未公开化，但已在财务部内部引起一些议论，并对工作和人员的情绪产生了不利的影响。这件事如何处理，想听听您的意见。
 	
                                      人事处
                                      年 月 日

处理意见：   处理依据或理由：

文件九：
　　王总：
　　受世界金融危机的影响，公司近来收益有所下降，财务方面出现紧张情况。目前公司承担较高工资成本存在一些困难。在这种情况下，总裁提出适当降低公司的工资水平，但这又有可能引起员工不满，造成企业核心员工流失。另外，如果要降低工资水平，是降低固定工资水平还是降低奖金水平？请做出指示。

　　　　　　　　　　　　　　　　　　　　　　　　　　　　　　　　　　　　　劳资处
　　　　　　　　　　　　　　　　　　　　　　　　　　　　　　　　　　　　年　月　日

处理意见：
处理依据或理由：

文件十：
　　王副总：
　　关于开展"如何提高我们公司的员工执行力"的讨论现已告一段落，我们计划下周一上午 9：00 召开一个中层正职以上管理人员参加的专题讨论会。会议主题是怎样理解员工执行力，如何提高员工执行力。会上想请您发表一下对这个问题的看法。届时我们准备提炼您的讲话要点并打印成文件下发。望您务必参加，并请您将您的看法以文字资料的形式交给我们以便打印。（要求：必须在文件处理中由您本人完成此项工作）。

　　　　　　　　　　　　　　　　　　　　　　　　　　　　　　　　　　　　　人事处
　　　　　　　　　　　　　　　　　　　　　　　　　　　　　　　　　　　　年　月　日

处理意见：
处理依据或理由：

文件十一：
　　王副总：
　　我们现在将近年来人员变动情况的统计结果呈报给您。为了减少人员流动率，留住员工，保持员工的相对稳定性，我们采取了许多措施，如改善员工福利待遇，增加员工工资收入，提高本公司工龄津贴水平，但目标效果总是不明显。我们部门对该问题探讨了很久，尚不能确定问题的症结何在，望您指示。

　　　　　　　　　　　　　　　　　　　　　　　　　　　　　　　　　　　　　人事处
　　　　　　　　　　　　　　　　　　　　　　　　　　　　　　　　　　　　年　月　日

处理意见：
处理依据或理由：

文件十二：
　　王副总：
　　我们参考总裁办公室的意见，对目前公司的工资水平及工资结构进行了分析。得出结果是，与同行业其他公司相比，我们公司的工资水平处于中上等水平，但这并没有起到促进员工提高工作绩效的作用。我们猜测，这可能是由公司的固定工资和绩效奖金的比例不合理所致。目前，前者与后者的比例大致为 7 比 3，绩效奖金所占比例太少。同等资历员工的收入差距几乎不大，即使他们的工作绩效存在明显差异，这不能对员工产生良好的激励作用。因此，我们建议调整公司的工资结构，将固定工资与绩效奖金的比例调整为 6 比 4 或 5 比 5。此建议当否，请批示。

　　　　　　　　　　　　　　　　　　　　　　　　　　　　　　　　　　　　　劳资处
　　　　　　　　　　　　　　　　　　　　　　　　　　　　　　　　　　　　年　月　日

处理意见：
处理依据或理由：

7.4.3　无领导小组讨论示例

1. 无领导小组讨论面试指导语

大家好！欢迎大家进入面试环节，本次面试采取无领导小组讨论形式，大家就一个主题展开讨论，希望大家在讨论中各抒己见、积极发言。考官将根据你们在讨论中的表现，对你们进行评价。

在讨论过程中，考官只作为旁观者，不参与讨论，不发表任何意见，完全由你们自主进行。注意在讨论开始后，请不要再向考官询问任何问题。讨论时间为40分钟，希望你们把控好时间。

2. 讨论主题

尚优公司是一家中等规模的汽车零部件生产集团。由于总经理临近退休，董事会决定从该公司重要部门的经理中挑选接班人，并提出了三个候选人。这三个候选人都是公司的高级职员，在公司工作多年，积累了丰富经验，而且接受过工作转换轮训，具有发展前途。就业务而言，三个人都很称职，业务能力强，但三个人的领导风格迥异。

（1）周思：周思非常满意他负责部门的产出量。他总是强调生产过程控制的必要性和质量严格把关的必要性，坚持下属必须很好地理解生产指令，工作迅速准确、认真执行工作任务。当遇到没有大碍的小问题时，周思喜欢放手交由下属处理。当遇到严重问题时，他习惯委派几个得力下属解决问题。一般来说，他只是大致安排下属人员的工作范围，规定下属完成期限，他认为只有这样适当放权才能充分发挥员工的积极性，增强员工合作意识，拥有更好的合作关系。周思认为对下属采取敬而远之的态度，让员工敬畏自己，是经理最好的行为方式，因为亲密关系只会松懈纪律，使自己没有威信。他不主张公开批评或表扬员工，相信每个员工都心中有数，会自觉规范自己的行为。周思认为他的上司对他们现在的工作非常满意。周思强调管理中最大的问题是下级逃避责任、不愿意承担责任。在他看来，如果他的下属认真对待工作并用心完成，他们会把工作做得更好。他还不理解他的下属如何能与能力平平的前任经理相处。

（2）李鹏：李鹏认为每一位员工都应该被尊重。他赞同管理者有义务和责任满足员工合理工作需求的看法。他常关怀下属员工并为他们做一些小事：帮助员工的孩子解决上重点学校的问题，亲自参加员工的婚礼，组织员工一起去郊游等。他还为一些员工送博览会的参观券，以此肯定他们的工作。李鹏每天都要去一趟工作场所，考查员工工作情况，与他们交流工作上的事，并与他们共进午餐。他不愿意强人所难，追求员工的满意。他认为周思的管理方式偏严厉，员工可能对周思不满意，只不过在忍耐。李鹏认为管理中存在的不足大多是由生产压力导致的。他想以一个友好、粗线条的管理方式对待下属员工。他也知道自己部门的生产效率有些落后于其他部门，但他相信开明的领导方式会激励他的员工努力工作，提高生产效率。

（3）赵强：赵强认为一个好的管理者，应该把时间用在完成重要的工作上，而不是把时间浪费在与员工握手交谈上。他相信如果以将来的升职加薪为出发点对员工进行严格的工作考核，那么他们会更加投入工作，也就会把工作做得更好。他认为，一旦给员工分配了工作任务，就应该让员工以自己的方式去执行与完成，相应地可以取消对员工的工作检查。他相信大多数员工都清楚自己应该怎样做好工作。如果员工在工作过程中遇到一些问题，那就是本部门与其他部门之间存在职责分工不清现象，如有些不属于他们职责范围的任务也安排在他的部门，但他一直没有对此提出过异议。他认为提出异议会令其他部门反感、不开心。他希望主管让他去办公室谈谈工作上的问题。

问题：请您以董事的身份推举候选人，参加讨论，决定总经理的最终人选。

3. 讨论流程

（1）首先，每人有 3 分钟的时间阅读材料和思考。

（2）轮流发言（时间两分钟左右）完毕后是自由讨论时间，共有 30 分钟，讨论过程中，考官不参与，请不要再向考官询问任何问题。你们的任务是整个小组得出一个一致性的方案。

（3）最后推选出一位成员代表小组做总结性陈述，时间 10 分钟。

4. 注意事项

（1）你们小组一定要在规定时间 30 分钟内形成统一意见，否则你们各自的成绩会受到很大影响。

（2）小组选派代表报告完之后，其他成员可以对报告内容进行补充。

（3）小组代表和其他人员的报告时间不包括在 40 分钟之内。

现在请大家开始思考问题，并把候选人结果及简明理由，写在答题卡上，5 分钟后上交答题卡。

5 分钟后，考官宣布现在开始讨论，40 分钟后结束讨论。

5. 评价

无领导小组讨论结束，应试者退场后，各考官集中评价探讨应试者在讨论中的表现。如果考官之间出现讨论结果不一致，那么要再次对应试者的各项能力表现进行讨论，最终得出统一结果，确定录用名单。

【综合案例】

他是总经理的最佳人选吗？[①]

近期，国内某知名集团（简称 A 集团）为了决定明年的人事任免名单，正在对下属各区的总经理进行一年一度的绩效考核与工作评估。华中地区是公司市场重镇，但该区总经理人选总是飘摇不定，近两年来换了好几个人。今年初，好几家国内知名猎头公司曾先后向 A 集团推荐了 10 人，但真正被董事会看好的却只有一个人。这个人姓马，34 岁左右，国际 MBA 的教育背景，有三年外企服务背景，也曾经在 A 集团国内市场最强劲的竞争对手那里担任过两年的市场总监，7 月份空降到 A 集团，之后被委以华中大区营销副总经理之任。

走马上任四个多月，公司董事会明显感觉到了马副总一流的专业能力和高效的执行力。例如，组建销售团队，建设培训体系初见成效，新招聘来的 50 多名大学生很快就走上市场前线，给销售团队带来新鲜血液，同时老队员的工作状况也明显回升，这一点充分肯定了他作为营销管理高手的专业能力；上任伊始，他还承受住了各方面的压力，彻底贯彻了优化集团营销管理体系的战略思想，制定了相应策略优化集团营销管理体系，这体现出他优秀的执行力和强势的领导风格……

经过四个多月的市场检验，马副总应该为董事会交了一份成绩不错的试用期答卷，他自己也感受到了董事会对他工作的信任和满意，并期待着来年能晋升为华中大区总经理。董事会中的大多数董事也认为不出意外的话，马副总应该会担任华中大区的总经理。

[①] 资料来源：http://wenku.baidu.com。

作为 A 集团的董事长、掌门人，李总裁显然不会忘记近两年几位华中大区总经理离职或调职的教训。他对近两年华中大区高管频繁换人导致的市场损失心痛不已。因此，他不愿再看到所谓的众望所归，他也不想再听到董事会众口一词的评论，他更想听听来自基层员工的声音，听听来自第三方的声音，特别是专业人才"质检"机构的声音。

于是，他一方面让集团人力资源部按相关的程序对华中区中高层管理干部进行绩效考核与工作评估，另一方面，他想起了多年来一直保持密切合作关系的慧测测评，希望借助专业的人才评估技术，向 A 集团提供一个合理公正的是否晋升马副总理由和依据，避免公司董事会重新陷入以往先靠主观感受选拔高管，再依据实践检验高管能力的用才误区。

讨论题：

1. A 集团华中大区总经理这一岗位需要具备哪些专业素质与专业能力？马副总具备的素质和能力究竟是否能胜任 A 集团华中大区总经理一职？
2. 人才"质检"机构应该怎样对马副总进行人员测评，在人员测评中可以使用哪些评价中心方法？
3. 在对马副总进行人员测评中使用的评价中心方法分别具有怎样的适用范围？

【实验项目】

（1）实验名称：文件筐测验。

（2）实验目的：体验文件筐测验的操作流程。

（3）实验材料：文件筐测验的评分表、待处理的文件（笔、橡皮自备）。

（4）参与人员：班级同学在老师的带领下参与实验。

（5）实验流程：实验在老师的主持下，老师宣读指导语，宣布文件筐测验开始，各位同学在规定时间内独立完成文件筐文件任务。规定时间结束之后，老师宣布停止答题，同学之间相互交换答卷，在老师的引导下讨论评价标准，然后同学们根据评价标准为自己手上的答卷评分，在实验结束后全班同学进行实验总结。

【课堂游戏】

（1）游戏名称：无领导小组讨论。

（2）游戏目的：在游戏中了解无领导小组讨论的流程。

（3）参与人员：班级同学，通过资源的形式选择 13 名同学作为代表。

（4）游戏主题：好的班长需要什么能力素质。

（5）游戏流程：

准备阶段：①人员安排：在班级选出 13 名同学，其中 1 名为主考官、4 名考官、8 名被测试者。②场地布置：将教室桌子摆成圆桌会议形式，保证每一个座位都是同等位置。③准备打分表、讨论材料。

实施阶段：①主考官宣读指导语，宣布讨论规则与纪律，被观察者阅读材料。②被观察者逐一表达自己的观点。③自由讨论，在讨论结束时推选代表汇报成果。

总结阶段：首次考官独立评分，之后广泛讨论评分结果，并对讨论进行总结。

【拓展练习】

（1）练习名称：我还能做什么。

（2）游戏目的：拓展同学的创新思维能力。

（3）参与人员：全班同学。

（4）练习介绍：老师作为主持，首先向同学们提问"你能做什么？你的能力在哪里？"

然后同学们就以上问题在空白纸上填写自己觉得自己能做的事和自己的能力特长（如自己上过的课程、学过的技能、参加过的社团活动、取得的荣誉、平时的日常活动等）。

第8章

人员测评与选拔的其他方法

引例

笔迹是一个人大脑神经中枢作用于手指，通过运用书写工具结合书写动作，在一种自由意识的支配下，自然流露出来的字迹和线条，这些字迹和线条能集中反映书写者的心理机能与生理机能。笔迹是人的性格载体，也是人生的载体。大脑的大部分"设备"是专门为手而设立的，大脑神经中枢与手指末梢神经紧密相连。每一个人的笔迹都不一样，实际上是每一个人的脑迹（或称脑纹）都不太一样的结果。人是能变化的，也是能积累的。性格情绪、思想心理、经历阅历等都是可以使人产生不一样的体验。这些体验自然会回馈和浓缩至每一个人的脑迹里，然后通过手迹自然流露出来，再通过一定的鉴定技术把手迹破译出来，即把手迹暗藏的语言符号和信息内容给破译出来，然后整理成文，形成"笔迹心理分析报告"。

中国古代就有字如其人、识人不如相字的说法。但通过笔迹真能了解一个人吗？前不久，在北京师范大学心理系的一间教室里，一位女学员在黑板上写了"红军不怕远征难，万水千山只等闲"两行大字和几个阿拉伯数字，笔迹心理学家徐庆元观察片刻后说："她的书写速度快，线条流畅，笔触重，这三者是和谐统一的，可以看出这个人快人快语，单纯而不复杂，即便是坏事，也能用好的眼光去看，很难被污染；喜欢直言，批评人比较严，属于刀子嘴，菩萨心。"徐庆元对着笔迹思忖了一会儿，又说："她经历过生活的磨难，像男性般独立；也能包容，有热心，爱帮忙，有慈悲心；她喜欢做亲自动手的工作、技师型的工作，如医生；但她还有艺术方面的才能，可能要通过业余爱好发展起来。"最后，似乎迟疑了一下，徐先生在黑板上写下"文学"两个字。在场的人都感到十分惊讶，因为被徐庆元分析的这个人，正是作家毕淑敏。了解她的人都知道，她曾在西藏阿里当过军医。毕淑敏认为，徐先生的分析还是很准确的。为什么从字迹可以看出一个人的性格特点、心理状态来呢？心理学教授郑日昌说："写字也是一种行为表现，是一种无意识的心理投射。"

我们知道，人的稳定型行为，如言谈举止、处理问题的方式等，都表现出人的个性特征。就像每个人的说话方式不同一样，我们每个人的笔迹也不相同。美国心理学家爱维认为：手写实际是大脑在写，从笔尖流出的实际是人的潜意识。人的手臂复杂多样的书写动作，是人的心理品质的外部行为表现。

8.1 背景调查法

8.1.1 背景调查法的简介

1. 背景调查法的含义

背景调查法（background check）是人力资源招聘的工具之一，是指求职者申请职位时，组织根据想要了解的某些内容从应聘者提供的证明人中得到有关应聘者的背景资料，这种方法大多用于调查公司中层及以上的管理人员或关键性职位人员，是直接证明应聘者自身情况的有效办法。

背景调查法可以对应聘者在简历材料及面试过程中所谈及的经历情况是否属实进行验证，有利于 HR 发现有关应聘者的最新信息。例如，可以从应聘者的前任管理者那里获得他的工作习惯、人格品质、个性特征和专业技能等方面的信息，了解应聘者在以往的工作经历中是否存在违纪等道德风险事件。从证明人的角度评估应聘者的工作状态和行为表现，可以有效预测应聘者在录用之后的行为表现、工作绩效、环境适应性等。

2. 背景调查法的必要性

背景调查法是一种在国外人力资源管理领域中常用的人力资源管理方法。由于人们对背景调查法的认识不断加深，尤其是我国目前处于人才流动性较大，个人档案与个人信用体系建设尚不健全的状态，越来越多的组织意识到人力资源招聘环节中运用背景调查法的重要性和必要性，人力资源管理者相继开始根据组织的实际需要有效选拔培育人才，并灵活运用背景调查法甄选雇员。

据美国一项机构调查资料推断，有 3 000 万名美国人曾经因为伪造简历被录用，而在我国到底有多少，不为人知。如果组织能在人员甄选中运用背景调查法，那么用人安全就能得到保障。因为背景调查法一方面可以降低用人风险，另一方面也可体现招聘工作中的专业性与招聘程序的规范化。由此看来,背景调查法在组织的人力资源管理中是必要的。研究表明,在美国,有93%的公司在招聘人员时进行过背景调查,其中有80%的公司招聘中高层经理或特殊人员都通过专业的人才咨询公司进行调查,或要求应征者附上推荐信或每次的离职鉴定来作为员工的背景资料。

3. 背景调查的准备

当组织准备委托中介机构进行背景调查时,由于组织必须要对中介机构代理人的作为或不作为承担法律责任,所以,事前应当对中介机构进行评估。如果由人力资源部的工作人员自行组织背景调查时,应事先以书面形式征得应聘者的同意。

进行背景调查需要注意做好几个方面的准备工作。

1)选择并培训调查核实人员

选择调查核实人员时,要重视调查核实人员是否熟练掌握相关法律法规,是否具备丰富经验。例如,公共部门对调查核实人员的选择,可以偏向于对公务员相关法规、有关章程条例精通和熟练的人员。调查核实人员要通过与证明人的情感交流建立融洽关系,以消除证明人对其的戒备和不信任;同时,调查核实人员还要通过清楚阐明调查要求,努力与证明人达成共同立场,以最大程度争取到证明人的积极合作与配合。

进行相关培训对于参加背景调查核实的人员来说必不可少。因为调查过程中,调查核实人员提及的问题越专业,那么所取得的调查效果也就越好。尤其是采用非结构化形式进行数据收集时,调查核实人员的技术水平和培训状况决定了数据质量。因此,对调查核实人员进行充分训练十分必要。通过培训,调查核实人员能够根据提前准备好的与工作有关的问题对证明人进行提问,并针对证明人的回答做一些深入探究。这样一来,他们就能全面了解调查核实的工作任务,并且可以有效完成工作任务。

2)确定证明人范围

证明人应具备四个条件:①有时间观察应聘者在工作中的行为表现;②具有评估应聘者的资格;③必须能够提供对应聘者真实、客观的评价;④必须具备一定的表达能力,便于理解其对应聘者的评估。

与应聘者有直接工作关系且直接了解其工作情况的证明人,如前任管理者、同事等,可优先作为调查对象进行调查。此外,调查对象还可以包括与应聘者有合作往来的人、下属员工、客户或者人力资源部门等,这些都属于调查范围。调查对象的广泛,可以确保信息收集的全面性,甚至还可以收集到更多重要的信息;同时也能减轻证明人的顾虑,从而提高调查的有效性和可信性。因为证明人在观察应聘者的时机、对应聘者的主客观评价以及对应聘者的了解等方面存在差异,所以由证明人提供的信息质量也必然存在差异。因而,与证明人交流之前,必须先对其进行可信度方面的调查,将证明人认识应聘者的时间、证明人的职位等等信息收集,以便与证明人交流时验证其回答的可信度。

4. 背景调查的主要环节

背景调查既可在应聘人面试之前进行也可在其后进行。一般情况下,由有关人员在面试结束后与正式录用前对应聘者进行背景调查。背景调查的主要环节如图8-1所示。

制作背景调查表 → 确定背景调查的强度和主要方法 → 解释并使用调查结果 → 储存调查结果

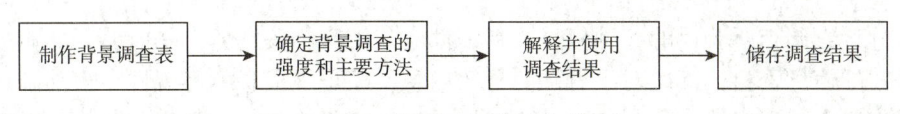

图 8-1　背景调查的主要环节

1）制作背景调查表

为了保证背景调查的客观性与公正性，调查表的内容要以简明实用为原则，同时确保各个调查项每位应聘者都有经历。背景调查表是由人力资源部的工作人员根据工作岗位分析、工作申请表和个人履历表分析的有关内容，并结合直接影响理想任职者工作绩效的因素（如工作能力、专业技能、个性特征、工作风格等）制作而成的。

在制作背景调查表时应注意五个事项：①组织内不同职位的背景调查需要了解的信息侧重点不同，所以需要使用不同的背景调查表；但类似知识、技术和能力的职位可以考虑采用一份调查表；②调查项目设计应基于应聘者过去的行为表现，为了避免直接询问可能导致的不必要麻烦，所以尽量把这些问题具体化和量化；③尽可能使用人事档案、工作记录等公开记录来评价雇员的实际工作情况和个人品行，尽量忽略对应聘者性格等方面问题的主观评价，调查中坚决避免有关个人隐私的问题；④调查表上需要列出最具关键性的淘汰因素，同时还有必要将组织对应聘者提供的材料存疑的项目或者应聘者在面试过程中闪烁其词的部分列入调查项目；⑤调查表以书面形式做好详细记录，以作为录用或拒绝应聘者的依据。

2）确定背景调查的强度和主要方法

人力资源部的工作人员在确定调查强度时，要善于结合组织模式、所处行业、调查职位的职责重要性以及应聘者自身因素等，这样才能保证调查强度的合理性。一般而言，组织规模越大，考虑到的因素越多，调查的强度也就相应加强。此外，招聘职位的职责水平也会决定背景调查的强度。一个职位承担的责任越大，或者该职位对客户与同事造成的风险越大，则越需要对该职位进行准确、详细的调查，特别是对管理人员、关键职位人员以及重要职能岗位人员的聘用。如涉及组织金钱和贵重物品的职位，需要对应聘者进行信用记录和犯罪记录核查，确保其信用记录良好和没有犯罪记录；涉及应聘者与他人之间人际关系交往的职位，需要进行犯罪记录核查，确保应聘者不存在欺诈勒索等行为。目前，常用的背景调查方法一般包括亲自核查、发函核查、电话核查、邮寄核查，以及数据库、网络查询等。通常情况下，组织采用的调查方式越偏向多样化，调查中联系的证明人越多，调查结果就会越客观越公正。一般而言，背景调查的主要方法要根据组织招聘工作的实际需要来确定。方法选择时，可以只采用一种方法，也可以将几种方法相结合使用。大多数调查方法至少是两种以上，这样有助于背景调查顺利有效进行。目前背景调查中采用较多的是电话调查与结构化问卷调查的结合。为了核实应聘者的学历文凭等资料，各类组织通常会采用数据库、网络查询的调查方式；为了调查职位申请者是否会对在职员工造成潜在工作安全威胁或带来财务风险，各类组织通常会采用亲自核查的调查方式。由于亲自调查的调查范围较广，成本较高，适用范围不是很广泛，所以通常被猎头公司所采用。

3）解释并使用调查结果

解释并使用调查结果的过程中，涉及对调查到的各类信息资料的汇总、筛选和运用。通过背景调查所获得的各种信息资料，都应与工作相关，尤其是能够区分业绩特征是否有效的信息资料；其次对于得到的有效信息，需重视信息的客观性，辨别调查内容的客观程度，通过实行计分制或授予相应权重，评定相应分数计算出总分值，以确保调查核实的客观公正；最后，应该谨慎使用背景调查法获得的不利信息，应聘者是否符合职位的基本要求通常可以用工作申请表来反映，应聘者的职业倾向、性格测试等方面的结果通常可以用评估报告来体现，所以有必要将背景调查法、工作申请表和评估报告结合使用，以保证人员甄选的准确度。

4）储存调查结果

对背景调查结果进行存储时应注意三个方面：①存档应聘者的许可声明。应当在应聘者的档案中存入书面形式的许可声明。在开展背景调查之前要获得应聘者的书面许可，即应聘者允许雇主与应聘者的证明人取得联系。②调查内容以书面形式详细记录。遇到证明人拒绝提供有关应聘者的资料信息的情况，或者其他任何情况都要一一记录在调查内容里，并将其归档。③建立雇员的背景调查档案并将其完善，同时保证雇员档案的信息安全，确保只有相关人员才能知道档案信息。

5. 背景调查在实践中的应用

1）可能存在的问题

通过背景调查可以得到关于求职者的很多信息，包括客观内容，也会有诸如个性、性格等主观性较强的内容。所以在决定是否录用时，要谨慎处理，尽可能用事实决策。表 8-1 列出了背景调查容易出现的失误及解决对策。

表 8-1 背景调查存在的失误及对策

背景调查可能存在的失误	应对失误的对策
调查的内容过于宽泛，没有调查的重点	一般应重点调查职业经历、犯罪记录、学历真伪等
简单地凭借咨询公司的结论作决策，没有分析与追查	出现正反冲突的结果时，要追查咨询公司的结果是否准确，使用的调查方法是否合适等
仅凭一次调查的信息结果做出雇用决定	在应聘者否认结果时，作二次调查

2）调查实施时应注意的问题

赢得应聘者的理解和支持。调查之前，企业应该要求被调查者以书面形式签名同意对其进行背景调查，争取配合；使应聘者意识到提供虚假信息的代价，确保应聘者已经说明在前任公司的离职原因后再对其展开调查，以免出现一些问题或遇到麻烦。若求职者不愿让原单位知道自己跳槽的动机，要考虑被调查者的心理压力，注意与其人事部门的沟通技巧与艺术。

健全各项规章制度。在人员招聘工作开展前，严格规范相关的规章制度。这样可以指引调查人员获得重要信息，同时确保调查工作有序顺利进行。例如，对劳动合同的有关条款进行明确规定，能为背景调查提供法律保障。在背景调查过程中，人力资源部的负责人要全程监控监督，掌握进度。

符合法律规定。同其他人员测评选拔的方式一样，背景调查法在实施过程中也要注意公平性和有效性，不能存在歧视调查群体现象。在进行调查时，不要触犯相关的法律法规，尊重被调查者的隐私权。

8.2 推荐信

8.2.1 推荐信简介

1. 推荐信的含义

推荐信是资料分析方法的一种,它一般由既熟悉被测者又与测评者存在较密切关系的第三者以书信的方式向测评者介绍被测者的特征和特点。通常是前一个雇主、直属上司,甚至是同事所提供,鉴于三方间的信誉、责任和情感因素,一般能反映被测者的真实的个人特征,在胜任特征测评和人员录用中起着一定的作用。尤其是一些知名人士的推荐信往往能起到关键作用。

2. 信度与效度

推荐信属于证明材料的一种,能证实求职者提供材料的真实性,还可以提供目前及未来可能的绩效水平信息,但 HR 经理们并不认为推荐信十分有用。在一项调查中,仅有12%的回答者认为推荐信"很有价值",43%认为"有些价值",30%认为"只有很小的价值",6%认为"无价值"。当被问及是偏好书面推荐还是电话推荐时,72%的经理选择电话,因为可以有更坦诚的推荐。事实上,HR 经理们将推荐信排在选拔工具的最后一等。从最高到最低一等的排列次序是面谈、申请表、成绩记录、口头推荐、能力倾向和成就测试、心理测验,最后是推荐信。

8.2.2 推荐信的使用方法

企业在收到推荐信的时候,一般要进行审查,不能仅仅依赖上面的内容。实际的推荐信核查方法有多种形式。企业可以用电话核查的方法,也可以直接与推荐人面谈来了解候选人的求职动机、技能,以及与他人合作等方面的信息。另外,可以针对推荐信的疑点,向候选人目前的或者以前的雇主询问,确认推荐信内容的真实。

在后面的章节中,会谈到利用结构化表格询问,这种询问方式可以保证提问问题的全面性。一般为了保证候选人能顺利达成目的,推荐人会美化候选人,为了扩大信息的来源,可让推荐人再举荐几个了解候选人个人情况和工作表现的人,或者让候选人自己多列举出事实来证明推荐信的内容。企业也可以进行"推荐书审计",它需要与候选人的每一份前任工作的至少两名上级、两名同事、两名下属取得联系以取得更加可靠和准确的候选人的信息,但是会花费不少时间和精力,只用在对企业利益攸关的岗位人员的招聘上。

8.2.3 推荐信应用中注意的问题

推荐信对于求职者未来绩效的预测作用不一定很大。虽然推荐信有时也能排除夸大经历或谎报资质的求职者，提高整个挑选过程的预测正确性，但是，推荐人的选择权在很大程度上是操作在求职者手中的，求职者往往挑选与自己关系较好、能说好话的推荐人，而推荐人可能考虑到求职者找不到工作所遇到的困难，不愿意提供不利信息。

推荐信的真实性可能不高。很多主观因素或出于人情原因，不愿让员工失去工作机会，或出于摆脱难缠员工，被迫给其良好的评价，使其另谋高就。即使通过电话询问的方式对推荐信进行核查，也要努力判断是否在回答时闪烁其词，并辨清原因。

8.3 试用法

8.3.1 含义

试用法是指公司在正式与员工签订合约之前，会对员工进行一段时间考核以决定是否聘用的方法。这段时间被称为试用期，即用人单位为了与劳动者相互了解，确定对方是否符合自己的招聘要求，同时劳动者也为了确定对方是否符合自己的求职期望而约定的 6 个月以内的考察期。试用法本身表明对对方的信任不够充分、缺乏十足的信心，它是为减少错误结合的概率而选择的一种手段。

实行试用法，对用人单位与劳动者都有利。一方面，试用法维护了用人单位的利益，可以使每个空缺的工作岗位找到最合适的员工；试用期是企业的一项工作制度，可以给企业一定时间来考查劳动者是否符合工作岗位要求，避免企业遭受不必要的损失。另一方面，试用法也维护了劳动者的利益，劳动者可以在试用期内考察企业是否在工作内容、劳动条件、工资薪酬等方面符合劳动合同规定，且符合自己的预期。

8.3.2 试用法在现实中的问题

1. 部分企业与人才忽视试用法的真实功能

很多公司认为试用法只是一种形式，从而导致错误的才企结合。据有关统计，我国中大型企业有效利用试用法的企业不到 40%，而有效利用试用法的人才不到 20%，试用期似乎只是走过场。

2. 试用期成为蜜月期

人才测评是科学的、有依据的测评。它是关于职业方向、成功动机乃至人才素质的真实反映。而在实际的试用法中，双方或单方尽情表现，出现一些伪装行为，从而掩盖企业或人才的真实面目，为以后的人才与企业的一拍两散埋下了伏笔。例如，张某是一位营销人才，平时对钱比较贪恋。进入一家企业后，在试用期表现出对钱财的平淡，大有"君子爱财，取之有道"的风范，从而猎取企业的信任，不到一年，却卷款而逃。听到这一消息时，老板与人力资源部门无不大吃一惊，其与试用期的表现差之千里。

3. 一把手试用期

试用法的适用范围当前没有明确界定，但对于职权性较高的职位，是否也适用试用期，还没有定论。某公司招聘一名总经理，根据公司惯例，试用期为 3 个月。该总经理每次想发号施令，可是在试用期，没有正式身份，名不正则言不顺。3 个月只能熟悉了解企业的情况，一些认为应当立即处理的事情，只能眼看着发生。等到试用期结束，这位老总认为总可以有权做事了，哪知试用结论是试用期无所作为，被终止合作。因此，试用期中的权力下放成为一个棘手的问题。

4. 出现试用期倦怠

试用期倦怠是一种员工消极情绪，是指新员工在试用期内由于不能适应新环境及时调整自己心态而表现出的一种倦怠情绪，这种情绪也是造成新入职员工容易辞职的原因。相关调查表明，试用期的员工离职率高达 47.5%以上，员工刚入职时期是企业离职高发率阶段，入职后的第三、第四周往往会出现试用期倦怠情绪。如果使用试用法，很有可能造成人才还没适应公司的情况，就逃之夭夭。

8.3.3　新员工的试用期管理

新员工短期内离职对于公司的损失是巨大的，招聘过程中人力财力的投入以及入职后所作培训等方面的投入都会付诸流水，这是有形损失，还会造成无形损失，如因耽误公司业务的正常进行而贻误商机，因为新员工工作不投入等而对团队其他同事造成负面影响等。因此，企业要成功采用试用法必须谨慎对待试用期，促进企业与员工的平稳过渡与和谐适应。

1. 严格甄选，管好源头

企业在识别人才方面重点考虑以下因素：一是要看应聘者的价值观念是否与企业文化价值观念相一致，二是看应聘者具备的核心能力和工作经验是否为企业所需，三是看应聘者当前的职业发展阶段与企业目前发展现状是否匹配，四是看应聘者求职的长远目的和企业的发展方向是否一致。面试过程中，应如实告知求职者相关情况，通过各种科学的测评手段严加甄别，利用背景调查等手段补充信息，做出更准确的判断。

2. 给力辅导，尽快融入

在新员工进入公司后，要发挥导师的作用，由公司指定专人对新员工进行"传、帮、带"，尽快建立起公司与员工的沟通桥梁，帮助新员工对企业产生归属感。HR 要组织新员工入职培训，随时准备为其服务，取得员工的信任与支持，了解员工的真实想法，协助业务部门促进新员工的融入，降低新员工短期离职的风险。

3. 明确考核指明方向

新员工入职后应该制订科学可操作的考核方案，对员工进行定位。考核指标不能太高使员工气馁，也不能太低使员工产生惰性，既要考虑公司同部门、同岗位其他员工的情况，做好平衡，还要考虑新员工对公司状况、工作还不熟悉等实际情况。

4. 直接上司，责任重大

据调查，80%以上的员工流失都与其直接上司有关。上司要在工作与生活上给予新员工关注和指导，HR 部门也要帮助直线经理管理新进员工，加强对新员工的跟踪与沟通，及时了解各个环节可能会存在的困难，并进行协调和解决。

5. 互相包容，凸显尊重

人才服务是否到位是稳定人才的关键之一，在企业与新员工彼此适应的过程中，还要秉持包容的心态，只要确定员工的核心能力和品质等主要方面是满足企业岗位需要的，对其独特的个性和一些缺点，只要不影响工作业绩和团队配合，企业要尽可能地给予包容和理解，尊重其个性需要，才能人尽其才。

8.4 笔迹分析法

8.4.1 笔迹分析法简介

1. 笔迹分析法的含义和基本原理

笔迹分析法是员工招聘选拔过程中的一种方法，主要以应聘者书写的字迹为基础，通过分析其字迹，间接建立对应聘者个性特征和心理素质的看法，以此预测应聘者将来的工作业绩。

如何从笔迹中分析出书写者的内在个性特征呢？笔迹分析真的能分析出书写者的个性和潜在特质吗？笔迹学是心理学的一个分支，它是在国内外心理学家、笔迹学家大量实验、统计和实证研究的基础上发展而来。笔迹学有一套笔迹分析特征体系，这一体系能够揭示人类笔迹的特点和规律与人的内在素质之间的紧密联系。因为笔迹受个人书写习惯的影响，且这种书写习惯在一生中难以改变，所以尽管书写者的笔迹会因心情环境等因素有所变化，但也只是稍稍变化。因此，相对客观充分的笔迹材料可以基本保证对应聘者内在心理特征进行相对准确的分析。英国笔迹研究所表示，被有素养的笔迹专家进行过笔迹分析的客户通常很赞成笔迹专家对其的分析结果。

2. 笔迹分析法的优势

在欧洲国家的众多人才测评方法中，笔迹分析法使用最多。笔迹分析法通常用于人才招聘与选拔。1998~1999 年，法国的两名大学教授对 837 家法国企业和咨询中心在人才招聘与选拔方式上的选择做了调查，调查发现：93%的企业将笔迹分析法运用于人才招聘与选拔，这个使用比例仅比面试的使用比例低九个百分点，但高于63%使用率的智力测试和 61%使用率的人格测试。笔迹分析法在欧洲一些国家，如法国、德国、比利时、荷兰、奥地利和意大利等，得到了广泛应用。

与在欧洲的发展相比，笔迹分析法在我国发展较晚。20 世纪 80 年代之后，我国的报纸、杂志上才逐渐出现有关笔迹学的报道，笔迹分析技术在我国的人才招聘中开始得到认同和应用。笔迹分析法除了具有简便、准确性高、个性化等特点外，还具有一些其他优势。

（1）笔迹分析测试的准备阶段不会耗费许多时间精力，测试需要的物件只是一张桌子、一把椅子、书写工具和书写材料。

（2）笔迹分析法对被试的要求并不多，只需要了解被试的性别、年龄、受教育程度等基本信息即可，不需要了解被试的很多信息。

（3）能够根据对被试现在和过去笔迹的对比分析，了解被试的内在特质变化和性格变化，从而做到对被试的跟踪性研究。此外，还有助于研究疾病、伤痛、焦虑、疲倦等对人的影响。

（4）其他专家可以在任何时候对已经分析过的笔迹再次进行分析，对分析结果也可以进行统计分析，或者与其他量表测试做对比性研究。

（5）笔迹分析不只局限于当面测试，如果笔迹测试中出现问题，可以通过其他方式很容易地进行二次测试。

8.4.2 笔迹分析的内容

笔迹分析对被试的要求是，被试需要提供至少一整页纸的笔迹，而且最好是用圆珠笔在没有格线的空白纸上书写，对书写内容不作要求。因笔迹分析是一门专业性很强的技术，所以有一套严格规定用来指导笔迹测评，在这套规定的指导下，笔迹测评可以测定字体大小和宽度、倾斜程度、页面布局安排和书写力度等方面。一般包括以下几个方面。

1. 页面整洁性

如果书写页面干净整洁，那就能看出书写者比较注重个人仪表形象，对着装有讲究，爱干净爱整洁，进一步推测出书写者举止高雅，有较强自尊心和荣誉感；如果书写页面随意无章法，有大量涂改现象，那么可以推测书写者穿着随意、爱自由、不拘小节；等等。

2. 字体大小情况

如果字体大，且书写没有受到格线的影响，那就说明书写者性格偏外向，是大大咧咧之人，在与人相处中通常会热情大方，做事会有大刀阔斧之感，同时可能会有广泛兴趣，具有发散性思维，但也会有些不足，如由于不拘小节会导致不注重细节质量，没有耐心等。如果字体小，可以看出书写者比较内向，小心谨慎，可能会有不错的自控力和专注力，但也可能会小肚鸡肠，心胸不宽阔。如果字体时大时小，说明书写者的应变能力可能比较强，追求灵活的处事方法，但也可能由于灵活多变而缺乏一定的自制力和专注力。

3. 字体结构情况

书写者的思维特征和行动力可以通过其字体结构情况反映，根据字体结构的严谨程度可以分为结构严谨、结构松散以及结构疏朗；根据字体结构的形状可以分为梯形结构和倒梯形结构；等等。如果书写结构严谨，段落分布协调匀称，且注意书写的规范性，那书写者应该是一个沉稳理智、思维缜密、严肃认真的人，他对待问题会较全面考虑，而且做事会讲究计划性和完整性，按规章制度办事，但也会导致循规蹈矩，不会变通。如果书写结构疏朗，段落之间分布不均，部分字体笔画稀疏，那书写者应该是粗心、自由散漫之人，处理事情可能马虎，不仔细，注意力有些分散，甚至自控能力不行。

4. 书写力度情况

如果落笔重，纸张后面能明显看到书写痕迹，那说明书写者性格刚强，精力充沛，处理事情可能会果断有主见，但也可能因为固执容易钻牛角尖。如果落笔较轻，字迹有飘飘之感，那说明书写者有些没有自信，处理问题时可能会依赖他人，或者不敢挑战困难，易产生放弃心理。如果落笔轻重不一，说明书写者可能情绪不稳定，在处理事情时容易犹豫不决不果断，但会有发散性思维。

5. 书写速度情况

如果书写连笔较多，书写有些急，那说明书写者可能是注重时间效率之人，处事时行动力和执行力较强，效率较高，但也会因为性急导致情绪失控，如冲动、暴怒等。如果书写有些慢，那说明书写者可能是慢性之人，做事容易拖拖沓沓，行动力和执行力有些欠缺，但也能看出其性格温和，有耐心不急躁，办事求稳当。

6. 字行平直情况

如果书写者字行平直，那说明他比较有主见，对自己认定的事不会轻易被他人左右。如果书写者字行上倾，可以看出他的精神面貌是积极向上的，有进取心，而且具有远大抱负，对待事情雄心勃勃富有激情。如果书写者字行过分上倾，那他除了积极向上，雄心勃勃外，还会有些固执己见，可能在与人交往中不会轻易妥协。如果书写者字行下倾，那他会有些消极悲观心理，可能由于对待问题会想太多因而产生一些不必要的顾虑。如果书写者字行忽上忽下，那么可以看出他情绪有些不稳定，容易被事物影响情绪，是个情绪化的人，自我调控能力可能有些差。

7. 通篇布局情况

通篇布局情况主要是考察页面左右两边空白多少是否一致，行与行之间是否整齐排列。如果左边留白多，就说明书写者有全局意识，能够顾全大局统筹安排，而且为人谦虚，善解人意，能够倾听别人的想法，善于发现欣赏别人的长处。如果右边留白多，那就说明书写者喜欢凭直觉办事，容易感情用事，有些缺乏理智，同时比较固执，处理事情容易极端化，遇到棘手的问题易自暴自弃消极对待。如果左右两边不留白，那说明书写者的占有欲和控制欲有些强，待人接物有些自私，不会倾听别人中肯的意见。如果行与行之间整齐排列，那说明书写者做事讲究条理，重视程序和规则，有责任感，是个有教养正直的人，自尊心和荣誉感也较强。如果行与行之间没有整齐排列，那书写者会是一个没有条理的人，对待事情缺乏责任心，马马虎虎应付了之。

上述这些方面是笔迹分析法的关键内容，也是目前报纸杂志最常提到，在实践中运用较广的。通过笔迹分析，用人单位对应聘者的性格特征会有大概的了解，在结合其他的测评工具后，能够更加全面地了解应聘者。

8.4.3　笔迹分析法在现实中的运用

1. 笔迹分析法存在的问题

1999 年，"笔迹分析技术在人才招聘中的应用研究"被我国人力资源和社会保障部人与人才研究所正式立项，笔迹分析法开始被研究与开发，随后具有欧洲笔迹学理论基础，且与中国实践相结合的笔迹分析法在国内被广泛运用，一些企业在人才招聘时为了实施笔迹分析，明确要求应聘者提供手写的自传和简历，以方便了解应聘者的性格类型和心理健康。但是在我国的人事管理运用中，它也存在不少问题。

（1）人们对笔迹分析普遍认识不足。虽说"字如其人"，但很多人对笔迹分析的应用持怀疑态度，认为其与封建迷信（如算命）有关；支持的人仅限于文化层次较高的人群。这是因为笔迹分析在我国应用范围较窄，报纸杂志的宣传很少，大多数人不甚了解，即使略有所知，仅限于刑事侦破方面的应用，并不知道它能应用于人事管理、人才开发、商务谈判等诸多领域。

（2）笔迹分析的专业人士太少。由于认识不足、缺乏了解，所以真正从事笔迹分析的专业人才较少，主要还是分布在公安系统、少数高校、研究机构、书法界及民间。专业人才过少，缺乏系统的专业知识，无法满足潜在市场的需求，大大制约了笔迹分析法在我国的发展。

（3）缺乏专门机构的统一管理。世界上的很多国家如美、法、日等国都设立了专门的笔迹分析机构，也有统一的管理机构，像国际笔迹学会每年都组织活动，加强笔迹研究方面的交流，这些机构和组织在笔迹分析人事管理及人才开发中发挥着不可或缺的作用。我国目前缺乏这样的机构，这一领域十分薄弱。

2. 笔迹分析法的发展趋势

从现代心理学角度看，笔迹分析和罗夏墨迹测验、主题统觉测验等投射测验具有近似的性质和功能，科学性是值得肯定的。笔迹分析在我国人力资源管理与人才开发方面的应用一定会得到大力发展。尽管目前笔迹分析法在国内的发展处于初级阶段，但随着热爱笔迹分析的专家逐渐增多，笔迹分析将会逐渐走向规范化、系统化，进而形成一套通过书法、笔迹鉴定个性和才智的系统的心理测量科学。同时，学科的相互渗透、计算机的应用扩展一定会促使这门科学蓬勃发展，笔迹分析法普遍应用于人力资源开发也是指日可待。

8.5 工作样本法

8.5.1 工作样本法简介

1. 工作样本法的含义

工作样本法，又名"工作抽样技术"，即为了考查应聘者是否具备岗位要求的工作能力，企业特意为应聘者创造一个小的工作环境，让他们完成各项任务并以此评估其能力。工作样本的设计必须以工作分析数据为基础，为此要明确促使这项工作完成所需的因素，如专业知识、专业技能等，而且每个样本因素都必须与对应的工作绩效要素匹配起来。例如，某个工作要求员工要具备使用计算机 Office 的能力，那么工作样本可以设计为要求这个应聘者运用这一办公软件处理问题。

2. 工作样本法的基本原理

统计学告诉我们，如果从母体中抽取样本，则子样本有近似母体的性质，这就是工作取样的理论基础。当然，只有保证所抽取的样本在母体中具有代表性，才能保证测评结果的可靠性。

3. 工作样本法的重要类型

根据母体工作的性质不同，工作样本法可以分为两类：操作预测和语言测评。前者主要适用于测试与体力相关的一些工作能力，后者主要适用于对语言要求较高的工作能力测评。根据最近的研究成果，工作样本法又可以分为行为操作型、工作相关信息型、小组讨论型以及情景模拟型。行为操作型主要考查被试的行为能力和方式，主要采取观察法；工作相关信息型，用于测评担任某种工作的人所拥有的与工作绩效相关的信息量，通常采用笔试的方式；小组讨论型适用于个人能力对团队工作起很大作用的工作，通过观察讨论过程，测评者对每个小组成员做出相应评价；情景模拟型中，被试要求做那些与正在做此项工作的其他工作人员相同的事情。

8.5.2 工作样本法的操作要点

一般来说，在实施工作样本技术时，要注意六个要点。

第一，对招聘岗位进行分析。找出该岗位工作所需的基本技能和要求，列出该岗位工作需要执行的所有任务。

第二，将这些任务按重要性排序，识别并确定完成该岗位工作所需的关键环节。

第三，列举完成这些关键环节可能使用的方法，并将每种方法按优劣排序并赋分，赋予不同权重，组成测试问题备选方案。

第四，请内部或外部的专家对拟定的问题与答案提出修改意见，对不当之处进行修正。

第五，对求职者实施测试。

第六，对测评结果评分。评分时既要考虑标准答案，又要考虑施测中出现的误差因素。

对结果进行解释时，还要考虑测试的信度与效度。

8.5.3 工作样本法的评价

1. 工作样本法的优势

工作样本测试是一种现场测试，也是一种更倾向于动作技能的测试，可以真实考查出应征者的工作能力，也有利于评估者观察应征者的实际工作行为。由于其内容是模拟真实的工作，从测验中就能推断其是否有能力胜任工作，应征者很难有机会提供假答案。

工作样本测试不涉及应征者的人格和心理状态，不会侵犯隐私权，不会引起公平就业方面的忧虑。其表面有效性会激励求职者积极投入到测试中，并努力取得好成绩，同时，良好的工作样本与用来预测绩效的测试相比，还表现出更好的效度。

与心理测验等测评方法相比，工作样本测试所产生的结果对于求职者未来的工作绩效的预测效度往往比较高。施密特（Schmidt）与亨特（Hunter）对 19 种选拔工具进行比较研究后发现，工作样本技术的预测效度最高，其次是智力测试。罗伯逊（Robertson）与康提（Kandola）专门对工作样本技术的效度、负面影响（偏见、歧视）及求职者的反应等问题进行了研究，结果发现，工作样本技术具有较高的预测效度、较少的负面影响和积极的求职者反应。

2. 工作样本法的劣势

工作样本法的适用对象是有限的。例如，工作样本法不适合选拔没有工作经验的求职者。只有当求职者对一个岗位的工作要求具有非常具体、清晰和稳定的认识时，这种测试方法才会比能力测试有更大优势。是否能够确定合适的应聘人员工作样本是该方法成功的关键。

相对于纸笔测验，工作样本测试需要的成本较高，评估人员、时间、场地、器材等都要提前计划；并且，工作样本测试在实际操作中可能会遭遇工作样本内容过时问题。因此，需要测评人员对样本内容及时更新，以便更有效地评估应征者的能力。此外，工作样本测试有可能要针对每个岗位甚至每个专门应聘者专门设计，实施起来较为复杂。

综上所述，虽然工作样本法具有较高的效度，但它无法替代一般的能力测验，其他的测评方法应该看成它的补充。

8.6　人员测评与选拔的其他方法实例

本书前几章分别介绍了智力测试、能力倾向测试、人格测试、面试、评价中心方法等的实例，本节主要介绍背景调查法、推荐信、笔迹分析法在实际中运用的案例。

8.6.1　背景调查法

前文中提到的背景调查法的最后一步是存储调查结果，以书面形式记录调查内容，最终形成背景调查报告，如表8-2所示。

表8-2　社会招聘背景调查报告

社会招聘背景调查报告						
候选人姓名：			联系方式：			
教育经历认证						
学位证编号：				真实性：	□真实	□不真实
毕业证编号：				真实性：	□真实	□不真实
四、六级证书：				真实性：	□真实	□不真实
其他证书：				真实性：	□真实	□不真实
人事信息认证						
身份证号码：				籍贯：		
档案所在地：				户口所在地：		
直系亲属	姓名	工作单位	职务	状况		
父亲						
母亲						
丈夫/妻子						
其他重要社会关系：						
工作履历认证						
公司：		上级姓名：		联系方式：		
1.雇用期间：						
2.主要工作职责：						
3.最后的工资：						
4.离职原因：						
5.他/她有任何影响工作/公司的个人问题吗？						
请选择适用的选项，并提供相应的意见						

续表

6.他/她与人相处的情形如何？	□极好的	□好的	□一般	□较差
7.他/她的学习能力如何？	□强	□不强	□其他	
8.您认为他/她是一个积极进取的人，并且可以在没有监管的情况下独立工作吗？	□是	□不是	□其他	
9.您如何评价他/她的出勤状况？	□极好的	□好	□一般	□较差
10.如果有机会的话，您会考虑给他/她升职吗？	□会		□不会	
为什么？				
11.您会考虑重新雇用他/她吗？	□会		□不会	
12.您认为他/她的长处和短处分别是什么？	长处：			
	短处：			
13.您会如何综合评价他/她？	□极好的	□好	□一般	□平均水平以下

公司：	同级姓名：	联系方式：

1.雇用期间：

2.主要工作职责：

3.最后的工资：

4.离职原因：

5.他/她有任何影响同事工作的个人问题吗？

请选择适用的选项，并提供相应的意见

6.他/她与人相处的情形如何？	□极好的	□好的	□一般	□较差
7.他/她的学习能力如何？	□强	□不强	□其他	
8.您认为他/她是一个热爱工作的人吗？	□是	□不是	□其他	
9.您如何评价他/她的出勤状况	□极好的	□好	□一般	□较差
10.如果有机会的话，您会希望再次和他成为同事吗？	□会		□不会	
为什么？				
11.您认为他/她的长处和短处分别是什么？	长处：			
	短处：			
12.您会如何综合评价他/她？	□极好的	□好	□一般	□平均水平以下

公司：	下级姓名：	联系方式：

1.雇用期间：

2.主要工作职责：

3.最后的工资：

4.离职原因：

5.他/她有任何影响同事工作的个人问题吗？

请选择适用的选项，并提供相应的意见

6.他/她与人相处的情形如何？	□极好的	□好的	□一般	□较差
7.他/她的学习能力如何？	□强	□不强	□其他	

续表

8.您认为他/她是一个热爱工作的人吗?	□是	□不是	□其他	
9.您如何评价他/她的出勤状况	□极好的	□好	□一般	□较差
10.如果有机会的话,您会希望再次成为他的下属吗?	□会		□不会	
为什么?				

11.您认为他/她的长处和短处分别是什么?	长处:
	短处:

12.您会如何综合评价他/她?	□极好的	□好	□一般	□平均水平以下

证明人调查

证明人1:		身份证号码:		工作单位:	
真实性:		□真实			□不真实
证明人2:		身份证号码:		工作单位:	
真实性:		□真实			□不真实
证明人3:		身份证号码:		工作单位:	
真实性:		□真实			□不真实

犯罪记录调查

公司处分纪录:	□有	□无
具体行为:		
贪污、受贿等违法行为:	□有	□无
具体行为:		
打架、盗窃等违法行为:	□有	□无
具体行为:		
其他:	□有	□无
具体行为:		

金融信息调查

住房贷款:	□有	□无
大致额度:		
助学贷款:	□有	□无
大致额度:		
高额贷款:	□有	□无
大致额度:		
其他:	□有	□无
大致额度:		

8.6.2 推荐信

　　为了提高推荐信核查的有效性,可以利用结构化表格询问,如图8-2所示,它可以保证提问问题的全面性,在实际询问时不会漏掉重点问题。

图 8-2　电话或现场面谈表

```
                    电话或现场面谈表
                                                        □前任雇主
                                                        □知名介绍人

      公司_____ 地址_____ 电话_____
      联系人电话_____ 职务头衔_____
      我想证实一下_____（先生、女士、小姐）提供的信息，他/她正在申请我公司工作
1. 他（她）在你公司工作的日期　　　　从_____年到_____年
2. 他（她）的工作的性质是什么？　　　进入公司_____
                                    离开公司_____
3. 他（她）说离开公司时年（月）薪_____，这是否真实？　是_____否_____
4. 他（她）的上司如何评价他（她）？_____
   他（她）的下属如何评价他（她）？_____
5. 他（她）是否负有监督责任？　是_____否_____
   （如果是）他（她）怎样履行监督责任？_____
6. 他（她）工作努力程度如何？_____
7. 他（她）与别人相处得怎样？_____
8. 他（她）的出勤记录怎样？　严守时间　　是_____否_____
9. 他（她）离职的原因是什么？　　　　　　　是_____否_____
10. 你会重新雇用他（她）吗？（若不）为什么？　是_____否_____
11. 他（她）有影响工作的家庭、财务或私人麻烦？　是_____否_____
12. 他（她）是否饮酒或赌博过夜？　　　是_____否_____
13. 他（她）的优点是什么？_____
14. 他（她）的缺点是什么？_____
评语：_____
```

8.6.3　笔迹分析法

实例：某电商集团招聘高级技术经理职位

1. 企业背景

与国际接轨，创新宏观营销战略，成功地使自身拥有独特的品牌竞争优势，并逐步走向多元化发展的道路。拥有广阔的行业发展前景、富有凝聚力的企业文化和年轻、极具创业激情的合作团队。为国内广大的手机用户和数码娱乐爱好者提供个性化的娱乐、休闲、游戏等增值服务和网络游戏等服务。

2. 职位职责与要求

（1）招聘要求：

工作地点：上海。

年龄：不超过 33 岁。

学历：本科及以上。

招聘目标：1 人。

工作性质：全职。

（2）职责：①参与产品部门的产品设计与构图。②按照产品部门的设计要求组织开发。③管理开发团队。④维护已完成产品的正常运营。⑤辅助建设技术管理的规范。

（3）职位具体要求：①3 年以上的软件开发管理经验和 3 年以上的 Java 语言应用开

发经验。②精通数据库的设计与开发（JDBC）。③熟悉 XML 技术。④熟悉软件版本控制与管理。⑤开朗、外向、乐于与人沟通。⑥有极强的敬业精神和团队合作精神。⑦工作热情，富有激情，能够承担一定压力。

3. 招聘结果分析

现在我们来对公司最终录用人员的笔迹进行分析。

（1）我们先分析一下该员工的主要性格特征，从其多条笔迹特征来一一对应：

笔迹线条凝重而不统一：可以看出书写者思虑而动荡多变的性格特征，表现出内心的忧虑；情绪时而兴奋时而消沉，没有一定的规律性；持续性不够，需要人不断鼓励；因内心的忧虑和压力而感到实现目标的困难很多，难以应付，信心短暂且易起伏不定，易半途而废。

整体行文中文字不齐整但字间距适中：说明其能够很顺畅地与人沟通、配合、交往。喜欢闲逸的生活，通常给人以温和而谦虚的感觉，易于相处，乐于助人；有创新意识。

线条凝重、生涩、不流畅，且起收笔不果断，墨汁凝滞：说明此人外在做事认真而负责，有很强的耐压力及操作动手能力。

（2）我们再分析一下公司岗位描述（job description，JD）的排序要求与该员工的能力对应程度：

该职位职责的排序显示该职位的核心工作是创新、与其他部门的协调配合以及对团队的管理；该职位要求的排序显示该职位的核心特点是要有团队合作意识、很好的沟通技巧、感染力和承压力；该员工有创新意识，人际交往能力不错，做事认真负责，但是在承压力方面有些欠缺。整体上公司 JD 的排序要求与该员工能力的对应程度是较好的。

（3）再对他作为一名高级技术经理，按人力资本的基本条件来分析比较：

A. 要具备 3A（态度、能力、抱负）

　工作态度：对工作积极主动，对自己和工作较为负责；

　能力：技术方面的硬件能力都已经通过，很强的操作动手能力和适应力；

　目标：目标性不是非常明确，易变动。

B. 作为主管 3C 来说：（教练、沟通、挑战者）

　较为热心，且与人交往给人诚恳而和善的感觉；

　对挑战性工作跃跃欲试，但信心不足；

　沟通能力略弱些，协调能力较好。

C. 作为高管 3P 的潜质：很有原则，但执行度不够，比较有创新力。

（4）他的直接领导的性格及行事风格及与其部门合作人员的基本情况：

A. 他的直接领导是总经理：业务出身。

其性格分析如下：外表较为谦和，体贴、热心而有激情。在能力范围内会乐于助人，思维清晰而有逻辑，小事随和，大事较为固执（因为其决定都是经过缜密分析的），很难被左右。有很强的权力欲，能够驾驭复杂的环境。

B. 与之相配合的部门总监：业务出身。业务方面非常熟悉。

其性格分析如下：喜中庸之道，较随和，易沟通。很会察言观色。有权力欲，但不轻易表露。不涉及自我则明哲保身。

综上所述：该员工整体从软硬件方面考量是比较符合该职位的。他的性格特点与其配合的团队比较契合。如果从"留、育、用"方面来讲：他整体基本属于主管级别的状态。由于他自我目标不明确，可对其做适当的公司文化及管理培训，使其认识并加强对未来事业的憧憬，树立目标；因为总经理非常有见地，只要具体执行好、配合好即可。他有原则但执行力度不够，可以安排硬性贯彻的工作给别人来辅助他；持续性弱、信心不足，但接受人鼓励，可以由总经理多激励他（根据总经理性格）。公司的行业、产品决定了创新的重要性，而该员工具备很好的创新意识，工作态度端正积极，加以其过硬的技术功底，稍加技巧地使用，定能为企业开发出好的产品。

【综合案例】

如何利用测评选拔分公司总经理

客户背景：

华科盛兴股份有限公司是一家集现代生物技术和医药制品研发、生产、销售于一体的高新技术股份有限公司。公司上市后，通过兼并联盟，不断提高核心竞争力，实现了企业规模的扩大和多元化经营，进而建立了多个产业群。

项目背景：

该公司下属的一家医药销售分公司成立2年以来，由于前任总经理的问题运营状况一直不理想，因此总公司决定重新为该分公司招聘总经理；同时总公司希望对另外三家分公司总经理作一个综合素质评估。

解决方案：

中智人才评鉴中心对此项目的解决方案如下所示：通过与高层及人力资源部相关人员谈话，力求准确把握总公司对该分公司及其总经理的要求及政策和该分公司目前的状况。目前，中智人才评鉴中心将能力素质模型库与该分公司的行业特点和实际运作相结合，重新为该分公司提供了针对高级管理人员的能力素质模型，模型中包括13项能力，其中关键特质包括组织指挥能力、计划与实施能力、人际交往能力等7项。人员评估的基础和标准均建立在该模型上，同时该模型也是包括该分公司总经理在内的各分公司总经理未来能力发展的重要指引。

项目实施时，项目的专家小组由管理心理学博士、对公司运作有丰富经验的高级管理人员以及行业专家等资深顾问组成，每一位被试的全方位能力评估都借助中智人才评鉴中心的评价技术得以实现。中智人才评鉴中心通常采用的评价方法包括以下各项：①简历分析——熟悉被试以往的工作经历、受教育情况、工作目标及兴趣爱好等重要基本信息；②认知能力测验——测评语言表达能力、数学逻辑能力、想象能力、观察能力和一般学习能力等；③个性测验——考查与管理岗位相适应的性格特征；④情商测验——包括情绪稳定性、情绪控制能力、挫折承受能力、社会适应能力等；⑤结构化面试——通过收集与行为相关的信息，重点评估总公司最为关注的领导能力；⑥无领导小组讨论——评估组织协调、决策、计划与实施、沟通能力；⑦文件筐测验——考查知人善任、市场分析能力和责任心、公关意识等。

通过对被试多角度全方位的深入观察和科学的评估后，中智人才评鉴中心还对从被试身上收集到的各种信息进行了整理，最终把每一位被试的书面评估报告提交给总公司，同时举行了面向总公司高层的测评结果汇报会，汇报会从优势和劣势两个角度对每个被试进行了客观综合的分析，对每位被试能力的发展提供了相应建议，并从公司角度发表了中肯的任用建议。

讨论题：

1. 如何评价该评鉴中心的解决方案？你认为有效吗？
2. 有没有替代或补充的解决方案？请简单说明。
3. 除了本案例论述的背景调查法、推荐信、试用法、笔迹分析法、工作样本法等外，还有没有其他人才测评方法？请简单举例。

【实验项目】

实验内容：假设你是公司人力资源部门的经理，你们打算为技术部招 3 名程序员，你打算用什么方法对需要招聘的人员进行测评与选拔，并说明原因。

实验目的：通过实验对象对人员测评与选拔方法的选择，考查实验对象对各种方法的了解程度，分析其是否能够根据岗位要求选择合适的人员测评与选拔方法。

【课堂游戏】

看 字 识 人

目标：让学生明白笔迹分析法的操作与作用意义。

游戏过程：将学生分为两组，一组负责在白纸上写上事先统一规划好的内容，另一组负责通过字迹分析书写者的性格态度。最后，书写者与分析者讨论其分析是否正确。

讨论：1. 为什么字迹能反映一个人的秉性特点？
2. 为什么将笔迹分析用于人员测评与选拔？

【拓展训练】

笑 容 可 掬

训练目的：加强团队之间的沟通与交流，同时能够增进彼此之间的感情。

游戏规则和程序：

1. 让学生站成两排，两两相对。
2. 各排派出一名代表，立于队伍的两端。
3. 相互鞠躬，身体要弯腰成 90 度，高喊××你好。
4. 向前走交会于队伍中央，再相互鞠躬高喊一次。
5. 鞠躬者与其余成员均不可笑，笑出声者即被对方俘虏，需排至对方队伍最后入列。
6. 依次交换代表人选。

第9章

人员测评与选拔的组织与实施

引例

中国石油化工股份有限公司广州分公司（简称中石化广州公司）是华南地区最大的现代化石油化工企业之一，是广州地区最大的成品油流通企业和主要供应商，拥有雄厚的石油化工产品开发、生产、检验和营销的技术业务力量。

中石化广州公司自2003年10月广州公司与省石化销售公司重组后，机关管理人员严重超编，人员素质和岗位技能参差不齐。根据省公司2005年工作会议精神，为激发队伍活力、优化队伍素质，达到"精简效能"的目的，该公司拟通过竞聘上岗的方式对机关管理人员采取"两步竞岗一分流"的办法进行人才的优化配置。即第一步：中层管理人员竞争上岗；第二步：一般管理人员竞争上岗；第三步：对落聘人员分流到经营一线。

2005年3月，根据省公司的统一规划，作为广东地市级公司中层竞岗的试点单位之一，中石化广州公司在省公司人力资源处及中国人才素质测评网智尊人才测评中心的全力协助与精心指导下，顺利地完成了第一步工作，按照"人岗匹配，人企匹配"的原则为各部门优化配置了中层管理骨干。第二步工作是中石化广州公司的重点与难点。

主要的难点表现在：

（1）人员众多，编制不足。按照省公司的用人编制，广州公司一般管理人员只有81个编制，但现有的一般管理人员达120多人。

（2）人际关系敏感复杂。与其他国有企业一样，由于不可避免的历史原因，公司内外部各种人际关系相对复杂，疏忽任何一个环节，都会给人才选聘工作带来不利的影响。

（3）工作量大，时间紧迫。由于有关的竞岗方案一个月前已公布，如果不能及时高效地完成这一步工作，将可能影响员工的工作热情与积极性，员工心态的不稳定甚至可能影响企业的正常经营。

如何确保竞聘工作公平、公正、公开，既能真正选出胜任岗位的管理人才，又能避免选聘过程中产生的不必要的误解与震动，成了中石化广州公司领导班子必须慎重考虑的关键问题。由于有了第一步竞聘工作的成功经验，中石化广州公司的领导班子深刻体会了人才评价中心技术的作用与好处。经过研究，他们决定建立一套规范合理的绩效考核体系，并对公司所有非计件员工进行一次测评，以综合考察公司现有的人力资源状况，为人事任免决策提供客观、公正、科学的依据。

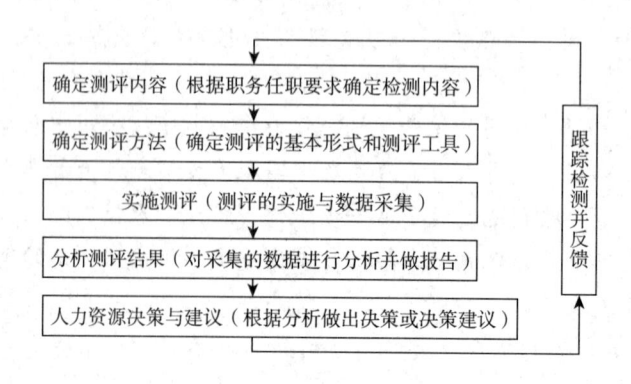

9.1 人员测评与选拔的准备

人员测评与选拔的实施过程非常复杂，要严格按照测评要素要求，测评程序要科学化，做到测评过程中每个环节都相互配合、相互联系，这样才能得到客观公正可信度高的测评结果。

一般而言，人员测评与选拔过程可以大致分为准备、实施以及结果报告三个阶段。其中，测评准备主要是确定测评的战略部署和规划、制定测评与选拔活动方案，测评的实施是将被试有效组织起来以全面收集甄选决策所需信息的活动，而测评结果报告则是将被试的信息进行输出和反馈，并为相关决策提出合理建议和有效支持的过程。

人员测评与选拔的具体流程如图9-1所示。

确定测评内容（根据职务任职要求确定检测内容）
↓
确定测评方法（确定测评的基本形式和测评工具）
↓
实施测评（测评的实施与数据采集）
↓
分析测评结果（对采集的数据进行分析并做报告）
↓
人力资源决策与建议（根据分析做出决策或决策建议）

跟踪检测并反馈

图9-1 人员测评与选拔流程图

人才测评是一项复杂的工程，必须以科学系统的测评方案做指导。而制定测评方案要解决三个基本问题：一是确定测评目标和内容，即"测什么"的问题；二是确定测评方法和手段，编制测评工具或选择现有的测评工具，解决"怎么测"的问题；三是落实招聘职位分组、测评安排、主试培训、测评结果反馈方式等具体问题。

9.1.1 确定测评目标和内容

人员素质测评以确定测评目标开始，测评目标包括根据用人需求确定测评的要求和期望的测评信息。明确测评目标不仅可以提供人事测量具体方案的设计方向，而且可以为后期监控评估测评目标的完成情况和效果提供依据。测评目标的确立从小方面来说是人员测评活动的出发点和目的地，从大方面来说，是企业上上下下员工对考评工作思想观念上的认同。测评目标的确定，需要考察社会发展状况和市场经济形势，将两者与企业发展战略和企业文化结合。例如，日本的TOTO公司尊崇追求卓越的企业文化，因而在人员招聘时看重应聘者是否具备精益求精的品质。发展初期的企业，会重视员工的创造力和开拓力；成熟期的企业会在管理方式和文化建设方面更加重视。测评目标的确定，还需要结合企业的具体实际情况，如经营策划、变革策划等。也就是说，要在了解人事管理目的和人力资源开发需求的基础上，结合企业内部多方面的需求信息，确定测评目标和方向。

测评内容的确定是在测评目标的确立之后开始的。测评内容是测评目标的细化和操作化。一方面，要选择能够充分体现测评目标的具体知识和能力；另一方面，又要分析应聘者的具体特点，估计哪些能力是他们的共同优势，哪些是他们的薄弱环节，他们最可能存在差异的地方在哪里。有了这些分析，所选择的测评内容就能既反映岗位的客观要求又反映应聘者的实际情况。

人力资源测评的目的若为选拔人才，那么测评内容的选择就非常重要，因为测评内容的方向走偏就会对选拔人才没有任何实际意义，进而导致招聘决策的失败。人力资源测评的目的若是为了诊断、评价员工，那么测评内容就会简单一些，可以直接根据测评目的涉及的内容来确定测评内容。例如，想要知道员工的工作偏好，可以测评员工的职业兴趣；想要确定是否应该对管理人员的沟通能力做技能培训，可以对员工的沟通表达能力进行测试，根据测评结果决定是否进行培训。工作分析作为人力资源的第一个主要环节，可以获得工作内容、工作职责以及所需人员条件等有关信息，并得出岗位说明书和工作规范，解决人员测评"测什么"的问题。

人员测评的内容必须转换为具体的人员素质考评要素。考评要素的全面性、有效性和敏感度，对整个测评工作的可实施性与质量好坏有决定作用。考评要素的确定，建立在对工作岗位细致全面地分析的基础上，然后确定每个岗位的职位要求要点——第一是专业能力，第二是个性品质特征，第三是职业适应性和匹配度，将三个要点联系起来作为考评要素。

9.1.2 确定测评方法和手段

不同的测评内容有不同的测评的形式和工具。例如，测评方法就像米尺、磅秤这些测量工具，选择测评方法就是从这些工具中选出合适的一种，或者是根据需要去动手制作一种工具。如果要测量长度，选择的工具就可能是米尺，而不可能用磅秤。当然，如果要测量的长度是纳米级的长度，我们常用的米尺就不能满足需要，就要靠专家来研究一种适宜的工具来测量。

目前常用的测评方法中，笔试、心理测验等方法的主要作用是"汰劣"，可以较为有效地区别出知识、能力、人格等方面的不合格者，因此往往作为人员初选的首选工具；而面试、评价中心等手段则主要用作"选优"，更适合于从初步筛选过的候选人中迅速挑选出优秀者。人员测评必须在具体的人员需求分析基础上选择合适的测验工具。每一个测评工具的选用，都必须明确该工具的功能，说明选择该工具的理由，同时还要考虑组织的特色与文化。

如果需要对应聘营销岗位的应聘者进行语言表达能力测试、情商测试，那么情景模拟测验是最好的测试工具，如小组讨论，纸笔测验就不宜在此采用。人员测评与选拔中，测评形式和工具的选择是非常重要的环节，误用了不恰当的测评方法不仅不能达到测评目的，而且会因为收集到虚假信息而导致错误的决策。

值得注意的是，人力资源测评中，绝不能仅靠三四种工具对付所有岗位不同的测评要求，也不能用以不变应万变的方式对待不同的测评要求。不同岗位要求的素质内容富有多样化特征，因此必须根据每个岗位的具体需求选择合适的测评工具，测评工具可以灵活组合，做到工具适应岗位要求，这样才能实现人事匹配、人岗匹配。

9.1.3 测评主体选择与培训

测评主体指组织整个测评工作的个人或集团，包括测评方案的编制者、测评活动的组织者与领导者、测评的指导者与操作方案的评估者，以及测评结果的处理与解释者。而测评的客体指测评实施的承受者，它与测评的对象有所不同。

合理的测评主体应该满足以下基本要求：①开放而有纪律；②必须与测评对象或被试无直接的利害关系；③必须具有较强的信息收集能力、信息的处理能力以及对事物价值的判断能力；④能为达到改善教育培训工作及其效果的目的而采取相应的措施。

为了保证测评与选拔过程的有效性，在测评开始之前必须对测评主体进行适当的培训，以使其熟悉测评的内容、工具以及过程控制要求等方面的信息，避免测评过程中出现各种效应导致误差。即使测评主体已经是人力资源测评专家，也必须确保其对测评的目的、要求及流程具有充分的了解。

9.1.4　其他准备工作

确定测评要素体系、测评方法工具以及测评主体之后，还必须切实安排好实施测评所需的资源与条件，如时间、场地、资金、人员分组等，从而形成完整的、可操作的测评活动方案，并以实施计划的形式固定下来。如果测评内容过多，往往会造成主试和被试疲劳、厌倦，导致测评效果不佳。如果遇到特殊需要，测评项目就会在原有基础上增加一些，为了保证测试项目的合理安排，需花费几天时间，这就需要对成本-收益进行分析，控制成本。人事测评的费用是按照每人每项测试内容的计费标准收费的。如果同时测评的人很多，那么单人收费就会增加。当一个组织进行大规模测评时，所有被试的综合结果或者组织的整体情况都会被全面报告，这就需要花费很多时间和金钱。所以，很多组织往往出于时间或者成本因素而放弃组织的系统测评。因而，测评的可行性应当被考虑。

9.2　人员测评与选拔的实施过程

9.2.1　实施测评的基本原则

人员测评与选拔的实施过程就是一个收集被试的相关信息，有效推断被试待测素质结构状况，并据此提出人员选择建议的过程。

为了提高信息收集的有效性，实施人员测评时要遵守以下原则。

（1）优先测评可行性强的项目、成本较低的项目及不怎么花费时间的项目，将比较难的项目放在后面测评。

（2）将可能影响其他测评的测评内容滞后测评，不然会影响测评的合理准确性。

（3）尽可能后延容易让被试疲倦的测评。

（4）为了不影响被试的心情，涉及敏感内容或者会给被试带来较大压力的测评可以放在后面测评。

9.2.2　实施测评操作的要领

让所有被试都能在同样的环境下展示自己真正的行为表现是人力资源测评实施的基本要求。这就要求测试要有标准统一的指示语、合适的时间要求、合适的测试环境，以及相关的监控措施（可以对测试中出现的影响测评结果的因素进行控制）。

1. 采用标准化指导语

测评中应使用标准统一的指导语。指导语是测试过程中的一种指导性语言，用来对测评的实施步骤及如何回答问题做出说明。清晰简明的指导语可以让被试快速熟悉测评步骤，快速对题目做出反应。一般而言，指导语的内容有下列几种。

（1）答题选择何种反应方式（打勾、画圈、填写数字、书写、口答等）；

（2）怎样记录答题反应（答卷纸、录音、录像等）；

（3）规定测评时间限制；

（4）不能做出正确反应时，该如何去做（是否允许猜测等），如何打分；

（5）出现较新颖题目形式时，要附上有正确答案的例题；

（6）某种特殊情况下告知被测者测验目的。

2. 确定恰当的测评时限

因为测评既要考查被试的反应能力，又要考查其处理难题的分析能力和解决能力，所以有必要确定恰当的测评时间。一般而言，能力测试和成就测试的时间标准以90%左右的被试在规定时间完成测验为参考。如果题目按照由易到难的顺序排列，就争取让被试在规定时间内完成他会的题目。测评时限通常通过预测试确定，即尝试法。

3. 创造适宜的测评环境

测评成绩会受到测评环境条件的影响。对被试的操作水平进行测试时，如果操作环境太严肃，那么被试容易紧张不安，会导致其不能正常发挥，影响测评成绩。测试环境必须选择安静宽敞的地方，保证光线正好，不能过亮也不能过暗，要注意通风，温度舒适。同时，避免测试时受到其他事物的干扰。

4. 选派经验丰富的主考人

主考人也就是考官，负责把控测评进程。考官具备的测评经验和相关知识情况会影响测评结果，所以要选派经验丰富的主考人。准备测试前，主考人不仅要熟悉指导语、测评流程，还要确保测评材料准备完好，测评环境安排妥当。测评进行时，主考人根据指导语进行测评，当被测者对指导语有疑惑时，主考人要公正客观地解释指导语意义，但不能透露会影响测评结果的信息。测试过程中，主考人要热情友好公正，方便给被测者建立良好的测评氛围，这有利于被测者在轻松的环境下高质完成测试。

9.2.3 测评数据采集

在测评实施阶段，被试的相关数据信息是由具体的测评工具测评得到的。采集测评数据就是要完备地记录在测评过程中施加给被试的刺激信号以及被试对应产生的反应信号，形成一系列"刺激-反应"数据队列，以供进一步的分析与评价之用。

1. 数据采集的基本要求

数据采集过程一定要客观公正、标准化，这样才能收集到准确客观的数据信息，公平有效地反映被试的真实状况。为了保证数据采集过程的客观，必须严格按照具体要求进行测评，不能因个人主观判断影响测评结果的客观公正。注意辅助信息的收集，如测评过程中的相关信息，会影响决策效果的信息，考查范围之外被测者的特殊表现以及会干扰被测者测试成绩的因素，等等。此外，还要保证被试在恰当的环境中进行测试，这样才能保证被试不被周遭环境所影响，从而得到准确的测评结果，收集到有效的数据。例如，现场布置要注意采光、通风、适宜的温度和湿度，干净整洁，没有噪声干扰。被试的桌椅之间要有恰当空间，不能拥挤，避免出现被试相互打扰、影响的情况。如果被试的测量内容较多，为了不使被试疲倦影响测评效果，可以在测评内容之间安排合理的休息时间，让其放松心情，更好发挥。

2. 防范数据采集过程中的干扰因素

人员测评过程其实是被试一系列心理活动的过程，而人的心理活动极易受到来自内外部环境中各种因素的干扰，从而导致信息发送与接收的失真，影响测评结果的信度和效度。

在人员测评过程中，必须从主试和被试两个方面排除可能对数据采集的有效性造成影响的心理干扰。被试的心理干扰往往来自对测评过程和环境的压力的强烈感知，或者来源于对测评目的或自身素质结构的错误认识。对于前一种干扰，可以加强参加测评的主客体人员的交流力度，使双方互相信任，建立友好、和谐的合作气氛以缓解干扰；而对于后一种干扰，则需要通过做好测评前的培训、明确告知测评目标和启发自我客观认识、回避他人比较等途径进行缓解。

主试的心理干扰则主要来自对测评目标的认识偏差和对主客体角色定位的错位。在人员测评中，主试经常会出现的典型心理干扰包括首因效应、近因效应、新奇效应、光环效应、定势效应、期望效应等。对这些心理干扰的有效防范措施参见表 9-1。

表 9-1　人员测评中典型心理干扰及其防范措施

典型效应	表现	防范措施
首因效应	第一印象明显影响信息的收集与评价	测评者学会全面、客观与动态考评
近因效应	主要依据最近的信息进行评价与决策	测评者应随时记录观察结果
新奇效应	过于强调被试的与众不同之处	测评者要善于系统分析
光环效应	以点概面、以偏概全	测评者能一分为二，客观评价
定势效应	思维模式化，根据刻板印象推断事务	用科学分析方法，重眼前事实

此外，以下措施均可应对人员测评中的心理干扰问题：①人员素质评定量表的编制要科学化、合理化；②选派经验丰富的主考人；③测评的评定时间要安排合理；④测评的评价等级要合理安排；⑤不规则排列评定等级的顺序；⑥为了保证测评结果的真实可靠，整理原始数据时，剔除带有主观意见和不公正评定的信息。

9.2.4　人员测评数据分析与反馈

在记录测评信息之后，需要对被试在待测素质要素方面的表现进行分析，包括纵向和横向两个维度：纵向即对被试某项待测评素质要素的具备程度进行分析，表现为在具体测评指标或测验项目上的评价值，通常为绝对评价；而横向则是对特定被试在被试群体中的定位进行分析，通常为相对评价，表现为分测验的总体评价排序或者标准分。

一般情况下，组织会基于特定岗位的胜任力模型对被试的素质进行分析。可以将被试每项维度的行为等级与岗位胜任特征模型进行直观比较，使报告阅读者能够更加直观地发现被试与岗位的匹配程度。

一般通过对测评结果计分、统计和解释来进行测评数据分析。由于心理测评的计分和统计方法已经事先规定，所以使用者按照规定操作即可。已经计算机化操作的测量，随着测验的完成，统计结果相应完成。

1. 人员测评结果的分析技术

只有对人员测评的数据结果进行科学分析，找出其中规律，才能做出正确有效的人事决策，否则，测评结果只是一堆没有实际指导意义的数据。我国很多企业在以往的人力资源管理过程中，经常没有深入分析人员测评的结果，对其分析仅停留在表面，所以导致包含很多潜在信息的测评数据没有发挥应该具有的作用，从而造成了测评信息浪费。人员测评结果分析可以从以下三个方面展开。

1）个人导向分析

个人导向分析是对测评对象的测评结果进行分析，人员测评最基本的功能是对个体被测者的结果进行分析。可以从三个方面进行个人导向分析。

（1）个人特征分析，即对被试的特点进行考查分析。可以考查被试的个性心理特征，如个人气质、性格特点和品质等；也可以考查被试潜在的领导特质，如民主式、专制式和放任式等；还可以考查被试的工作态度如何，是否具有责任心等等。首先分析被试个人特征指标的绝对值，然后将被试的某个特质指标与公司和全国的常模相比较，继而分析出被试的优势和劣势，以便人事决策有效进行。

（2）分析个人特征观测值的稳定性和其变化情况。被试在以往人事测评中的成绩稳定情况和成绩变化情况，可以为分析其个性特征和个性变化提供依据。被试在多次人事测评中会出现一些比较稳定的观测值，这些稳定的观测值能比较真实地反映被试的特征，从而为分析其个性特征提供依据。被试的测试结果出现变化，可能源于其专业技能、工作态度、工作适应等方面的影响。因此，对其先后测试结果进行分析，可以找到被试观测值变化的原因，进而找到方法解决该变化问题。

（3）对个人特征与职务特征的匹配度进行分析。通过将被试的个性特征与该工作岗位要求的素质特征做对比，可以分析得到两者的匹配程度。分析匹配度一来可以激发被试的潜力，帮助被试提高工作积极性；二来可以从组织角度分析被试希望得到何种发展帮助，以及如何为其提供帮助。同时，可以针对个人特征与职务特征不匹配的情况，提出相关建议以促进被试个人绩效提高。

2）群体导向分析

群体导向分析就是对所有被试的总体结果进行分析。群体导向分析是人员测评结果分析的重要内容，因为个体指标情况只有在参考总体情况之后才会有意义。可以从两个方面进行群体导向分析。

（1）群体的一般统计指标分析。各个评定项目的平均成绩、最高成绩和最低成绩，所有被试的总体成绩排序或某个评定项目的成绩排序，都属于一般统计指标。根据一般统计指标，被试的总成绩和单项成绩在总体中处于何种水平可以被直观反映。同时，根据统计指标，可以将被试的成绩划分为四个等级，分别是优、良、合格和不合格，根据被试的成绩等级采取相应的激励措施。

（2）群体结构合理性分析。某个测评指标上全体成员人数的分布状况被称为群体结构，全体内部某一测评指标得分的分布情况具有科学性和互补性，我们就说这个群体结构具有合理性。能力结构、知识结构、性格结构、学历结构等都属于群体结构。例如，在性格结构上，一个群体里既要有性格外向，热情大方的员工，也要有较内向沉稳心细、踏踏实实做事的员工，这样的性格结构才能算是比较合理。优化群体结构的前提条件是对群体结构进行合理性分析。用人单位根据对群体结构合理分析的结果，采取相关措施优化群体结构。

3）测评导向分析

测评导向分析是指对测评工具本身进行分析，测评导向分析是测评结果分析的重要组成部分，因为测评工具是否可信和有效可以由它反映。测评导向分析可以从三方面进行。

（1）各评定指标的离散度分析。被试在某指标上成绩分布的离散状况被称为评定指标的离散度。通常而言，评定指标的离散度越高，成绩分布就越分散，对该指标的识别力就越强。某一指标区分不同水平员工的能力称作识别力。实施人员测评时，遇到测评指标的离散度太低的情况，就说明该指标下测评对象的结果差别不大、区分度不强，所以该测评指标的识别力太弱，不能反映被试的真实水平。例如，测评某企业员工专业能力这一指标时，发现全体员工的得分均在9.5~9.6分（采用10点量表计分），很明显指标的离散度不高，指标的识别力不强，因此这个指标可有可无。

（2）评定指标的相关分析。评定指标的相关分析是指对各评定指标之间的相关性进行分析和对各评定指标与总体结果的相关性进行分析。通过各评定指标之间的相关分析，员工不同特征之间的相关性可以被发现，从而有利于人员选拔的有效性。例如，某企业通过评定指标的相关分析，发现员工的责任感与工作绩效之间有很强的正相关关系，因此该企业开始重视对员工责任心的培养，在考核中提高了责任心的权重。通过各评定指标之间的相关分析，可以简化测量表中的部分指标，促进测评效率提高。例如，某企业在员工精神测评中发现员工的爱岗精神和敬业精神总存在高度的正相关关系，因此可以将其中一项在下次测评时去掉，以达到简化测评量表的目的。检验评定指标是否具有合理性，可以通过对评定指标与总体结果进行相关分析。通常来说，如果评定指标与总体结果高度相关，那么该评定指标就是合理的；反之，就是不合理的，不合理的评定指标应该在测量表中删去。对于合理的评定指标可以在人事决策中适当增加其权重。例如，企业发现员工的自律性与工作绩效有高度正相关关系，那么可以在人员测评中增加其权重，以此来增强员工的自律性。

（3）评定量表的信度与效度分析。人员测评结果的可靠性就是信度，信度是测评结果反映所测评对象情况的可靠程度。常用重测计算法和多人评定计算法这两种方法对信度进行评定。为了保证人员测评结果的准确性和可靠性，通常会将现在的测评结果与之前的相比，比较两次的相关系数，两者的相关性越大，对应的信度就越高，这就是重测计算法。多人评定计算法就是多个人对某一评定对象进行测评，计算每个人对评定对象的相关系数，之后计算每个人相关系数之间的相关性，若相关性越高，则信度越大。人员测评的效度可以由专家或者行家按照标准要求进行分析检验。实际情况中，可以采取三种方法对效度进行检验。第一种方法是本人评价法，即让被试本人根据人员测评的结果，判断结果是否与自己的实际情况相符。测评结果的效度由结果相符人数与总人数的百分比来评价，百分比越高，则效度越好。第二种方法是他人评价法，即请熟悉被试的人根据被试人员测评的结果，判断结果是否与被试相符。同样，由结果相符人数与总人数的百分比来评价，百分比越高，则效度越好。第三种是组织评价法，请人力资源部门的工作人员根据平常对被试的考查结果，判断测评的结果是否与被试相符，效度评价方式与第一种和第二种方法相同。

2. 人员测评结果的反馈技术

人员测评结束后，必须向被试反馈其人员测评结果，以促进其提高工作能力和改善工作态度。工作生活中，坐下来对别人进行评价不是一件讨人喜欢的事，同样接受别人的评价也不是一件开心的事。即使人员测评结果的反馈是一件让双方都不愉悦的事情，但是缺乏反馈程序的话，就不能达到提高被试工作能力和改善其工作态度的效果。人员测评结果的反馈以扬长避短、有则改之无则加勉为原则，以提高员工工作能力和工作绩效为目的，而不是只对测评对象的成绩进行等级划分和缺点指出。所以，在反馈人员测评的结果时，人力资源部门的工作人员要实施有效可行的方法进行科学的反馈，要注意保护被试的自尊和隐私，促进被试对反馈结果产生积极反应，最终达到提高其工作绩效的目的。因此，进行人员测评结果反馈时要遵循六个原则。

1）参与性原则

参与性原则也就是让被试积极参加到人员测评反馈中来。有三种方法可以让被试参与到人员测评反馈中。第一种方法是"讲述-推销法"，即人力工作人员为了让被试接受测评结果，主动告诉他们测评结果。这种方法是应用最多的方法。第二种方法是"讲述-倾听法"，即人力工作人员让被试知道测评结果后，让他们谈一下对测评结果的看法。第三种方法是"解决问题法"，即营造一种相互尊重、鼓励的和谐氛围，让人力工作者与被试就测评结果反映出的问题，讨论相应的解决方案。因为体现了参与性原则，第三种方案的效果最好。

2）情景性原则

情景性原则即进行人员测评结果反馈时要对各种影响测评结果的因素进行综合考虑。测评者的当前状况可由测评结果中指标的分数反映，但这个状况也会受到其他多种因素的影响，如被试人际关系、被试工作压力、被试所处环境的变化等。所以，进行人员测评结果反馈时，不能仅局限于被试的指标得分就对其进行评价，还要综合考虑其他影响被试的因素。因为情景性因素导致的指标得分较低，可以和被试一起讨论解决办法；因为被试工作压力因素导致得分较低，可以帮助其缓解压力，放宽心态。对测评结果的以偏概全、不科学反馈会挫败被试，让其产生消极反应，不利于其发展。

3）正激励原则

正激励原则即对被测者多赞扬其长处，少批评其不足。人们在进行人员测评结果反馈时往往会误入误区，即应该关注被试在测评中表现出来的问题，并对其进行批评惩罚。这样的误区必须避免，测评反馈的目的是扬长避短，提高被试工作能力和工作绩效。这就意味着测评反馈可以关注存在的问题，但更多的是对被试优秀行为的肯定，如可以认可被试优良的工作作风和优秀的工作业绩。对被试的良好行为进行肯定，不仅可以激励他强化相关良好行为，而且还可以让他感受到组织对他的认可与信任，使被试打心底接受人员测评，从而有利于人员测评的开展。虽然正激励原则鼓励多赞扬、多认可，但也并不意味着不会对得分低于标准的被试进行批评。对被试的批评要讲究技巧，不能随便对其批评贬损一顿，否则得不到好的效果。

4）参照性原则

进行人员测评时，不同的常模团体和不同的测评条件必须被考虑。由于考虑因素的差异性，测评结果也会具有差异性。因此，要参照最相近的常模团体和最相近的测评条件，对指标分数进行解释。人员测评的分数往往会因被试所处的工作环境、交往的工作对象和处理的工作内容不同而具有很大差异。例如，对基层员工进行测评时，可能因为他们对管理者不满，从而导致管理者的得分偏低。对办公室白领进行测评时，可能由于大家都是平级，比较和谐，所以出现分数虚高现象。所以，很有必要将不同的常模团体分开进行比较和反馈，这样才能反映出被试真实的情况和存在的问题。

5）保密性原则

保密性原则即进行人员测评结果反馈时尊重被试隐私，保护其隐私不受侵犯。这条原则对反馈结果有直接影响。让被试知道他们的隐私是被保护的不会被泄露出去，他们就会对测评有安全感，会信任测评减轻心理疑虑，愿意配合接受测评。被试的个人问题往往体现在隐私中，为了深入地了解被试问题，必须尊重保护其隐私，这样才能为解决问题提供帮助。保密原则涉及的内容很广泛，要求很严格。如不能在任何场所随意谈论被试的测评结果，除经过特许的负责处理测评结果的专业人员及相关司法人员之外，任何个人和企业单位都不能随意查看测评结果。

6）效率性原则

效率性原则即考虑到人员测评结果反馈的效率性，反馈重点必须放在重要问题上。与企业发展有紧密联系的问题可以作为重要问题。例如，企业战略实施过程中员工的执行力状况或者影响企业形象的员工个人特征等可作为重要问题。为了反馈效率的提高，可以将那些不重要的问题简化分析。

9.3 人员测评与选拔的报告撰写

人员素质测评是一个搜集信息、处理信息、输出和反馈信息的过程。因此，撰写素质测评结果报告作为素质测评信息的输出和反馈，是素质测评活动的一个重要环节。

9.3.1 人员测评报告的类型

人员素质测评的结果可以通过多种不同的方式进行报告。从报告形式来看，常见的报告方式有口头报告和书面报告两类；从报告方式来看，可以分为分数报告、等级评定以及评语报告等类型；从报告内容来看，又可以分为分项报告和综合报告。所谓分项报告，就是按照主要测评指标或测验项目，分别描述测评过程与结果，并分别给出具体、有针对性的评价结论，但并不对这些分项进行进一步的综合分析。因此，分项报告相对比较全面、详细、客观，方便对多个被测进行比较，但由于缺少整合分析，没有对被试的素质结构进行综合评判，不利于最终甄选的标准化，对甄选工作的信度造成影响。反之，综合报告则是先将各分项测评指标或测评项目给出评价结果，然后据此给出综合总评报告，体现为最终的总评分、总等级或者总体评价。综合报告可以很方便、很明确地为后续的相关决策提供支持，且可以对被试群体进行总体评价，但是，其综合分析环节淹没了被试的单项测评表现，不易发现被试素质结构上的"亮点"与"瑕疵"。

9.3.2 人员测评报告的内容结构

人员测评和选拔报告是人才测评和选拔的直接结果。而测评报告的功能与对象决定测评报告的结构。但除整体报告以外，其他针对被试个人的测评报告结构基本相同。一般情况下测评报告包含基本信息、测评过程描述、测评数据分析、测评结论等主要因素。

1. 基本信息

测评报告基本信息包括测评活动信息和被试信息两部分。测评活动信息包括测评的背景、测试的目的、测评指标、测评方法以及测评主试人员信息等要素。被试信息则主要包括被试姓名、编号、申请职位或现任职位等（表9-2）。

表9-2 人员素质测评基本信息示例

被试姓名	张××	申请/承担职务	财务经理	报告编号	A-11061001
主试姓名	李×、刘×	报告撰写	刘×	测评时间	2011-06-10
测评活动由企业的人力资源部门和人力资源研究会的测评专家共同组织安排，人员测评的目的是了解公司中层管理者的素质水平，为中层管理者人员调整提供重要的参考信息。 本次测评活动分别对被试的个性特征、职业倾向、管理素质及能力进行了测查。被试分别参加了个性特质测验、职业价值取向测验、半结构化面试、无领导小组讨论、文件筐测验共五个测验。					

2. 测评过程描述

测评过程描述主要记录被试在测评活动全过程中的关键事件，包括被试在各个分测验中的行为、表现和结果。通过测评过程描述，主试向被试或其主管汇报被试在每个测验项目中的答案选项、对典型刺激的特定反应及结果。如果过程描述的信息量较大，可以对其进行一定程度的概括，并将相关数据作为附件附加于报告之后。需要注意的是，对测评过程的描述必须做到客观、全面，尽量避免加入主观评价，一方面保证后续的综合分析与评价结果的信度和效度，另一方面也能够让测评结果更容易让被试接受和认可。

例如，对某个被试文件筐测验过程的描述如下：在决策过程中能多方面参考信息，根据合作的对象和机会采取相应措施；能够通过表象分析背后的信息；但未观察到被试通过组织内部的职能分工和汇报路线来解决问题的行为；创新与变革的意识以及对下属控制能力未体现。

3. 测评结论与建议

这部分主要对被试进行综合性评价。考官将被试在各测试项目上的行为表现和在关键维度上的行为表现整合，并结合工作岗位素质要求对其进行综合性分析评价。通过分析评价可以得出被试与岗位要求相比存在的优缺点，然后将被试的优缺点分别按重要程度顺序排序。

测评结论是对测评结果的解释。可以参考相关标准对单项测评结果进行合理解释。但是多数情况下，人员测评是多个测验一同进行的测验，所以这需要具有专业素质和丰富经验的测评分析者结合多个测验结果做出综合的、整体的、合理性的解释评价。

在上述综合分析和结论的基础上，报告撰写人可以提出最终的建议，包括推荐建议、工作建议与学习建议三个方面。推荐建议可以分为四个等级：非常合适、比较合适、一般、不太合适。工作建议包括对人力资源决策者在配置被试工作时应该注意的事项给出的说明，和对被试在今后工作中应该留意的问题给出的意见。学习建议即考官依据被试的优缺点，对其今后的短期和长远发展方向，学习内容等提出指导性意见。

9.3.3 撰写测评报告应注意的问题

组织进行人员测评时会以人员测评报告为重要参考信息。人才测评的评价者在测评过程中对被试的行为表现观察非常仔细，而且他们能将被试的表现与测评结果相结合，以此给出对被试最准确、最客观、最综合的反馈。所以他们应该是测评报告的撰写者。

有一些问题报告撰写时需要注意：

（1）测评专家在对被测者进行描述评价时，必须结合目标岗位标准需求，不能仅通过个别测验工具来整合测评信息。

（2）为了避免信息再加工，影响对信息的理解，撰写报告时要注意语言的通俗易懂，方便理解。不要使用专业术语与词汇，因为报告的使用者通常是相关的管理人员，一目了然的书面报告有利于他们对报告的无偏差理解。

（3）评价者在报告完成后要提交给相关组织，不要在未征得组织的同意下随便将报告内容告诉被试，同时也不能向他们透露任何测评结果，更不能就他们的缺点直接批评他们，要与他们保持一定距离。

（4）对被试提出的培养建议要有针对性，要针对被试测评结果表现出的目标动机、进取心、与时俱进的能力等，来为他提出有效的改进措施，同时对他的发展培养建议也要注意实际的可操作性。

9.4 人员测评与选拔的组织与实施实例

政府的某专业经济管理部门，决定公开选考 3 名副局长，以适应政府机构改革需要，选考方式采取评价中心技术。资格审查后，30 名领导干部被确定进人员行测评，被试与选考职位的比例为 10∶1，这些被试不仅有单位局长、所长，还有教授、博士后等。

该部门和相关部门在将领导素质测评与部门的实际情况相结合的基础上，深入分析 3 名副局长的岗位要求。为了测评的公平性，测评内容要具有共性，注重被试的综合素质和潜在能力发展；为了测评的针对性，一些特殊要求也要被兼顾。因此要使用系统综合的测评方法，采用公认最有效的用于中、高级领导干部测评的评价中心技术。为了被试能够有效展示其综合素质和能力，要为被试打造一个真实典型的测评环境，为了保证测评结果的公正客观，考官要在测评过程中全面深入地观察被试，客观全面地了解和评价被试。与部门实际情况相结合的评价中心技术有很多，如专业基础笔试、专业考试、工作汇报情景模拟、文件筐测验、无领导小组讨论等，要对这些方法综合择优。

测评按照两个阶段进行。

第一阶段主要安排公共基础知识综合笔试和无领导小组讨论，两场知识性笔试、两场文件筐测验、一场心理测验、13 人次的结构化面试、四组无领导小组讨论和工作汇报情况模拟要在六天内完成。知识性笔试主要考查被测者的知识素养和运用知识解决问题的能力。笔试内容广泛，题型丰富多样，能够有效考查被测者的知识积累情况和自我学习能力。由于 3 名副局长的职位要求存在差异，所以对三个职位测试的内容也不同，因而笔试内容也是不同的。无领导小组讨论，可以从领导力、人际交往、大局意识、进取心等方面对被试进行考查，以此来判定其是否与职位素质要求相符。文件筐测验，可以对被试的工作处理能力、工作效率和管理能力进行测试。结构化面试，被试通过回答具有行为性和场景性的问题，将其言语表达能力、合作沟通能力、求职动机、变革创新与管理能力等表现出来，方便考官分析其表现与职位要求的匹配度。工作汇报情景模拟，为了考查被试的理论水平、分析总结能力、演讲能力、抗压能力和高效完成工作的能力等，被试要在短时间内完成对大量文件资料的阅读分析，并在第一时间向上级汇报。管理角色自我认知测验，通常用来考查被试的管理风格及可能发挥的作用，以此为合理搭配管理班子提供依据。第一阶段结束后，要形成对每个被试的全面分析报告、能力素质剖析图以及对每个被试的管理风格进行描述，将每个被试间的能力素质情况进行对比，最后经部门领导根据测评结果择优 15 人进入第二阶段。

第二阶段主要是对被试进行考核，然后根据考核结果综合择优选拔。该部门为对

15 位被试进行深入考核成立了两个考核小组,并按照相关要求形成考核材料,最后经过综合择优拟定了 3 人,并且报有关部门审批。

各方面对实施评价中心技术公开选考 3 名副局长的评价很高,选考效果也很好,满意度很高。从最终的测评效果来看,测评数据信息与考核结论相符,两者做到了相互补充和证明,这就充分说明评价中心技术对人员测评的有效性和可信性,这也为科学合理的领导选拔工作提供了依据。对于被试而言,这种测评方法公平公正,不仅可以有效检验他们对知识的掌握能力,也可以为基层干部提供晋升机会。对于该部门领导而言,这种测评方法不失为全面考查管理干部的能力的好方法。为此上级部门决定总结测评经验,好好推广测评方法,以发展科学可行的人才选拔技术。

【综合案例】

哈林斯百货商店在美国各地有 36 个销售点。人力资源职能由 9 个人组成的人力资源班子来行使,这个人力资源班子负责每个店的经理的雇佣。当一个新的店铺开张时,一位人力资源职员出差到店铺所在地为其雇佣一名经理。然后这位新店铺的经理才被赋予为该店铺雇佣必要人员的责任。

人力资源专业人员迈克·巴克最近为一家在佐治亚州迈肯市新开业的店铺挑选了卢·约翰孙作为经理。在开始经营的头 6 个月,店铺中人员流动率达 120%。助理经理已经换了 3 任,一般的销售人员平均只呆两个月。迈克被派往迈肯市调查这个问题。迈克询问并让卢描述他在挑选人员时所用的雇用实践,卢做了以下答复:"我做出的挑选是依靠我个人对每个求职者的面试。我向所有的求职者提问某些基础问题,如他们是否乐意在周末工作并且是否乐意加班。除此之外,我并不是按事前确定的问题顺序去发问。在面试之前,我反复阅读了求职者的简历与申请表格以便熟悉他们的背景与过去的经历。通过这方面信息,我确定他们是否符合工作的最低资格,然后我才开始对那些至少满足最低资格的人进行面试。在面试过程中,我试着确定该求职者是否是个喜欢与别人一道工作的性格外向的人。当面试助理经理时,我也寻找他有无领导技能。"

然后迈克问卢,他是如何确定哪一位求职者可以被雇佣的,卢做了如下陈述:"求职者给我的第一印象是相当重要的。一个人如何介绍自己、如何开口谈论以及他的服饰都很重要,并且确实对我的最后决策有一些影响。然而,可能最具影响因素的是与求职者目光的接触,当与某个人目光接触时,那就是他在聆听并且是诚恳的信号。微笑、一次坚定有力的握手、两脚平放地面的笔直的坐姿也都是我做出决策的重要因素,最终,如果一个求职者得到雇佣,他必将对为哈林斯工作感兴趣。我的第一个问题是:'你为什么想要为哈林斯工作?',我对那些已知道很多哈林斯事情的求职者印象很深。"

迈克现在必须对卢的雇佣实践做出评价以确定它们是否是影响流动问题的关键因素。

讨论题:

1. 假如你是迈克,对卢的雇佣实践的健全性你会得出什么结论?
2. 关于如何能改善其挑选程序,你会向卢提出什么建议?

【实验项目】

请为本章引例中的中石化广州公司设计一个人员测评方案。

【课堂游戏】

快问快答

游戏目的：第一个问题，考查学生听取意见的能力；第二个问题，考查学生的人际交往能力；第三个问题，测试学生的心境。

游戏问题：

1. 如果你是《皇帝的新装》中的皇帝，被小孩点破后，你会怎么办？

    A. 将小孩治罪

    B. 不见人

    C. 坚持穿戴

    D. 嘉奖小孩

2. 别人开你爱的人的玩笑，你会怎么办？

    A. 以牙还牙

    B. 悄然离开

    C. 帮着开玩笑

    D. 引向自己

3. 一边是葱绿的草地，另一边是黑暗的原始森林，你是往草地上去，还是向森林里走？

越过草地或森林，你希望在你面前出现的是辽阔的大海，浩荡的江河，还是涓涓的小溪？

涉过大海、江河或小溪，在你眼前出现了一幢小茅屋。当你进入小茅屋之前，你是否会回头望一望大海、江河或小溪？

当你进入小屋，看见桌上有只花瓶，你希望它是古典式的，还是现代式的？是大的，还是小的，或是比较适中的？

你希望小茅屋有没有窗户？如有，是大的还是小的？是多还是少？

桌上有只杯子，你不小心把它摔在地上。你希望这杯子碎还是不碎？是摔得粉碎，还是摔碎一点点可以修补？

走出小屋，你面前有一条小路，一条大道。你选择走哪一条？

你走到沙漠，口干舌燥，此时路边有杯水，你是看都不看就走，还是喝光再走？或只喝半杯，把剩下的带走？或喝一点，然后将其放回原处？

天渐暗了，你来到一处山谷。突然有一白发人影站在你面前，你会掉头就跑，站着不动，还是上前搭话？

翻过山谷，一堵墙挡住了去路，你是翻过去，还是绕路而行？

过了这堵墙，你就来到一个动物园，里面有马、狗、兔子、猫、虎、蛇、牛、猴子、羊、猪和鹰等，你喜欢哪一种动物？

走过动物园，再往前走，你期待着出现什么？

【拓展训练】

七 手 八 脚

活动目的：通过游戏训练组员的反应，培养在集体中如何进行决断的能力，以及沟通解决问题的能力，促进团队间成员的合作。懂得在团体中合作的重要性，明确每个人在团体中扮演不同角色的意义。

人员与场地：30~50人，8~10人一组，空间开阔的室内。

规则与程序：

1. 每组的所有组员的手或脚必须按照要求的数目着地，手或脚的数是导师随机喊出的，如七只手八只脚、六只手三只脚等，要求各组根据要求完成组合和造型。

2. 在每组摆自己造型时，要求这个组的所有组员必须参与进来，即每个组员至少有一只手或一只脚在造型中。

3. 导师从易到难，不断变换手脚着地的数目，请组员努力尝试。

参 考 文 献

巴比 E. 2005. 社会研究方法[M]. 第 10 版. 邱泽奇译. 北京：华夏出版社.

陈璐，廖芳. 2008. 人才测评好工具——笔迹分析法[J]. 科技广场，（2）：47-48.

德斯勒 G. 2005. 人力资源管理[M]. 第 6 版. 刘昕译. 北京：中国人民大学出版社.

盖特伍德 G. 2002. 教育和心理的测量与评价原理[M]. 第 4 版. 南京：江苏教育出版社.

盖特伍德 R D. 2005. 人力资源甄选[M]. 第 5 版. 北京：清华大学出版社.

金瑜. 2005. 心理测量[M]. 上海：华东师范大学出版社.

埈文铨，柳士顺，谢衡晓，等. 2010. 人员测评——理论、技术与应用[M]. 北京：科学出版社.

李旭旦，吴文艳. 2009. 员工招聘与甄选[M]. 上海：华东理工大学出版社.

刘远我. 2007. 人才测评——方法与应用[M]. 北京：电子工业出版社.

刘远我. 2011. 人才测评——方法与应用[M]. 第二版. 北京：电子工业出版社.

孙建敏，高日光. 2010. 人力资源测评理论与技术[M]. 北京：首都经济贸易大学出版社.

唐宁玉. 2002. 人事测评理论与方法[M]. 大连：东北财经大学出版社.

童天. 2005. 评价中心技术的运用[J]. 中国劳动，（8）：62-63.

徐辉，高拴平. 2007. 企业人才测评与选拔的质量研究：信度与效度分析[J]. 内蒙古农业大学学报（社会科学版），9（5）：124-125，135.

禹志. 2011-08-08. 新员工试用期管理真经[EB/OL]. http://info.ceo.hc360.com/2011/08/080838170796.shtml.

张幼林，秦元元. 2008. 背景调查法在人力资源甄选中的开发与运用[J]. 中国人才（上），（6）：71-73.

赵建伟，何玲. 2002. 人员素质测评理论与方法[M]. 成都：四川大学出版社.

郑安云. 2005. 人事测评理论与方法[M]. 北京：清华大学出版社.

Anderson J C, Gerbing D W. 1982. Some methods for respecifying measurement models to obtain unidimensional construct measurement[J]. Journal of Marketing Research，19（4）：453-460.

Fornell C, Larcker D. 1981. Evaluating structural equation models with unobservable variables and measurement error[J]. Journal of Marketing Research，18（1）：39-50.

Robertson I T, Kandol R S. 1982. Work sample tests：validity，adverse impact and applicant reaction [J]. Journal of Occupation Psychology，55（3）：171-183.

Schmidt F L, Hunter J E. 1998. The validity and utility of selection methods in personnel psychology: practical and theoretical implication of 85 years of research findings[J]. Psychological Bulletin, 124(2): 262-247.

后 记

　　2017 年，科学出版社邀请我承担《人员测评与选拔》一书的编写工作。历经几个月的编写、修改与完善，这本书即将出版，我感到十分欣慰。在本书的编写过程中，我邀请了许多人一起来参与，只要他们能找到、能看到与能想到的新的观点、新的内容与新的结构，都充分吸收到本书中来。

　　我要特别感谢科学出版社编辑的热情约稿和精心组织，在书稿写作过程中，编辑不断与我们联系，及时沟通与反馈，才使得本书顺利出版。我还要感谢在写作过程中提供帮助的诸多朋友，包括武汉理工大学管理学院的罗帆教授、张光磊副教授、刘加顺副教授、郭晨讲师、陈云讲师等。在写作过程中我参考了许多国内外的著作和文献，吸收了其中的精华与优秀成果，对此都在文中加以标注。没有大家的努力，我难以完成本书的编写任务，在此向所有帮助过我的同事与编辑，表示衷心的感谢！

编著者